浙商院文库

浙江省社科联社科普及课题成果（19YB24）

ZHONGGUO QIYE SHANGYE MOSHI CHUANGXIN ZHI DAO

# 中国企业商业模式创新之道

王勇／著

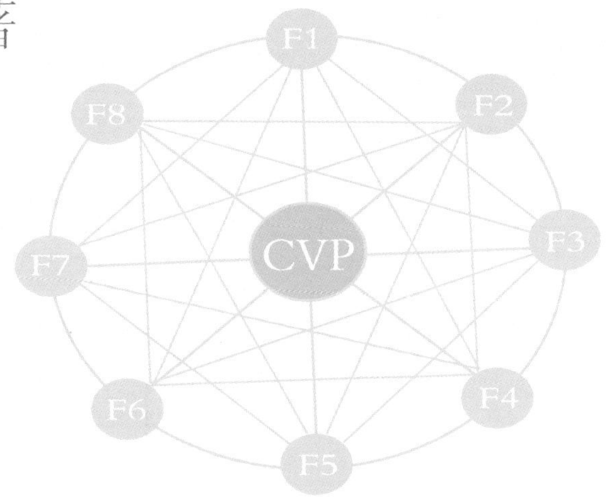


东北财经大学出版社
Dongbei University of Finance & Economics Press
大连

**图书在版编目（CIP）数据**

中国企业商业模式创新之道 / 王勇著. —大连：东北财经大学出版社，2022.11
（浙商院文库）
ISBN 978-7-5654-4652-8

Ⅰ.中… Ⅱ.王… Ⅲ.企业管理-商业模式-研究-中国 Ⅳ.F279.23

中国版本图书馆CIP数据核字（2022）第192743号

东北财经大学出版社出版发行
　　大连市黑石礁尖山街217号　邮政编码　116025
　　网　　址：http://www.dufep.cn
　　读者信箱：dufep@dufe.edu.cn
大连永盛印业有限公司印刷

幅面尺寸：167mm×240mm　字数：241千字　印张：16.25　插页：1
2022年11月第1版　　2022年11月第1次印刷
责任编辑：张旭凤　石建华　王　斌　　责任校对：魏　巍　曲以欢　赵宏洋　张晓鹏
封面设计：冀贵收　　版式设计：原　皓
定价：46.00元

教学支持　售后服务　联系电话：（0411）84710309

如有印装质量问题，请联系营销部：（0411）84710711

# 前言

中国已经成长为世界第二大经济体，中国的商业竞争也快速迈入了新时代。在此新一轮的竞争中，商业模式是企业获取竞争优势的关键。商业模式创新比产品创新更为重要。人们已经形成共识，企业之间的竞争，不仅是产品之争，更多的是商业模式之争。

党的十八大报告明确提出了“加强技术集成和商业模式创新”，将商业模式创新作为国家创新驱动战略的重要组成部分。可见，商业模式创新不仅是应对国际产业激烈竞争的客观需要，更是加快推进技术创新和构建国家创新体系的必然要求。应从战略的高度深刻认识商业模式创新的重大意义与发展潜力，通过发挥商业模式创新倍增效应来促进我国企业的创新发展。所以，加快研究中国企业商业模式创新具有重要的理论价值与实践意义。

本书对商业模式及商业模式创新进行较为深入的理论探索，采取扎根理论与文献计量研究方法，期望梳理得出新的见解，为后续研究做铺垫。书中采取系统思维的方法，对中国古代的商业发展历程，以及中国改革开放以来商业模式创新的文献进行梳理，期望得出有价值的结论。

本书综合商道精神与商业模式价值理论、采取多案例研究及定性比较研究（QCA）技术，期望得出中国企业实施商业模式创新的可行性路径。

本书是浙江省社科联社科普及课题成果，同时也得到了浙江商业职业技术学院学术专著出版资金资助。

本书在写作过程中，得到了东南大学博士生导师李东教授的帮助，得到了浙江商业职业技术学院领导和同事的帮助，得到了东北财经大学出版社领导及编辑的帮助，在此表示衷心的感谢。由于时间仓促及水平有限，疏漏与不足之处在所难免，恳请批评指正。

**王　勇**

2022.7.16于杭州

# 目录

# 1 绪论

## 1.1 选题背景与研究意义

商业模式是企业在新时代获得可持续竞争优势的重要来源。为了让本企业在同行的竞争中获取优势，让企业有更多的收益和发展空间，需要通过模式创新来纠正企业发展中的不利因素，使本企业能够长期稳定发展。2008年，IBM以CEO为调研对象的调查显示，超过60%的受访对象认为应该对现有的商业模式进行调整或优化。同样，49%的中国创业型企业把失败原因归结为采取不合适的商业模式。可见，商业模式已经成为学术界与实践者关注的焦点之一，特别是20世纪90年代之后，商业模式的研究备受关注。人们已经形成共识，企业之间的竞争，不仅是产品之争，更多的是商业模式之争。

第二次世界大战之前，企业关注的焦点是产品的生产效率，业绩获取的决定性因素是产品的本身，对产品性能的关注显得不太重要，以动作管理为核心的效率管理是当时企业管理的重点。从宽泛的商业模式范畴看，流水线的生产模式是商业模式的创新。但是，随着现代化生产效率的快速提升，人们的生活水平也在不断提高，消费者越来越关注产品质量。功能全面、个性突出的产品才会受到人们的青睐，仅仅奉行“生产理念”的企业，不情愿地承认市场份额已经被竞争对手分享，代表性的案例是，福特汽车市场被通用汽车蚕食。第二次世界大战之后，企业不仅注重产品质量，也越加重视推销观念，促销管理成为企业管理的重点。但是，精明的厂家越来越注意到，仅仅依靠广告与推销之术的创新，依然不能持久取胜，于是，营销观念逐渐被人们认可。基于细分的定位及价值链为核心的差异化竞争是战略竞争的关键，价值创新能力成为业绩的决定因素。但随着信息技术的飞速发展，互联网时代商业模式的创新具有颠覆性，跨界、融合是时代的主旋律，波特的竞争战略更多让位于“竞合思维”，线性竞争被网络生态取代，业绩获取的主要途径已经不是价值链及其环节的创新。特别是从2000年开始，伴随着互联网时代的到来，以关系构建为核心的模式成为管理创新研究的焦点。传统价值链理论的前提假设是“产业或环境因素是不变的”，这个假设在当今显然失灵，现代商业模式创新就是要重构一个有利于自己的外部环境。从这个意义上讲，商业模式是跨边界的关系组合（佐特等，2008），商业模式创新也就是重构一个新的规则关系。这些概念及其定义得到当今理论界的基本认可，不过，中国的管理情境需要管理学实现创新与本土化转型（冯海龙，2012）。专门研究中国企业商业模式创新的文献并不多，在知网中主题为“中国企业商业模式创新”的中文文献仅有29篇（2022年9月13日）。在全国图书馆参考咨询联盟中输入“中国企业商业模式创新”，得到的内容数量也不多。苏慧文等（2014）从案例分析角度，撰写了《中国企业商业模式创新案例研究》。李启涵（2011）出版了《中国中小企业商业模式创新：索科集团发展实证研究》专著。李巍（2018）出版了《中国制造型企业商业模式创新研究》专著。这些文献从案例分析及其他方面说明了中国企业商业模式创新的状况，但缺乏系统的梳理与归纳。针对这个理论研究的不足，需要采取系统思维，来阐释中国企业商业模式创新的现状及其内在的规律。

从广义上讲，每个企业都有自己的商业模式。中国企业的商业模式创新有着深厚的文化基础，五千年的文化底蕴是中国商业模式创新的丰厚土壤。同时，商业文化也是中国文化的重要内容。因此，商业模式创新研究必须融入“中国元素”。“中国元素”的核心是中国优秀的传统文化，从中国经济社会发展的形势来看，目前最大的环境变数是互联网、大数据及人工智能带来的新变化。基于此，本研究将着重分析中国商道精神与互联网背景下中国企业商业模式创新之道。

中国企业是指在中国注册的企业，也可以指中国情境下经营的企业，其商业模式创新具有明显的中国特色。企业是指各种独立的、营利性的组织，可以是法人，也可以不是。工场手工业时期、工厂制时期与现代企业时期是企业发展的基本历程，那么，企业商业模式的创新研究也体现着企业发展的历史脉络。有学者认为，商业研究可以分为以下三个时期：第一时期，从远古至1990年前后；第二时期，1991—2001年；2002年以后的“商业模式”为商业模式研究的第三时期。

借鉴以上商业模式研究三个时期划分的思路，再根据中国知网上有关文献检索的情况，“中国企业商业模式创新”的研究可以分为：1984年之前、1985—1992年、1992—1999年、2000年之后四个时期。虽然原磊（2007）等学者认为，商业模式的概念出现在论文中的时间是20世纪50年代，但之前有关商业模式的概念或者接近其含义的概念依然大量存在，如经营模式、商道技巧、经商技巧等，所以不能不去研究。况且，研究中国商业模式创新的发展历程要有连续性。结合中国改革开放的实际情况看，20世纪80年代，经济体制改革卓有成效，关于商业体制改革及商业运营模式创新的讨论逐渐增多，商业模式创新的研究也蒸蒸日上。互联网电子商务的出现，为商业模式创新增添了翅膀，商业模式创新的实践及理论研究迎来了蓬勃发展，结合文献计量分析，故采取这四个阶段的划分方法。

综上，本研究将采取系统思维对中国企业商业模式创新进行探索性研究，旨在从理论上梳理出相对清晰的脉络；在实践上，提出实施商业模式创新的可行路径，这些研究结论将为中国企业在新经济时代促进可持续发展、保持竞争优势提供借鉴。

下面具体来看研究意义。

在互联网背景下，不是决定要不要商业生态，而是已经处于其中，正如“要么电子商务，要么无商可务”。可见，中国情境下，研究企业商业模式创新，无论在理论上还是在实践中都有着重要的意义。

第一，理论意义。通过文献分析，发现研究中国企业商业模式创新的文献很少，说明该选题具有前瞻性，具有丰富商业模式创新理论的意义。

第二，实践意义。商业模式创新是个永恒的话题，对企业来说非常具有吸引力，在“两创”背景下，创新和创业都需要研究商业模式，怎样使好的蓝图落地、如何讲好中国故事是重要的问题。探索中国企业实施商业模式创新的路径具有重要的实战价值，对企业商业模式创新具有重要的指导意义。

## 1.2 研究方法及研究思路

### 1.2.1 研究方法

(1) 文献研究法

通过数据库，例如，中国知网、万方硕博论文数据库、Web of Science等，依照研究目的有选择地收集相关文献，然后进行整理分析。从不同的角度分析文献，梳理其可取与不足之处，针对其研究不足，或者存在的欠缺，提出研究对策，或在理论分析上予以发挥，或构建理论模型，或用数据、案例进行验证研究。

(2) 实证研究法

实证研究回答的是“是什么”的问题，这是相对于规范研究而言的。规范研究回答的是“应该是什么”的问题，也就是用一个既定认可的准则来评判一个现象是对的还是错的。规范研究的准则也是历史经验的总结，或者普遍认可的原理，也具有一定的科学性。而实证研究是运用一定的方法，以大数据为基础来推导结论，具有探索性和可靠性。研究方法包括回归分析、结构方程、QCA（定性比较研究）等方法。当然，任何研究都是规范研究与实证研究的结合，没有纯粹的实证研究，有时可以用实证研究的方法来证明所提出的有关理论分析的合理性与有效性。

（3）案例分析法

案例分析是企业管理或者商业模式创新研究的一个重要方法，可以采取单案例纵向研究的方法，也可以采取多案例横向研究的方法，两种研究方法各有优势与不足，也可以以多案例为基本的资料，采取扎根理论研究方法，或者利用QCA方法，来推演理论或找出对策。

（4）其他研究方法

研究方法是工具，根据具体的研究目的与研究内容，本书常常会使用归纳与演绎结合、综合及解构结合等方法，根据场景灵活使用。

### 1.2.2 研究思路

图1-1为研究的技术路线图。

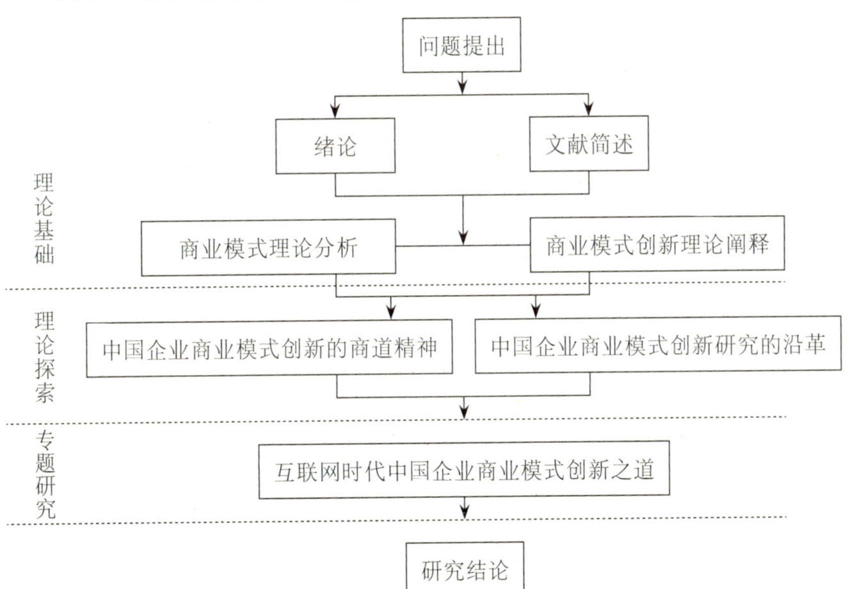


图1-1 研究的技术路线图

## 1.3 文献述评

### 1.3.1 关于商业模式的内涵

商业模式这个话题既古老，又年轻。古代虽有商业模式朴素的内涵，却没有明确的称呼。日本学者三谷宏治（2016）指出，从远古到1990年前后，商业模式的概念及其相关术语，对日后诸多方面起到决定性作用，但是，使用这些概念的人却寥寥无几。1991—2001年，商业模式及其术语得到蓬勃发展。1998年，商业模式本身也作为一种专利，例如，Priceline的逆向拍卖模式。无论企业家、投资者，还是媒体，都对商业模式表现出极大的兴趣。2001年之后，“商业模式”并没有随着网络泡沫的崩溃而消失，由于它回答了“竞争优势持续性”及“革新的源泉”这两个问题，竟然比以前更受学术界与实践者的关注。随着信息技术飞速发展与经济全球化进程的加快，商业模式理论也迅速发展起来。不过，至于商业模式到底是什么，至今还没有形成一致的认识，有的学者对商业模式的理解是从一般意义上去分析的，例如，商业模式就是要赢得企业的竞争优势；有的学者则是从关系缔结角度去理解的，例如，商业模式就是构建规则关系。正因为对商业模式的概念还未形成一致的看法，所以我们更需要清楚地界定它的含义，否则，难以探索其内在的规律。可见，探索商业模式的本质属性，已经成为十分迫切的任务。

作为一个专门术语，“business model”首次出现在加德纳（Gardner）1960年的论文标题中。20世纪90年代后期，随着互联网技术飞速发展，新信息技术给商业模式理论与实践的研究注入了新的活力，商业模式研究的热潮真正到来。蒂默斯（Timmers，1998）认为，商业模式所描述的包含了各种商业活动的参与者及其潜在的利益。杜波森（Dubosson，2002）分析商业模式着眼于顾客价值，为企业及其合作伙伴产生可赢利且可持续的收益流。蒂斯（Teece，2010）强调商业模式是企业如何为顾客创造价值，并传递价值，从而实现企业利润的商业逻辑，他认为商业模式是一个关于商业的概念化表达，而非财务化的模型。博尔顿（Boulton，1999）等指出，商业模式是企业有形资产与无形资产的独特组合，并使得企业有能力创造价值。由上可见，商业模式包含价值创造、价值传递与价值获取的要素，即，商业模式是企业价值创造与实现的核心逻辑。

国内学者也多聚焦于商业模式价值视角的研究，例如，翁君奕（2004）把商业模式界定为由价值主张、价值支撑、价值保持构成的价值分析体系，提供了商业模式创意构思和决策的一种思维方法。魏江（2012）等认为，商业模式是价值主张、价值创造和价值获取的一种连接架构，其表达的内涵也是价值实现的逻辑。

朱明洋和林子华（2015）从价值逻辑视角，梳理了商业模式研究的文献。他们认为，学者们在商业模式研究的最初阶段比较关注其营利性，集中探讨获利的逻辑与方法，价值创造是商业模式研究的主要关注点。后来的实践证明，价值创造、价值传递与价值获取是不可或缺的完整环节。于是，价值链理论和价值网理论应运而生。在信息时代，价值网络的竞合比价值链的竞争更加重要，满足顾客价值、获取焦点企业以及利益相关者的利益显得更为理性。在网络式、开放性商业模式研究的背景下，超越企业边界，寻求利益主体的价值平衡更为现实。

总的来说，人们基本达成了共识，商业模式是价值创造与价值实现的商业逻辑。商业模式的本质是揭示构成主体的利益诉求，进而分析它们之间可能形成的交易模式。本研究认为，在互联网背景下，商业模式的内涵是，建构焦点企业与利益相关者之间的规则关系，为顾客创造价值的同时，可持续性地实现利益相关者价值。这个观念突出商业模式的“规则说”，构成商业模式的构件及其规则关系的形成、固化与再造是主线，是形成价值逻辑的内在机理。平衡焦点企业与利益相关者之间的价值关系，是维持可持续发展的利益基础。为顾客创造价值是出发点，实现焦点企业及其利益相关者（包括顾客价值）的价值是落脚点。

### 1.3.2 关于商业模式的研究

早期对商业模式的研究较多关注微观层面，主要是对商业模式的构成要素进行简单的比较分析，而对各个构成要素之间的本质关系研究较少，对各要素之间整体架构的研究也比较少。较常见的研究思路是，对商业模式研究文献进行梳理，然后提炼出一般的规律。例如，周辉和刘红缨（2007）总结出商业模式的几个基本特征：价值主张定位；在网络价值中的角色；内部管理与价值主张的协调；优化与价值链紧密相关的物流、收益流；持续挖掘自身的利润源泉。后期研究则关注商业模式构成要素之间的关系，探索商业模式的本质内容，代表性的研究是关于商业模式内涵的认识，有逻辑说、关系说、规则说。从企业价值创造总体逻辑，交易结构、规则关系等视角来解释其内在要素的本质关系。埃米特和佐特（Amit & Zott，2001）把商业模式描述为一种组成要素的体系结构，这种体系结构说明了公司、客户、供应商和候补者所组成的网络运作事务的方式。切萨布鲁夫和罗森布鲁姆（Chesbrough & Rosenbloom，2002）认为，商业模式是反映企业商业活动的价值创造、价值提供和价值分配等活动的一种架构，其创新的本质是获取更大的价值，其终极目标是追求更高的经济租金。

### 1.3.3 关于商业模式创新的研究

（1）商业模式创新的内涵

商业模式是通过创造顾客价值来实现企业价值的艺术，而创新是商业模式的本质属性。当外部宏观环境发生变化时，通过商业模式创新，可以实现企业战略目标、协同商业模式创新的系统性及与外部环境的匹配性。

商业模式创新的研究是最具有价值性和挑战性的工作，需要充分考虑其要素与结构的整体性，突出商业模式的价值创造功能。关于商业模式要素创新，大多数学者都认同的商业模式的核心构成要素是：价值主张、目标客户、伙伴关系以及成本与收益模式。因此，完善提高原有要素价值的途径或改变各要素之间的关系，就可以实现原有商业模式的创新。韦尔（Weill，2001）等提出了“原子商业模式”的概念，认为每个原子商业模式都有战略目标、关键成功因素、营收来源和必备的核心竞争力这四个特征，改变原子商业模式的组合方式可以构成新的商业模式。

孙永波（2011）认为，商业模式创新要优化选择企业的全部价值活动，并对某些核心价值活动进行创新，然后再重新整合。显然，强调商业模式创新是商业模式构成要素及其组合的创新，尤其是核心价值要素关系之创新。价值主张、价值创造、价值传递与价值网络是商业模式创新的主要方面，这四个方面发挥作用，使企业竞争优势不断提升。

对商业模式创新分析具有本质意义的理解，“为寻求竞争优势而充分发掘技术创新或非技术服务创新的潜在价值，以更好地实现消费者价值主张的一整套连续的和动态的逻辑，视为商业模式创新”（切萨布鲁夫和罗森布鲁姆，2002）。商业模式创新遵循的是建构逻辑，创新的源头是顾客的需求，具有无边界拓展原则，通过与不同的利益相关者建立交易关系，构筑以自己为核心、体现竞合利益关系的商业生态系统。

可见，商业模式创新的实质已被广泛认可，即更好地促进企业和消费者沟通，在促进消费的同时，向消费者传递价值，并实现企业最大的价值。

（2）关于商业模式创新分类的研究

林德和坎特雷尔（Linder & Cantrell，2000）把企业商业模式创新分为四种类型：一是全新型，即构建全新的商业逻辑；二是扩展型，即扩展现有的商业逻辑到新的领域；三是调整型，即通过商业模式构成要素，如改变服务平台、成本结构等来提升企业在价值曲线上的位置；四是挖掘型，即在不改变商业模式本质的前提下，来挖掘企业现有商业模式的潜力。奥斯特瓦德（Osterwalder，2004，2007）通过案例研究，把商业模式创新分为全新型创新、存量型创新、增量型创新三类，认为拥有新技术并能把握机会的企业，可以进行商业模式的全面创新；对于能够获得新资源、核心能力的企业，可以采用存量型创新；而对于在某些方面滞后的企业，可以考虑在现行商业模式中增加新的要素以实施增量型创新。这个分类是着眼于要素与市场关系，以及要素对创新的价值。那么，实施商业模式创新也针对市场与要素组合关系，可以考虑目标消费者创新、对既有商业活动及价值链的关键环节进行革新、进行跨行业资源整合（李时椿，2008）。

切萨布鲁夫（2006）从动态的视角，认为商业模式升级是依照步骤的，他把商业模式分为大众化、部分差异化、市场细分式、能获得外部支持、能整合企业创新和能动态适应市场六种。商业模式能否提升取决于是否能够创造可观的利润、是否有一定的开放程度、能否获得外部资源以及是否愿意出售非核心资源。

对商业模式创新的分类解析，大多从技术创新学、战略学、营销学及商业模式学这几个视角来进行：①技术创新学视角。与产品创新不同，商业模式创新是一种全新的范式创新，要针对企业业务的潜在思维方式进行变化，要对新进入者问题及其规则关系进行重构。②战略学视角。为了打败竞争对手、为顾客创造新价值、为利益相关者创造新财富而重构现有的商业模式，通过颠覆既有规则并改变竞争性质，来重构商业模式，实现顾客价值与企业自身价值。③营销学视角。商业模式创新是由主动性市场导向而不是由反应性市场导向驱动的。要挖掘消费者的潜在需求，重塑既有的市场结构，开发新业务与新渠道，彻底改变竞争规则。④商业模式学视角。商业模式创新就是“商业模式变革”，企业通过重组其现有资源和合作伙伴，来改良既有运营系统或者设计新的运营系统，跨越产权边界，从根本上改变与顾客、供应商和其他利益相关者进行交易的方式（王鑫鑫和王宗军，2009）。

李长云（2012）引入知识流的概念来解析商业模式创新。他认为，商业模式创新的实质就是对各种“流”的改革，“知识”才是驱动商业模式演变的主要源泉，在学习机制、互动机制和知识管理机制的作用下，新一代信息技术引致了商业模式的创新机理。据此，商业模式创新路径为：基于学习机制的创新；基于互动机制的创新；基于知识管理机制的创新。

不过，商业模式创新是动态的。基于持续改进的视角，莫里斯、辛德胡特和艾伦（Morris，Schindehutte & Allen，2003）认为，商业模式创新就是对自身的商业逻辑不断调整和完善的过程，商业模式创新就是从基础层向专有层、再到规则层逐步递进的过程。

（3）关于商业模式创新策略的研究

荆浩和贾建（2011）从动态的视角，通过案例研究来分析中小企业商业模式创新，他们认为，实施商业模式创新要分析对商业模式创新有影响的动态因子，即环境因子、技术因子和企业成长因子，而构成商业模式的核心要素则是客户、价值主张、价值网络和创收逻辑。成功的商业模式创新要通过四个方面得以体现，分别是效率与效益兼顾、锁定性、独特性和可持续性。姚伟峰（2011）从公司治理角度分析商业模式创新的路径，更多关注利益相关者的利益。谁提议、谁投入并推动商业模式创新是其动力，对风险的不同偏好决定了商业模式创新的路径，具体来看，包括利益相关者的定位及投入激励、承担风险的能力与态度、与外部融资系统的关系等因素。

谷斌等（2010）基于TRIZ理论，即“发明问题的解决理论”，其过程是：找出我们遇到的具体问题；转换成TRIZ标准问题；运用通用的TRIZ方法；找出适合自身的解决方案。将TRIZ理论的思想运用于企业商业模式创新的一般过程之中，对企业进行商业模式创新有较好的借鉴作用。

随着信息技术的飞速发展，数据逐渐成为重要的生产要素，这不仅是一次技术革命，也是一种社会革命。“大数据”正在改变企业存在的环境，大数据资源与技术引发的商业模式构成要素的创新，将促进大数据产业链的形成，并引发以跨界融合为特征的商业模式创新，这将为企业商业模式创新路径的选择带来新的启示（李文莲和夏健明，2013）。

不少学者在商业模式创新策略方面的研究具体到行业或企业，例如，丁敏（2010）认为，社会企业商业模式创新要谋求价值活动创新，除了整合社会资本与各种社会资源，还要整合与创新多方相关利益者的关系。彭健（2009）认为，文化演出商业模式是“利益相关者”相互满足的文化平台，提出了“文化+X”的市场化模式。王鑫鑫（2010）等认为，软件企业商业模式创新的途径是，根据实际情况选择目标客户、价值主张、产品与服务、伙伴网络、资源配置、渠道和收入模式等要素，并协调其关系。零售企业商业模式有三个维度，即顾客价值、企业价值、伙伴价值三种类型。商业模式创新的具体途径是：提高企业为顾客创造价值的能力；提高企业为伙伴创造价值的能力；提高企业为自身创造价值的能力（原磊，2009）。陈迪和钟景清（2020）以零售企业跨界合作的视角，探讨其营销模式的创新，利用创新的营销渠道和营销策略进行商业模式创新。武亮（2019）以途家短租模式为分析案例，探讨共享经济下短租商业模式的创新策略。

（4）关于商业模式创新有效性评估的研究

哈姆德（Hamd，2000）认为，能够创造出高于行业平均水平的利润才是一个好的商业模式。可见，创造利润或者能创造利润的潜力是评估商业模式创新有效性的标准之一。迪博松-图尔巴伊（Dubosson-Torbay，2002）等建立了以顾客、流程、财务、学习与成长能力等为指标的平衡计分卡法来评价商业模式。

具体对商业模式创新的评估可分为两种：创意阶段的评估和运行阶段的评估。独特性、有效性、适应性和营利性这四个方面是衡量商业模式创意阶段的潜力的要素。商业模式创新在运行阶段的关键是商业模式的匹配性，必须要协调好内部匹配和外部匹配之间的平衡关系，企业必须设法提高现有因素的灵活性（欧晓华和余亚莉，2013）。

弗尔佩尔、莱多德和特基（Voelpel、Leidold & Tekie，2004）则把创新实施研究的重点放在商业模式创新规划上，构建了一个基于企业基础设施测试、技术测试、客户测试和财务测试的商业模式创新实施的循环。

（5）关于新经济背景下商业生态与商业模式创新的研究

随着计算机与互联网技术的飞速发展，以及资本市场的不断创新，企业经营环境发生了变革，决定企业业绩的主导因素由企业内部转向企业之间，构建企业联盟、网络平台等中间型组织成了制约企业发展的关键因素。在此背景下，商业生态系统的研究备受关注。

技术进步是重要的推动力量。先进的信息技术与网络交易平台，极大地促进了各种组织之间高效的连接，将原先孤岛似的业务环节连接在一起，从而使企业间的信息交换量与交换速度大大提高。经济全球化的发展，使传统的管理理论开始变得失灵，未来不可控的变量增多，各种变量交互作用明显，问题的随机性和复杂性增加，传统方法已不能适应，商业生态系统理论正是基于这种思想而产生的。组织参与到某个商业系统之中，如果拥有超出其所在经济组织的边界，就称为“资源超出”，或是“价值溢出”，企业主动融入商业生态系统是利益驱动的结果，是理性行为。商业生态系统打破了行业间原本的界线，不同行业的企业联合起来，更好地服务消费者，进而增加彼此在市场上的机会。企业原本多在垂直性分工模式中寻找自己的位置，而今转变为在水平性整合模式中，即在超分工整合管理模式中寻找自己的生态位。随着消费者需求趋于多样化，超分工整合模式的发展致使企业与相关的企业伙伴进行更加紧密的合作，最终会走向一个更高程度上的联合，即商业生态系统（荆浩和张冬秀，2013）。

摩尔（Moore，1996）认为，商业生态系统就是以个人和组织的相互作用为基础的经济联合体，其成员除企业自身外，还包括供应商、代理商、竞争者、消费者、政府等。他们通过利益共享、自组织甚至有些偶然的方式聚集在一起，形成一个相互支撑的商业生态系统。商业生态系统是一个复杂、开放、动态的适应系统和共生系统。

由于企业所处的商业环境愈加复杂，原有的静态环境不复存在，企业整合内部资源的效力逐渐减弱，这就迫使企业主动置于商业生态系统之中，并与利益相关者互为影响，获得各自的生存空间。可见，商业生态系统摒弃了单赢的发展理念，强调在竞合中促进生态系统的演进，以形成系统优势，而企业则借助生态系统整合信息、技术、人、财、物等资源，为企业提升创新驱动力、创造核心技术、打造优质品牌奠定基础，这也是中国企业走出全球价值链低端的突破口。

商业生态系统结构可以分为三个层次，即核心生态系统、扩展生态系统和完整的商业生态系统。核心生态系统围绕核心产品的生产、销售及服务等环节，从生产流程角度看，实质上就是供应链体系。扩展生态系统包括核心层要素，不过在外延方面更加放大了，包括半成品供应商、原材料供应商，甚至还包括最终产品的供应商，如电子商务平台交易的产品。扩展层也放大了顾客的范围，可以是顾客的顾客。此外，随着互联网技术的不断发展，产业边界在变得模糊，竞争者的范畴也在不断扩大。从某种意义上讲，扩展的生态系统是立体的产业链网络。第三个层次是完整的商业生态系统，它包括扩展生态系统及利益相关者。利益相关者大致可以分为三类：一类是政府的相关管理部门，是制度的供给者及规则的监管者，他们制定规章制度，充当规则守护人的角色。二类是行业管理的组织，是介于政府与市场之间的中介组织。在市场经济发达的国家，自律性表现得比较明显，在市场经济不发达的国家，政府行为的影响还比较大。三类是风险分担者，这类利益相关者是围绕核心产品或者业务的支持者，包括一些投资者、商务服务提供者、科研院所和其他生态系统中的企业。

马尔科等（Marco et al.，2004）从企业在行业中的地位来划分，分为核心型企业、主宰型企业和缝隙型企业。有学者将商业生态系统与自然生态系统类比，认为其既应包括企业生物成分，也应包括非生物成分。生物成分由企业自身、同类企业以及供应链上其他主体构成，而非生物成分的要素，包括政治、经济、科技、文化、自然资源等。可见，这样的分类是基于供应链及其影响环境来理解的。在充满不确定性的背景下，保持敏感，适应变化，共同演进，准确占位，系统成员适度竞争、理性合作，并能采用合适的策略，是商业生态系统成功的基础。不过，这些是从生态系统的逻辑概念划分结构，没有考虑到如何实现生态结构的总体功能，对环境因素考虑不够，与核心企业的目标市场联系不够紧密，不利于解释系统的进化机制，也不利于企业在生态系统中采取发展策略。

这样界定商业生态系统针对性很强，研究起来也比较明确。在新经济背景下，网络平台是一个商业生态，这是研究视角的创新，没有抽象地研究生态系统，而是使研究更加具体化、明晰化，得出的结论具有借鉴价值，对相应的行业具有指导意义。

在自然界中，生活需求与生活习性接近，亲缘关系密切的物种，为避免过度竞争，通常分布在不同的栖息地，这也是自然选择的结果。适者生存是生物界的基本法则，对企业同样具有借鉴价值，这个规律在企业生态系统中也同样适用。管理学家德鲁克认为，企业之间生存发展的关系是一种生态关系。企业在此生态关系中利用自身优势，能动地适应环境，不断谋求有利于自己生存与发展的地位。从这个意义上讲，企业的生态位是不断演化的，是动态的。企业在商业生态系统中的地位，取决于其在整个产业链中或在价值网络中承担的功能，在不同的时空状况下，其发挥的功能也不同。例如，企业在生命周期的不同阶段，以及处于不同空间的情况下，均会对资源的配置情况产生影响。

生物的生态系统能够在适应环境的过程中形成自己的生存模式，可以适应生态环境的变化，有自己的“生态位”。自然物种获得和利用的生态资源空间生态位越宽，可利用的资源越多，物种的适应性就越强，其竞争力也就越强。同样，企业也拥有自己的生态位且各不相同，弱小的企业可以和巨型企业共生。商业模式是在掌握特有资源的情况下，拥有的有形资产和无形资产要具有垄断性、排他性，拥有这样的资源才具有竞争优势。

随着经济全球化及网络的迅速发展，企业间的竞争会演化为生态系统的竞争，商业模式的竞争也将表现为生态系统的竞争。基于这样的分析，商业模式创新主要包括基于供应链系统、基于竞争系统和基于环境系统的商业模式创新。商业生态下的商业模式创新可以看作是系统整合企业内外部资源能力等因素的动态系统过程。通过对外部资源能力的优化配置，输入同质性资源转化为获取异质性资源，以最大限度地提高企业及其利益相关者的利润，实现可持续发展。超越企业行业边界的商业生态系统，可以分为宏观环境系统、支持环境系统、竞争系统和供应链系统。核心企业在商业生态系统中起着导向作用，制约着商业生态系统的发展前景。

那么商业生态下的技术创新与商业模式创新耦合机制将如何形成？童心（2014）认为，技术创新推动商业模式创新，同时商业模式创新拉动技术创新。学者孙连才与王宗军（2011）从动态能力理论的视角，研究商业生态系统下企业商业模式的指标评价体系。由于商业生态系统的全球经济一体化特征，传统商业模式的测度方法不能满足当前非线性的环境，所以引入动态能力理论，构建指标体系，以实现对企业商业模式的准确评估。包括动态市场环境（市场定位准确程度、目标市场响应能力、消费者目标群体适应度）、外部技术条件（技术变化、企业电子商务化程度）、企业管理（客户关系、差异能力、执行响应速度与供应链管理柔性程度）、价值创造（轻资产经营绩效、收入流健康程度、企业价值网络）、组织文化（品牌形象柔性程度、价值主张适应度）与资源

(核心能力与战略性资源适应度)。

### 1.3.4 关于中国企业商业模式创新的研究

以“中国企业商业模式创新”为主题在中国知网中进行检索，得到的理论文章不多，下面选择几篇篇名中出现“中国企业商业模式创新”的文献予以简述。

张瑞敏认为，商业模式“说到底就是客户价值最大化，只要符合了这一点就没问题。如果脱离了客户价值最大化，搞任何复杂的模型和公式都没有用。商业模式是一个让客户和企业双赢的方式，不是一个模型”(王建中，2010)。商业模式的创新已经从卖产品转变为卖服务。

关于商业模式创新的路径研究。韩煦指出：“比较好的变革办法就是为企业所处的整个价值链创造价值。例如，发现客户未满足的新需求或协助供应商提高运营效率。这是一个优秀的企业应该做的，而不是一味挤压供应商的利润空间。”(王建中，2010) 中国企业除了关注本国行业领导者的商业模式之外，还要学习先进的商业模式，关注其他国家企业商业模式的变化。有条件的企业可以对全球范围内的重要商业模式进行跟踪，发现机会立即学习或借鉴，构建先发优势或者谨防落伍（付志勇，2010)。新的竞争规则把竞争分解为两类：同向为竞，相向为争，竞争的重心应从“争”转到“竞”上（俞炎，2007)。沃顿商学院管理学教授拉斐尔·阿密特认为：“企业高层应该考虑，如何通过商业模式创新来扩展公司的业务边界以及行业的边界，并让价值链上的有关各方都受益，而非只局限于在旧的模式中考虑利润水平。”(王建中，2010)

中国企业商业模式的八个新趋势为：企业战略思考的聚焦点从“先对手，后客户”向“先客户，后对手”转变；企客关系从CRM向CEM转变（CRM是客户关系管理，CEM则是客户体验管理)；产品实际使用价值从总体把握向操作细化转变；市场换技术从宏观向微观转变；货款结算从“销售后”向“消费后”转变；打造“微笑曲线”，重心从硬实力向软实力转变；企业经营内涵从经营人力向经营人心转变；企业文化建设从职场业务氛围为主向职场人文氛围为主转变（俞炎，2007)。

李兴旺与武斯琴（2015）采取内容分析法分析了中国企业商业模式

创新特征的问题。他们指出：从创新内容来看，中国企业商业模式创新的要素创新高于要素间的关系创新；从创新效果的衡量方面看，使用最多的是市场效果指标与财务指标，而使用最少的是运营效率指标。

张剑和袁保华（2021）分析了5G时代中国企业商业模式创新的问题。他们指出：5G时代机遇和挑战并存，一方面为企业带来一个全新的时代，充满了各种机会；另一方面也充满了各种未知和试错。中国目前出现的5G典型应用场景，已经涌现了一些成功的商业模式，此次我们走在了时代的前列，一切都需要我们继续去探索。

# 2 商业模式的定义、演化与功能

## 2.1 商业模式定义分析

### 2.1.1 商业模式概述

商业可以理解为是一项买卖商品的流通活动；也可以理解为是一个行业或以商品流通为主的国民经济部门。英语中对应汉语“商业”的单词主要有“business；commerce；trade；biz”等，“business”的含义是“商业；买卖；生意”，也指“商业机构；企业；公司；商店；工厂”。“commerce”的含义是：“贸易（尤其指国家或地区之间的）；商业；商务。”综上可见，商业可以从微观、中观及宏观三个层面来理解：微观层面是指市场主体之间进行“买卖”，中观层面具有“行业”意义，宏观层面有“国际贸易”的意思。

“模式”指事物的标准样式，是理论和实践之间的中介环节，具有简单性、重复性、稳定性、一般性、结构性、可操作性的特征。正是因为模式具有一般性，所以在实际运用中要考虑具体情况，随时调整构成要素及其关系才有可操作性。

“模式”在不同的学科中有不同含义。法国莱维·斯特劳斯认为，还原主义和结构主义是科学研究的两种方法。还原主义的方法是把复杂的现象简单化，而复杂的现象只能用结构主义的模式法说明。这里的“模式”是结构主义用语，说明事物结构的主观理性形式。在普通心理学中，指外界事物贮存在记忆中的有组织的心理图像。在皮亚杰(Piaget)的认识发展论中，称为“图式”，是指儿童适应环境的行为方式。在社会学中，是指解释方案，同时也是一种思维方式，是解决某一类问题的方法论。

“企业与企业之间，企业的部门之间，乃至企业与顾客之间、与渠道之间都存在各种各样的交易关系和连结方式，我们称之为商业模式(百度百科)。”商业模式中，企业要素结构关系的不同决定着其价值创造的效率差异。正如钻石和石墨都是由碳原子组成一样，由于碳原子之间的连接结构不同，导致石墨漆黑柔软，钻石通透坚硬，可见结构决定了两种商品的不同价值。

### 2.1.2 商业模式定义研究

(1) 给概念下定义及其规则

给概念下定义是为了减少混乱，这不仅是理论研究的需要，也是实际工作的需要。给概念下定义首先要理解“概念”的含义。“概念就是对事物本质属性的描述”，什么是事物的本质属性呢？从感性认识上升到理性认识是人们对客观世界认识所遵循的基本规律。一个基本概念是否准确并得到理论界的普遍认同，是一门学科是否成熟的重要表现，进而直接关系到实践探索及实际的效果。所以，必须认真研究，力求科学严谨、求精求真。具体来看，“用‘属’加‘种差’的方法给概念下定义，是比较常见的一般方法”。给概念下定义的格式是：被定义项=种差+临近的属。“首先把某一概念放到另一个更广泛的概念里，然后把被定义概念反映的这一子类对象与它的属类中其他子类对象进行比较，概括出它们在本质属性上的差别，即种差。”不过，有些概念找不到其归“属”，可以“揭示被定义项所指谓的对象与其他对象之间的特有关系”，来给概念下定义。下定义时注意不要出现这些问题：同语反复，循环定义；定义过宽，定义过窄；不当否定，揭示不明；晦涩难懂，意义不定；以打比喻，作为定义（巨朝军，1999）。这些注意事项，也是我们给概念下定义的规则。

（2）商业模式定义的多视角解析

①关于商业模式研究的专著及博士论文简述

国内研究可以分为两类，其一是学院派，其二是实战派。学院派作者多是在高校或科研机构工作，没有实际的企业管理经验，但对商业模式的学术前沿比较关注，撰写的专著理论性比较强。实战派作者多是有企业管理经验或从事企业管理咨询培训等工作，撰写的商业模式研究专著注重实战与时效性。专著面对的读者群主要是中国人，他们既注重理论性，也关注实践操作性。几乎每本专著中都有大量的案例及分析，而数理模型的运用比较少，这或许是考虑发行量的原因，也有可能因为专著是博士论文的加工版，或是课题研究成果的升级版，这些专著多以科研成果公开发表为主旨。专著中关于商业模式的定义及核心要素的提炼多以国外文献为研究对象，统计代表性观点，之后进行比较与归纳，再结合自己的理解，给出商业模式的定义，并提炼出核心要素。从下定义的一般方法看，是“种差加属”。虽然学者在给商业模式下定义时，不都是依照这个逻辑，但是这个思路却可以用来进行归类分析，即根据“属”的范畴给出大类，再根据定义所强调的重点，依照价值链的顺序进行解构剖析。例如，关注商业模式的前因、过程还是结果，再进一步进行分类解析，这个思路也是国内博士论文的主要研究思路，通过对商业模式的研究文献进行归类，提出自己的看法。还有一些是采取其他研究者的观点，多为知名学者对商业模式的定义，然后选取其核心要素展开研究，最后以多案例比较研究，或者是单个案例纵向深入研究；也有的是研究要素之间的关系，或者探索商业模式与其产生绩效的实证研究，以上市公司或调研的资料为样本，运用结构方程或仿真模拟进行研究或进行统计分析研究。从给商业模式下定义的角度看，专著给商业模式的定义比较清晰，选取要素研究的思路也很清楚。博士论文文献研究比较充分，但有些论文概括得不是很精练，甚至没有自己的理解，这是不严谨的。没有自己的理解，是博士论文缺乏原创性的表现，他们往往借用其他研究者对商业模式的定义，然后据此泛泛而谈，缺少进行深入研究的铺垫，且演绎连续性也断裂了，某种意义上讲，这是硬伤。

②商业模式定义的多视角解析

基于前文对给概念下定义的分析，本书以商业模式达到的目的或者商业模式功能为切入点，从下定义的“种差”角度，以分析与其他“亚属”的差别为侧重点，选取商业模式的目的或商业模式的功能为划分标准，把商业模式的功能属性分为四种情况：创造客户价值；创造企业价值；创造客户价值及企业价值；创造客户价值、企业价值及利益相关者价值。依次将四个方面进行归类比较分析，在完成商业模式每个功能属性的归类之后，再分析其核心要素及关系。这样的分析是以事物的本质为出发点，而不是从形式上入手，从而更便于厘清商业模式的本质属性，这也是学术研究的一个创新。

第一，以实现客户价值为主旨。对客户价值的研究是现代管理学的热点之一。现代营销理念告诉我们，要从客户的需求出发，而不是从自己的产品出发，企业所有部门都要关注客户的需求，即顾客需要什么就生产什么、提供什么服务。企业通过满足客户的需求来实现自己的价值，这是现代营销哲学的体现。科特勒（Kotler）讲过，要比竞争对手更好地满足客户的需求，这样企业就会有源源不断的利润，这是现代企业经营的金科玉律。如何来计量客户价值呢？简单地说，就是客户从产品或服务中获取的总收益与消费过程中的总付出之差，即客户价值=客户感知利得-客户感知成本。

王雪冬（2015）认为，顾客价值既有客体性的一面，也有其主体性的一面。他比较分析了代表性的有关文献，认为在商业模式的构成要素中，顾客、顾客价值、顾客价值主张是高频词，价值主张是商业模式的核心要素。价值发现过程是商业模式创新的灵魂。

余来文（2014）在互联网背景下研究企业的商业模式。他指出，商业模式的目的就是实现客户价值最大化。他强调，商业模式要具有竞争性、持续性与可营利性。互联网思维下商业模式的核心要素主要包括：战略定位、价值创造、资源整合、融资模式、营销模式和营利模式。

陈华平（2015）认为："任何一种商业模式，其本质目的就是挖掘或满足消费者可能存在或者已经存在的消费需求，为客户创造价值。构建商业模式的三点要素：注意把握全新的市场机会；突出产业价值链的整合；重视企业价值链的整合。"可见，商业模式的基本功能就是挖掘客户需求，为客户创造价值。简单地说，就是发现市场机会，在产业层面与企业层面进行价值链整合。这个理解类似于营销学中对营销的理解：发现你的市场，然后设法满足它。

栗学思（2015）认为，模式是否丰富是某领域是否具有专业水准的尺度，它可以帮助人们产生专业的判断、直觉与预感，模式就是问题的解决方案，为客户创造价值提供差异化的样本。

根据生产或运作的一般流程，即"输入—加工—输出"，大致依照"价值发现—价值创造—价值实现"的基本思路进行归类，通过对核心要素进行统计分析，关键词（含近义词）出现频次依次为：价值发现4次（含价值主张、全新的市场机会、价值需求）；价值创造4次；价值传递3次；价值实现3次（含价值俘获，价值驱动及价值保护可以概括为价值实现），其他均出现1次。

表2-1为以实现客户价值为主旨的部分文献统计分析表。

表2-1　　**以实现客户价值为主旨的部分文献统计分析表**

| 作者 | 商业模式目的或功能 | 核心要素 | 定义类型 | 备注 |
| --- | --- | --- | --- | --- |
| 王雪冬 2015 | 顾客价值发现 | 价值发现、价值传递、价值创造、价值俘获 | 结构化定义，采取与其他要素关系比较来定义 | 博士论文 |
| 冯雪飞 2015 | 顾客创造价值 | 价值主张、传递价值、创造价值、获取价值 | "属"为"基本逻辑" | 博士论文 |

续表

| 作者 | 商业模式目的或功能 | 核心要素 | 定义类型 | 备注 |
| --- | --- | --- | --- | --- |
| 余来文 2014 | 实现客户价值最大化 | 战略定位、价值创造、融资模式、营利模式、营销模式、资源整合 | “属”为“整体解决方案” | 编著<br>互联网背景 |
| 陈华平 2015 | 为客户创造价值 | 全新的市场机会、突出产业价值链、企业价值链 | “属”为“解决方案” | 专著 |
| 栗学思 2015 | 为客户创造价值 | 客户、运营、渠道、产品、经营者、管理机制、竞争壁垒 | “属”为“差异化系统解决方案” | 专著 |
| 共同点 | 为客户创造价值 | 价值发现、价值创造、价值传递、价值实现 | 解决方案 | 在客户需求挖掘方面予以关注 |

通过以上归类总结可见，从满足客户需求的角度看，商业模式就是体现价值发现、价值创造、价值传递与价值获取的基本逻辑，为客户创造最大化价值而采取的系统解决方案。

第二，突出实现企业价值。企业价值在管理学中有许多含义，在研究商业模式时，企业价值可以理解为财务价值；在具体的商业模式项目中，可以理解为企业所获取的净利润。

王卓（2015）等指出，商业模式的最终目的在于营利，是由一系列运行规则构成的。他们列举了13年间（1998—2011年）一些学者对商业模式构成要素的界定，总结出商业模式要素可以分为三个层面：核心层、基础层、运作层。他们认为，价值主张和战略定位是核心层。这个商业系统包含的内容比较多，有企业战略层面的定位，还有竞争战略。他们对商业模式的界定比较宽泛，这一界定与企业战略的概念之间存在交集，把为企业营利的所有经营活动几乎都包含进去了。可见，这个定义太宽，其“属”为商业系统，而“种差”表述为“一系列企业运作规则”，也没有体现商业模式与其“平行概念”，例如营销策略的本质差别。

王千（2015）认为："商业模式的实质就是企业价值创造系统。"商业模式包括价值需求、价值载体、价值创造、价值传递、价值驱动与控制、价值设计、价值保护七大系统。商业模式系统的构成要素是：客户需求力、产品力、渠道力、运营力、驱动与控制力、领导力、保护力。这七种力量组成了商业模式的竞争力。

周祺林（2014）强调商业模式是实现企业价值，与利益相关者保持长期营利的交易结构。商业模式的具体构成要素是：用户价值、企业资源和能力、营利方式，它们共同构成了三维立体商业模式。最大化实现企业价值是商业模式构建交易结构的目的，以此界定商业模式构成要素还是比较清晰的。

曾涛（2006）认为，商业模式获取的是超额利润，是战略创新、结构体系及制度安排的集合。实现不同的价值交换，保持商业模式的持续发展，获取超额利润是商业模式的任务。商业模式利益主体的要素是"3+1"，即企业、供应商、顾客、股东或利益相关者。

浦贵阳（2014）认为，商业模式是价值创造与利润获取的基本方法，将创造价值与获取利润理解为商业模式的功能，该定义的"属"是"基本方法"。构成商业模式的要素是：一定的要素及其关系（循环累积因果效应而形成的逻辑关系）。

张军（2010）认为，商业模式是获得超额利润的一种战略设计。构成要素是：顾客价值要素、价值网要素和企业资源能力要素。可见，"获得超额利润"是商业模式要完成的任务，商业模式是一种"战略设计"。

陈琦（2010）认为，不论是从强调商业模式构成要素及其关系的系统视角，还是强调创造价值的运营模块的逻辑视角，其共同之处就是商业模式的营利性目的。交易结构、交易内容和交易管理是商业模式的三大构成要素。

王鑫鑫（2011）认为，企业要为目标客户创造价值，商业模式最终的目的是要获得利润。

在研究商业模式概念时，不同学者对同一个词的理解存在差异，概念之间也存在交叉。例如，前文表格中的"价值需求"，实际包含了顾客定位及价值主张两层意思；“用户价值”包含了目标客户及价值定位的含义。所以，如果学者仅仅从字面上简单地进行统计分析，得出的所谓“高频词”也是不准确的。因为，字面相同的词，在具体文献中的含义可能不一致。故本文在统计分析时，把“企业战略定位和价值主张”“价值对象与价值主张”“顾客与价值主张”“顾客价值要素”“价值需求”“用户价值”都概括为“价值发现”，这样“价值发现”统计数为6次。企业资源配置为5次（含资源配置能力、资源配置与价值潜力、资源配置和能力）。价值网络为5次（含价值网要素、合作网络、要素及其关系、交易结构）。其他要素综合统计，可以用“价值实现”来概括。

表2-2为以实现企业价值为主旨的部分文献统计分析表。

表2-2　**以实现企业价值为主旨的部分文献统计分析表**

| 作者 | 商业模式目的或功能 | 核心要素 | 定义类型 | 备注 |
| --- | --- | --- | --- | --- |
| 王卓等 2015 | 最终目的在于营利 | 商业模式要素分为三个层面：核心层、基础层、运作层 | “属”为商业系统 | 专著 |
| 王千 2015 | 为企业创造价值 | 需求、载体、价值传递、价值创造、价值驱动与控制、价值设计与价值保护 | “属”为“系统” | 专著 |
| 周祺林 2014 | 最大化实现企业价值 | 用户价值、企业资源和能力、营利方式 | “属”为“交易结构” | 专著 |
| 曾涛 2006 | 获取超额利润 | 结构要素是“3+1”个利益主体，即企业、供应商、顾客、股东或利益相关者，结构维度要素是“价值主张、内部构造、资源配置与价值潜力、价值对象、价值实现方式” | “属”为“战略设计、结构体系以及制度安排的集合” | 博士论文 |

续表

| 作者 | 商业模式目的或功能 | 核心要素 | 定义类型 | 备注 |
| --- | --- | --- | --- | --- |
| 浦贵阳 2014 | 创造价值与获取利润 | 一定的要素及其关系（循环累积因果效应而形成的逻辑关系） | “属”为“基本方法” | 博士论文 |
| 张军 2010 | 获得超额利润 | 顾客价值要素、价值网要素和企业资源能力 | “属”为“战略设计” | 博士论文 |
| 陈琦 2010 | 商业模式的营利性目的 | 交易内容、交易结构和交易管理 | “属”为“交易关系” | 博士论文 |
| 王鑫鑫 2011 | 获取利润是商业模式的最终目的 | 商业模式的结构要素包括：顾客、价值主张、资源配置、合作网络、能力、渠道、收入模式 | “属”为“体系结构” | 博士论文 |
| 共同点 | 为企业创造利润 | 价值发现、企业资源配置、价值实现 | 系统结构 | |

通过分析可以看出，从为企业创造价值的角度看，商业模式就是要明确价值发现，发挥资源配置能力，处理好价值网络关系，最终实现企业利润的最大化。

第三，突出实现企业价值与客户价值。李东（2016）提出：“商业模式就是以企业为核心的利益相关体，在完成‘顾客价值创造’和‘获取自身利益’两大任务方面，开展的有关活动的方式或者式样。”显然，商业模式要完成两大任务，即创造顾客价值与获取企业价值。顾客价值主张、内部运营系统、顾客问题解决方案、外部合作网络及营利来源等要素是商业模式的主要构件。

罗倩（2013）列举了部分经典文献，经过比较分析后，认为价值创造与价值获取是分析商业模式的两个维度。价值主张、核心资源、价值网络和收入组合是商业模式的四个要素。

龚丽敏（2012）认为，价值创造与价值获取是商业模式的两个重要维度。商业模式是价值主张、价值创造、价值系统三要素的整合，或者是价值主张、企业能力、价值链环节和营销渠道四个要素的组合。

王云美（2012）认为："现代创新型企业的商业模式的具体模块和具体表现形式与其所处的外部价值网络紧密相关。商业模式描述了一个企业如何与外部合作伙伴一起，通过生产产品或提供服务，向目标顾客提供产品或服务，从而实现其价值主张，并获得利润的整个过程。"商业模式的主要因素包括：新的价值主张、目标客户、价值系统（包括内外部价值网络）、成本结构、获利方式及知识。可见，商业模式的功能是实现客户价值，并获取利润。核心要素主要是客户及价值主张、价值网络，收入模式等。

叶伟龙（2009）认为："商业模式的本质，就是创造和获取价值的逻辑。"他的定义强调商业模式的功能是创造和获取价值，其"属"是"战略执行结构体系"，其结构要素是：利用资源和能力，创造与获取价值。

付瑞雪（2009）强调创造和捕获价值。信息流与价值流是核心要素。

穆胜（2014）强调，互联网思维下商业模式的要点是价值创造和收益获取。可见，价值创造与收益获取是商业模式的基本功能。定义的"属"是"系统逻辑"。核心要素是内部资源能力、外部合作生态所形成的逻辑关系。

李飞（2010）强调价值主张、营利模式和价值获取是商业模式的主要构成要素。

徐天舒（2014）强调以实现价值主张和持续营利为目标，定义的"属"是"框架设计与行为选择"。

李杰（2011）强调提出价值、创造价值和实现价值。

分析以下表格中商业模式的核心要素，价值主张有6次（包括顾客价值主张及提出价值）。价值网络为6次（包括间接表达的有4次：外部合作网络；价值系统整合；价值流逻辑结构；外部合作生态）。价值获取为5次（包括实现价值、获取价值以及间接表达：收入组合；获利方式）。总结以上统计情况看，从关注客户价值与实现企业价值两个维度来看，商业模式更加注重价值网络的效应。商业模式就是明确价值主张，整合内外资源能力以构建价值网络，实现客户价值的同时，最大化实现企业价值。

表2-3为以实现企业价值和客户价值为主旨的部分文献统计分析表。

表2-3 **以实现企业价值和客户价值为主旨的部分文献统计分析表**

| 作者 | 商业模式目的或功能 | 核心要素 | 定义类型 | 备注 |
|---|---|---|---|---|
| 李东 2016 | 创造顾客价值与获取企业价值 | 顾客价值主张、顾客问题解决方案、营利来源、内部运营系统、外部合作网络 | “属”为“有关活动的方式” | 专著 |
| 罗倩 2013 | 价值创造与价值获取 | 价值主张、价值网络、核心资源、收入组合 | “属”为“结构关系” | 博士论文 |
| 龚丽敏 2012 | 价值创造和价值获取 | 价值主张、价值创造、价值系统整合 | “属”为“描述”。“描述”可以理解为“关系” | 博士论文 |
| 王云美 2012 | 实现顾客价值主张，并获得利润 | 目标客户、价值主张、价值网络、成本结构、获利方式、知识 | “属”为“整个过程” | 博士论文 |
| 叶伟龙 2009 | 创造和获取价值 | 利用资源和能力开展创造与获取价值的活动 | “属”为“战略执行结构体系” | 博士论文 |
| 付瑞雪 2009 | 创造和捕获价值 | 信息流与价值流组成的逻辑结构 | “属”为“描述”。“描述”可以理解为“关系” | 博士论文 |
| 穆胜 2014 | 价值创造和收益获取 | 内部资源能力、外部合作生态所形成的逻辑关系 | “属”为“系统逻辑” | 专著 |
| 李飞 2010 | 满足客户需求，从而实现营利 | 价值主张、价值获取、营利模式 | “属”为“动态逻辑” | 博士论文 |
| 徐天舒 2014 | 客户价值创造与企业持续性营利 | 要素选择和规则（包括政策、标准等）使用 | “属”是“框架设计与行为选择” | 博士论文 |
| 李杰 2011 | 为顾客创造价值，并最终实现企业价值 | 提出价值、创造价值、实现价值 | “属”为“商业逻辑体系和过程” | 博士论文 |
| 总结 | 创造顾客价值与获取企业价值 | 价值主张、价值网络、价值获取 | 逻辑关系 | |

第四，突出企业及利益相关者价值。魏炜和朱武祥（2015）认为，首先，商业模式就是焦点企业与其利益相关者之间的交易结构。显然，他们关注商业模式的交易性，其次，还要处理好焦点企业与利益相关者之间的关系。在新经济时代，商业模式应放在更加宏阔的视角进行分析，即商业生态的视域。企业不应该只关注利益相关者，还要关注利益相关者的利益相关者。所有这些利益相关者及其交易结构的总和，就是企业身处其中的商业世界，是企业赖以生存的商业模式共生体。

危正龙和宋正权（2014）认为，商业模式要素包括：价值机会、商业定位、交易对象、交易模式、营利模式与企业价值。该定义明确了以企业及利益相关者的需求为起点，构建商业治理系统。

胡世良（2013）强调移动互联网的平台模式是企业与其利益相关者共同创造的生态系统。移动互联网商业模式七个要素为：价值定位与需求创新、社会化营销、最好的产品、战略定位、生态系统、开放平台、营利模式。

王生金（2014）认为，商业模式是一种商业价值逻辑，包括如何创造价值、如何传播与价值分配问题。为顾客创造价值是起点，企业获利是商业模式的主要功能。平台企业商业模式的核心要素是：交易对象、交易方式、交易主体、交易内容等。

彭苏勉（2012）明确指出，商业模式是“以创造由客户价值、企业价值和伙伴价值组成的系统整体价值为目标”。

王晓明（2009）认为，商业模式以满足用户需求为前提，以为企业或其相关利益者创造和实现价值为目标。一个成功的商业模式要拥有一套能被利益相关者所认同的价值规范和标准，促使共赢。可见，他对商业模式结构属性的分析注重要素之间的关系。

通过分析统计表格可以看到，定位为5次（包括商业定位、战略定位与价值定位、交易对象、产品主张）。商业生态为4次（包括业务系统、生态系统、合作伙伴网络、内外协调互动关系）。营利模式为4次（包括支付方式）。可见，从实现顾客、企业及利益相关者的利益视角来分析商业模式，可以对企业内外资源进行整合，发挥商业生态价值网络效应，构建顾客、焦点企业与利益相关者的利益平衡机制，以期该商业模式能够有竞争优势、可营利地持续发展。

表2-4为以实现企业和利益相关者价值为主旨的部分文献统计分析表。

**表2-4 以实现企业和利益相关者价值为主旨的部分文献统计分析表**

| 作者 | 商业模式目的或功能 | 核心要素 | 定义类型 | 备注 |
|---|---|---|---|---|
| 魏炜<br>朱武祥<br>2015 | 商业生态的价值 | 定位、业务系统、关键资源能力、营利模式、现金流结构、企业价值 | “属”为“交易结构” | 专著 |
| 危正龙<br>宋正权<br>2014 | 利益相关者需求和价值交易为目的 | 价值机会、商业定位、交易对象、交易模式、营利模式与企业价值 | “属”为“商业治理系统” | 专著 |
| 胡世良<br>2013 | 企业与其利益相关者共同创造价值 | 价值定位与需求创新、战略定位、社会化营销、最好的产品、生态系统、开放平台、营利模式 | “属”为“生态系统” | 专著 |
| 王生金<br>2014 | 为顾客创造价值、企业获取利润，在利益相关者之间传播商业价值与分配价值 | 交易主体、交易方式、交易对象、交易内容等 | “属”为“商业价值逻辑” | 博士论文 |
| 彭苏勉<br>2012 | 以创造由客户价值、企业价值和伙伴价值组成的系统整体价值为目标 | 关键要素有：产品主张；客户群体；收入逻辑和核心能力。支持性要素包括：分销渠道；客户关系；合作伙伴网络和交付方式等 | “属”为“价值创造系统” | 博士论文 |
| 王晓明<br>2009 | 促使利益各方实现共赢 | 从内部结构的合理性向外部协调的互动性转变 | “属”为“系统关系” | 博士论文 |
| 总结 | 企业及利益相关者利益 | 定位、商业生态、营利模式 | 商业生态系统 | |

随着互联网经济的不断发展，商业模式的内涵不断丰富，其外延也在不断扩大。跨界融合创新是“互联网+”的时代特点。商业模式更多要考虑企业与利益相关者的综合利益，平衡他们之间的利益是商业模式

可持续发展的基础，也是商业模式设计与重构的起点。从这个意义上讲，商业模式的结构属性也越来越依赖要素之间的关系，构建新商业模式生态与其价值关系才是真正核心的要素。

通过对以上四个层次的分析可知，商业模式的内涵需要先明确其功能属性，然后再分析其结构属性。从关注客户利益，到关注所有参与主体的利益，其核心要素不断增加，复杂性也不断增加，要素的地位也随着商业模式在商业生态中的生态位而有所不同，构建新型的“规则”关系显得愈加重要。

随着市场化程度不断加深，产业分工越来越专业化，也更加精细，所提供给客户的产品或服务，只是价值网络的一部分，或者是商业生态的一个节点。原来的价值链被价值网所取代，传统“顾客”的内涵在更大的范围内被拓展，有时企业与顾客之间相互转换，相互提供服务，众多企业之间形成了纵横交错的关系，形成了虚拟的价值网。商业模式是整体商业系统的一部分，需要系统地思考利益主体的角色，以充分利用资源，达到资源的最优配置，促进各个利益主体价值的实现。可见，传统连续的线性价值链被非连续非线性的价值网络取代，利益相关者在价值网络中共同完成价值的发现、价值的生成、价值的传递与价值的分配。所以，在新的商业生态视角下，在商业模式范畴内，包括直接客户在内的所有利益相关者创造出来的价值总和，就成为某一公司可能获得的最大价值（三谷宏治，2016）。

## 2.2 商业模式成型与演化路径研究

### 2.2.1 商业模式成型的标志

企业之间的竞争是商业模式的竞争，甚至是相关企业之间商业模式组合集群的竞争，尤其在互联网时代，价值链竞争已经让位于价值网络之间的竞争。商业模式是指企业家将商业机会逻辑化，使其最终演变得更有竞争力。商业模式出现在20世纪50年代，但直到20世纪90年代才开始真正引起人们的关注，并得到广泛传播和使用。通俗地讲，商业模式就是公司营利的方法。对于商业模式的理解，可以着眼于行业，也可以聚焦一个企业。不过，对个别企业商业模式的研究或许更会引起企业家的关注。商业模式的内涵是随着生产力的发展而不断变化的，包含了一系列要素及其关系的概念性工具，阐明特定实体的商业逻辑。有的着眼于商业模式系统的各种资源，如资金、人力资源、作业方式、品牌和知识产权、企业所处的环境、创新力等等。商业模式由客户价值主张、企业资源能力、营利方式构成了三维立体模式。简单地说，“客户价值主张”就是向客户提供什么。“企业资源能力”可以理解为如何提供客户价值。“营利方式”可以理解为利益相关者价值的实现方式。判断一个企业的成功与否，主要看：是否为客户提供独特价值；是否是竞争对手难以模仿的；是否能够可持续发展。

无论是初创企业还是成熟企业，商业模式都是企业成功的根本。商业模式描述了一个相互依赖的价值创造活动系统与连接机制，但是，追求可持续竞争优势很可能需要从商业模式开始。而当前，商业模式研究更多关注“结果”导向，即聚焦于成型或成熟的商业模式，而对其形成过程的关注程度则相对不足。其实这个方面的研究更具有实战价值，即研究如何将新技术、新思想转化为价值，进而创造组织绩效。一个商业模式，从创意到模式成型，需要经过若干次的试错。商业模式成型的过程会受到外在环境与内在因素的影响，理论上存在无数种演化路径，可能是成功的、平庸的、糟糕的、中途夭折的等等。因此，对新商业模式的成型过程与动态测评进行研究，将有助于人们在探索与创新中获取一个具有强大竞争力的商业模式。

商业模式成型可以理解为是一个过程，也可以理解为是结果，或是阶段性结果。可见，商业模式成型是过程与结果的交替统一，这也是不少学者的基本看法。李东（2010）等提出了商业模式容器模型，认为商业模式的蓝图成型与规则成型是商业模式成型的两个阶段，成型发端于对特定问题所形成的解决方案，而各板块蓝图层面的成型，起始于经营决策人员对特定问题的有针对性方案的设计。在现实中，任何一种新的外部市场机会、政策法律调整、经济文化等因素的变化，以及企业内部的改变，诸如产品研发、技术创新等，均会成为导致新商业模式成型的驱动因素。蓝图方案成型的基本推动力量是企业管理层的智慧和经验。商业模式规则层面的成型总体上讲有三类途径：第一，转换。企业直接套用某个已经存在的规则。第二，借势。这是一种间接推动规则成型的典型方式，指通过影响管制部门，形成于已有利的规则。第三，创造。企业依靠自身的力量，导入新的信念或改变消费行为，形成新的商业模式。

也有学者认为，商业模式成型的机理，就像一个加工厂，有输入、加工与输出。这个过程的中间环节是非常关键的，是资源与能力的整合，是形成核心竞争力的主要节点。输入量可以使人、财、物这些量发生变化（如人才、技术、融资量等背景要素的改变），也可推断商业模式的质量，或者说是高效能商业模式形成的基础。而输出变量值，如市场份额、市值、企业利润、用户数的变化，可以判断商业模式是否有成效，至少是在一段时间内衡量是否有效的一个重要判断。不过，商业模式成型需要过程和时间。一个新商业模式的成型基本需要经历三个阶段：一是识别目标顾客；二是描绘有利可图的工作模式；三是学习调整、执行与演化蓝图模式。商业模式的生命周期大致包括酝酿阶段、实验学习阶段、培育阶段与复制创新阶段，李永发（2015）以奇虎360科技有限公司为例，对其商业模式成型的三个阶段进行了纵向的案例研究。研究认为，商业模式成型是一个复杂的过程，在不同路径下，会形成不同的商业模式，在商业模式成型的不同阶段，其任务应有所不同。商业模式成型的主导逻辑在于：识别顾客需求并定义顾客价值；设计营利模式获取企业价值。两种价值的实现依赖于可重复的标准活动系统，就是成型的商业模式。

### 2.2.2 商业模式演化的动因

变是绝对的，不变是相对的。同样，商业模式的演化与创新是企业赢得核心竞争力、谋求可持续发展的永恒主题。外因与内因的不断交替变化，是商业模式演化的基本原因。商业模式演化的动力可以划分为五个方面：一是技术的推动；二是市场需求的拉动；三是竞争的逼迫；四是企业家的推动；五是系统的观点。可见，商业模式演化的动因有来自内部的，企业家追求利益的本质决定其会主动适应环境，促进商业模式的创新；也有来自外部的竞争压力，正如马克思所说，出于对利润的追逐与外在竞争的压力，资本家对剩余价值的追求是无止境的。促进商业模式演化的因素当然也有来自内外综合作用的结果，例如，系统的观点。

徐蕾（2015）从设计驱动创新的角度来解析商业模式演化的动因，她选取国内一家有40多年成长历史的浙商企业“万事利”为研究对象。研究发现，该企业设计驱动创新的路径是递进的，即沿着“流程—产品—功能—文化设计”的形式演进。从时间维度看，该企业创业期的商业模式是采用制造业传统商业模式，面料加工与自产自销，之后增加OEM业务。20世纪80年代中期，万事利进入积累期，该时期的商业模式开始向价值链上下游进行拓展，万事利发展成为集染色、织布、印花、砂洗、服装为一体的企业，形成价值链拓展型的商业模式。进入发展期以后，万事利又拓展丝绸功能属性，成立了丝绸礼品公司，设立销售部、采购部，成为产品功能设计创新的一大跨越。该阶段，其商业模式的重心是延伸丝绸产业链，扩大产品涵盖面，注重全球化人力资源管理与管理团队建设，加大研发投入，构筑销售网络。成熟期以后，万事利实施文化设计创新，推出“丝绸生活”概念，成立“浙江丝绸文化研究会”，又牵手众多文化遗产传承人和艺术院校，成立中国丝绸艺术研究所，建设强大的丝绸科技队伍及设计研发团队。该阶段的万事利转型成文化创意产业，这种文化设计创新大大提升了企业竞争力。该阶段的商业模式转型升级为“传统产业+文化创意+高科技=新兴产业”的新路子，万事利整合资源，开始了“从品牌出发，以文化落脚”的价值网络型创新商业模式。

可见，企业商业模式的演化动因是企业战略与企业发展历程的综合反映，从传统模式到价值链拓展，到混合创新型模式再到价值网络创新型模式的演化，其商业模式演绎的逻辑是设计驱动创新这一变化的折射。

### 2.2.3 关于商业模式演化研究的述评

商业模式演化的内在动力一定是利益驱动，不论是经济利益，还是社会利益。关于这个方面的研究比较多，有关于传统产业的，也有关于新兴互联网企业的，有的侧重过程，有的关注结果。张鹏和王欣（2015）认为，无论是互联网产业，还是已经处于平台化过程之中的产业，平台作为一种新的组织形式存在于现实和虚拟空间，以促进双边和多边的客户完成交易为主要手段，从而实现利益的最大化。当市场处于“自然”和“自发”组织状态时，资源配置机制依靠的是“看不见的手”，而平台的出现标志着市场发展进入更为高级的阶段，以“显性市场”为存在方式。要素、利益和规则是市场属性的基础，也是市场理论的研究基石。同样，商业模式的演化也要以这三个方面为基础，任何阶段商业模式的变化都会经历要素流交换、利益流交换和规则流交换这三大由低到高的阶段。本研究依此思路来研究平台商业模式的演化过程。所谓平台商业模式是指：“在市场具化的过程中，平台基于现代信息技术，通过要素流、信息流与规则流促使平台各参与方完成交易并控制的全过程，最终实现其利益最大化。”一个平台组织的发展状况需要观察是何种模式在平台组织中占据主导地位，并对其盈利的持续增长发挥着决定性作用。依此分为三个阶段：一是初级阶段，即平台要素流商业模式，这是最基本的模式，也是普遍存在的模式。这种商业模式的发展，与商品本身包含的价值和使用价值紧密相关，同时也与市场供给双方的力量相关。在现实平台组织中，大型连锁超市对供货方实行“进场费”策略就是此类平台商业模式的体现。现在互联网的电商领域也引入了要素流商业模式，例如，京东与当当、苏宁之间的“电商混战”都是这种模式的变相和升级。二是中级阶段，即平台信息流商业模式。采取信息流商业模式的一般是基于互联网技术的电商，电商从本质上分析，就是平台在信息流商业模式中的一种成功应用。三是高级阶段，即平台规则流商业模式。以规则流交换作为平台基本营利的一种模式，这也是平台商业模式的最高阶段，它从根本上改变了人们的社交规则。平台在市场具化过程中通过要素流、信息流与规则流，促使平台各参与方完成交易，实现最终营利的全过程。未来平台商业模式的演化，基础是要素流商业模式，主导是信息流商业模式，目标是规则流商业模式，这是三者演化和发展的轨迹。

夏清华和娄汇阳（2014）从组织结构对商业模式演化的影响的视角指出，商业模式的系统性，使其具有维持现有结构稳定的刚性。商业模式的刚性可分为主观刚性和客观刚性，通过跨案例分析，构建了商业模式刚性的演化模型。该模型表明，商业模式刚性会增强或者减弱原有商业模式的竞争力，某一维度的减弱可能同时伴随着其他维度的增强。商业模式刚性是商业模式创新的“副产品”，能够分析组织认知、结构、资源等系统要素对企业商业模式的影响，揭示了商业模式创新的动态性和复杂性，对管理者如何实现商业模式创新，如何共赢、动态平衡，以及调和多种商业模式之间的矛盾具有借鉴意义。

龚丽敏和江诗松（2012）认为，集群龙头企业是产业集群成长的重要推手和主要引擎，也是产业发展的驱动力和中流砥柱。商业模式这一新兴构念对集群龙头企业成长的解释力也日益明显。通过对温州低压电器龙头企业正泰集团25年成长过程的纵向案例研究，发现集群龙头企业在起步、调整和扩张的不同阶段，价值主张、价值创造和价值系统整合三个维度都发生了显著变化，且与集群发展情况相适应。

荆浩（2014）指出，分析大数据时代商业模式时，应从营运、经济与战略等方面来剖析它们分别创造的低成本优势、经济价值与差异化的效能，不过这三个方面显然有交集，严格讲，这样的分类还是不够科学。展望未来，企业利用大数据转变商业模式、提升竞争优势是企业实现大数据综合价值的必然选择。未来基于大数据背景下的商业模式演化的研究，可能会围绕商业模式的原理设计与其对企业绩效影响的实证研究等方面展开。

曾楚宏（2008）等以价值链理论为基础，提出了衡量商业模式特征的三个维度变量，并以此为标准，将现有的商业模式分为四种类型：聚焦型商业模式、协调型商业模式、核心型商业模式与一体化型商业模式。具体的企业采用的商业模式类型不是一成不变的，会表现出规律性的演化趋势。具体来说，在产业初创阶段，基本上以聚焦型为主；进入产业成长期后逐渐演化为一体化型商业模式；到了成熟期阶段，企业主要采用协调型商业模式；产业的衰退期则转而采用核心型商业模式。这种分类对企业不同生命周期的分析具有一定借鉴价值，既然不同企业在不同时期的商业模式有所不同，那么，同一家企业商业模式的演化规律也不会相同。企业有不同的规模与性质，只有掌握有利于公司发展的、有利于营利的核心竞争力才是硬道理。

### 2.2.4 关于商业模式演化的成效评测研究简述

商业模式成型与演化的成效需要对其效能进行评测，这是商业模式研究的一个热点，也是一个难点。罗小鹏和刘莉（2012）对腾讯公司生命周期三个阶段的商业模式演变进行了研究。研究表明，腾讯在创业期、成长期和成熟期的商业模式具有独特的演变路径和鲜明的特征，其成功经验为我国互联网企业提供了借鉴。2010年年底，腾讯实施开放平台战略，用100亿元的产业基金投资了互联网企业，实现用户、公司和伙伴的“三赢”。在具体分析生命周期的三个阶段时，作者运用蛛网模型从价值内容、目标顾客、网络形态、成本管理、收入模式、隔绝机制、伙伴关系与业务定位等八个方面进行定量分析，给出具有说服力的结论。商业模式创新是决定企业绩效的重要举措，具有战略管理意义，需要整合各种创新要素，并使之相互协同，才能取得良好的效果。腾讯的实践表明，商业模式创新的基本目的是保持持续的竞争优势。整合资源能力是赢得商业模式创新的重要手段，这就要求企业家具有良好的商业模式设计能力，整合有价值的资源、构建独特的商业模式，降低成本并构筑防御壁垒等方面，这是获取商业模式创新绩效的关键。企业应根据产业的演变趋势及生命周期的不同阶段进行创新，构建适合自身发展的新商业模式，推动商业模式不断演变。贴近用户并黏住用户，快速放大用户的“规模效应”以实现用户价值，是互联网企业商业模式创新的重要经验。

## 2.3 商业模式效能评测研究

### 2.3.1 文献回顾

随着互联网技术的飞速发展以及经济全球化进程的加快，商业模式创新已经成为人们最为关注的问题之一。人们已经形成共识，好的商业模式是企业成功的保障。企业成功的重要表现就是对可持续营利的追求，或者说好的商业模式是为企业建立一个可持续的竞争优势，以获取超越常规的利润。但是，如何评判商业模式的好坏呢？这方面的研究相对欠缺。有的学者从宏观角度评估商业模式的效能，但缺乏可操作性；有的学者从某个企业入手，又缺乏通用性；有的学者侧重事前评估，有的学者注重事后评估；有的学者运用定性手段比较多，有的学者运用定量方法比较多，但是，系统性与逻辑性均显不够。本文基于微观和宏观两个层面来构建商业模式效能的理论模型，兼具系统性与逻辑性，可以弥补以前研究之不足，为商业模式效能的测评提供新的思路，进而为改进商业模式提供可行性对策。

目前，随着网络经济的兴起，商业模式创新的研究已经从价值链向价值网络和商业生态系统的研究转变。皮尼尔和奥斯瓦尔德认为：商业模式描述了企业如何创造价值、传递价值和获取价值的基本原理。总体而言，对商业模式的识别，人们已经达成的共识是——商业模式是一种可以带来价值创造和价值获取的逻辑机制。商业模式研究的重心逐渐从关注利润转向关注价值，从关注收入营利结构转向关注价值网络。过去30年，战略是竞争优势的主要建筑模块，然而，将来企业追求可持续竞争的优势很可能从商业模式开始。任意两种不同的商业模式必然存在功能差异，即使是同样的商业模式，其效能的实现也会受到时间、空间和情境的限制。关于商业模式效能的定义也不多，李东（2014）认为：商业模式效能是指一个具体的商业模式在实现其特定功能，也就是产生特定情境效应方面所具有的效率，或者说发挥其特有作用的程度。由于功能取决于结构，因此，商业模式效能及功能水平的状况也受到具体商业模式结构状况的影响。根据商业模式构成的容器模型可知，商业模式是由四个功能板块的规则系统所组成，这种由全部利益相关者关于企业运营以及彼此之间预见性的总和，称为战略实施情境，它取决于商业模式的结构特征，并对战略的形成以及实施效率产生影响。

苏江华和李东（2014）发表了《基于规则分析的商业模式效能测评及其应用》，他们认为，目前对商业模式的测评还存在问题。首先，这些评估的结论过于模糊；其次，这些评估缺乏必要的理论基础。他们认为商业模式效能受到具体商业模式结构状况的影响。一是构成商业模式容器的各个功能板块的合理性状况。二是构成商业模式容器的各个功能板块的强度状况。综上所述，商业模式效能就由商业模式各功能板块的面积和各功能板块的强度这两类因素共同决定。

李东及其研究团队提出的商业模式容器模式多次在有关文献中被引用，具有开创性，也为商业模式效能的评估提供了一个非常好的理论依据。该模型博采众长，具有非常好的包容性，把商业模式的核心要素都包括进去了。在测评研究中，从其提出的九个假设中也可见一斑，例如，包含客户价值定位、客户价值的实现、客户价值的获取、企业价值创造、价值链的实现、核心资源以及核心竞争力获取等。他们提出的价值主张、价值网络、核心资源以及收入组合的总体思路体现了价值定位、价值实现、价值获取的过程。体现商业模式效能是其核心要素及其关系的组合，也就是李东提出的规则关系。不过，既然是模型，尤其是数学模型，就要体现数学的抽象思维性及高度概括性。如果是结构模型，最好体现其逻辑关系。在此方面，李东的研究团队有比较好的模型，例如，王翔、李东、张晓玲（2013）基于结构与情景视角提出新的模型。该模型的商业模式设计框架主要由构件层和系统层组成。第一层为构件层，即设计要素。第二层为系统层，反映出企业创造与获取价值的业务逻辑的基本性质。该模型体现了“价值定位—价值创造—价值获取”的商业逻辑。如果从数学角度看，长方体容积的决定因素是长、宽、高。容积的大小是由这三个量的乘积决定，每个面的面积又是由该面的邻近边长的乘积决定，而“容积模型”的面积可以理解成一块地板，其面积大小是由不同的瓷砖面积加在一起决定的。在说明方面，读者很容易理解，若理解为数学模型，在实际计算中就略欠完美。

### 2.3.2 关于商业模式效能新模型的构建

（1）基于微观视角的商业模式效能新模型

商业模式可以从三个维度来理解，分别为战略层面、经营系统与价值创造层面。同样，商业模式的效能也可以从三个方面来理解，具体商业模式在支撑特定的业务运营时，其功能实际发挥的水平或实现的程度，就是商业模式的效能。为了更加直观且有效地说明商业模式效能的概念，我们不妨采用图形从微观角度来表示，如图2-1所示，其中cvp表示顾客价值主张（customer value proposition）的实际效应，pm表示营利模式（profit model）的实际效应，om表示运营模式（operation model）的实际效应，而cvp、pm、om合围起来的直角三角形就表示商业模式的效能。从图2-1中可以看出，顾客价值主张和营利模式受到运营模式的约束，在实际中未充分发挥效力，而理想的商业模式，应该是三者都能充分发挥作用。不过，该模型只是一种理论层面的构想，还需要通过理论和实际数据进行进一步的检验。

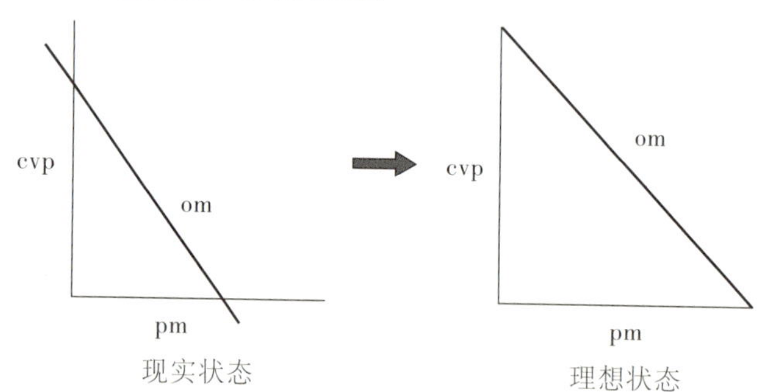


图2-1 微观层面的商业模式效能解析图

（2）基于宏观视角的商业模式效能新模型

商业模式演化成型的过程，就是其效能不断发挥的过程，目前关于此方面的研究主要有两种不同的观点，即自发生成观与理性创设观。其演化形成与社会制度的形成相对应，前者形成的动力之源是人类行为中对竞争与冲突理性选择的结果，而后者则认为社会制度是社会精英的智力成果，与寻常百姓无关，他们只是被动的接受者与无奈的适应者。

事实上，商业模式的不断演化有诸多因素。有学者认为，商业模式的演化有迫于环境压力自发适应的演化，也有企业高管内生性的运筹帷幄，其实说是两者兼而有之或许更为合适。高管只是相对具有广阔的视野和丰富的经验，这些不等于决策科学，更不等于业绩良好。知识分散理论与有限理性的原理，解读着商业模式成型绝不是个别“经济人”的英雄主义。关于商业模式演化成型的剖析，也要考虑处于不同情景的因素，例如，处于不同空间距离与时间远近，从内生与外生两个维度来解析，这样可能更合理。

从外生性看，市场环境的改变往往会对商业模式的形成产生非常大的推动作用。例如，大数据时代带来的技术变革是颠覆性的，必将更新管理理念，改变消费者行为模式，促进业务流程再造，也必将使得商务管理决策越来越依赖于数据分析而非直觉与经验。诸如此类的变化也必将推进商业模式的变革，如阿里金融业务模式的创新对传统银行业带来的挑战。近几年兴起的网络借贷属于创新金融商业模式的变革，其发展势头非常迅猛。今后，随着信息技术的不断发展，大数据时代将引发行业界限的模糊，进而会出现更多的新兴行业，也必将伴随着新商业模式之产生。在商业运作中，即时的商业服务，个性化的专属服务以及客户导向的定制服务必将成为主流。

特别是电子商务的飞速发展，促进了企业商业模式的演进，促使其效能不断发挥，以信息技术和知识经济为基础的新经济追求差异化、个性化、网络化和高速度发展，从而直接改变了企业传统的价值创造方式和价值驱动因素。

原磊（2008）提出了商业模式的“3-4-8”模型，来概括这些价值网络的因素，其中：“3”代表联系界面，包括顾客价值、伙伴价值、企业价值；“4”代表构成单元，包括价值主张、价值网络、价值维护、价值实现；“8”代表组成因素，包括目标顾客、价值内容、网络形态、业务定位、伙伴关系、隔绝机制、收入模式、成本管理。商业模式的“3-4-8”构成体系实质是一种从“远-中-近”三个层次对商业模式进行全面考察的立体架构。

透过这些要素我们发现，统领商业模式的红线是由利益牵动的，是核心界面要素形态的有意义组合（翁君奕，2004）。有意义组合的要素之间构成的是“利益相关者的交易结构”（魏炜和朱武祥，2009）。这种结构可以在契约和制度层面得到解释，其商业模式效能发挥的评估标准可以用“企业经济租金”的大小来测度，可以对企业所创造的总收益用支付了所有成员的参与约束条件后的剩余进行衡量，在数量上，它实际等同于企业新创造的全部价值。

在相当长的历史阶段，大家认为企业追求的目标是股东利润的最大化，直到20世纪60年代以后，利益相关者理论受到重视，也为建立商业模式理论提供了重要的理论支撑。为此，随着网络经济的兴起，企业追求利益最大化时要在网络价值的视角下争取最大化利益。

综上所述，影响商业模式效能发挥的因素是一个价值网络。可以从宏观层面来解析，包括三个方面：外部宏观环境、中观行业环境与微观企业环境。每个方面都有核心要素影响着商业模式效能的发挥。我们不妨把每个维度中各个因素的正反影响综合后形成“综合贡献矩”，并假设这些要素之间是相互独立的，或者即使发生关联作用，带来的贡献力矩增长也平均到各个因素上。这些不同的“综合贡献矩”之加权代数和就构成四面体的一个边长，三个边长之积就是四面体的体积，这个体积可以衡量商业模式的效能。随着科学技术与管理水平的不断提高，企业的商业模式效能也将不断得以发挥，这个四面体的边长也会发生变化，这样商业模式之效能发挥也就有了动态的含义。在图2-2中，V表示商业模式效能的大小，其值由三维空间的三个“综合贡献矩”的乘积决定。OA、OB、OC分别表示宏观、中观与微观的“综合贡献矩”的大小。OA的大小取决于顾客、政治、经济、文化、法律等要素对某企业商业模式效能贡献的加权代数和。OB表示行业环境中技术与管理两个层面，由于商业模式的效能发挥要有超越对手的差异化竞争的表现，故用超越对手的有利表现作为“贡献矩”。OC表示企业内部的要素及其组合的“贡献矩”，从硬要素与软要素每个方面来分析与界定。

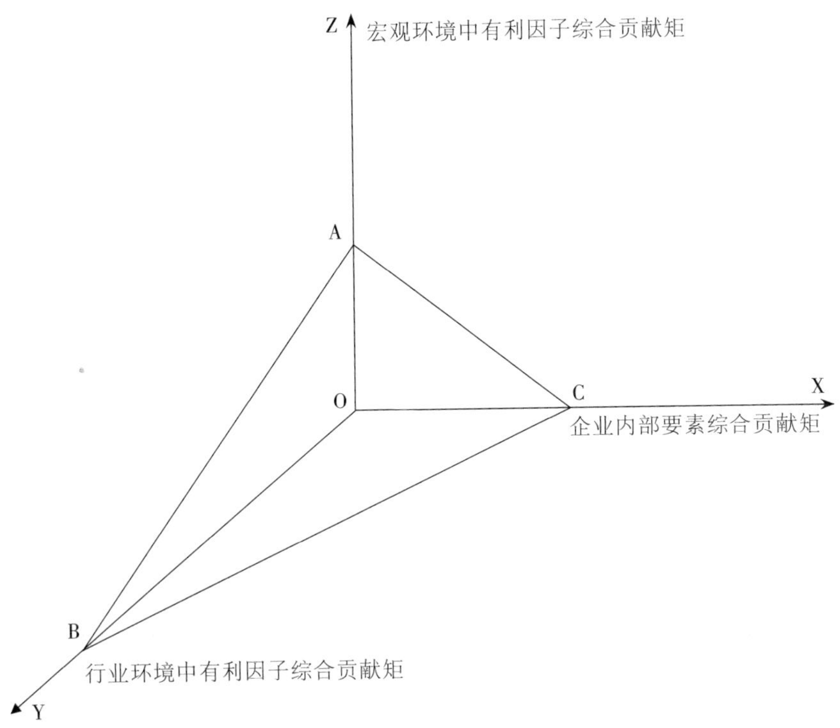


**图 2-2　基于价值网络视角的商业模式效能模型**

$V_{商业模式效能}=OA\times OB\times OC$

$OA=L_{顾客}+L_{政治}+L_{经济}+L_{文化}+L_{法律}+\cdots\cdots$

$OB=L_{超越对手技术水平}+L_{超越对手管理水平}$

$OC=L_{硬要素}+L_{软要素}$

三个维度中，宏观、中观与微观的影响因子可以理解为无数个，不过在实证分析时，可以根据层次分析法等管理学方法来界定不同因子的影响权重。在评估不同因子的“综合贡献矩”时，可以采取计量经济学等处理手段，选取替代变量，例如，顾客层面可以用顾客满意度，或者市场相对占有率等变量来进行计算。当然，该模型的主要意义是给企业或企业家以启示，提高企业商业模式效能要有系统的思路，要先从价值生态、价值网络的视角来看待商业模式效能的提升路径。既要关注自身核心资源及其关系规则的组合效应，更要看到超越对手的相对效应；既要有行业的角度，也要有宏观环境的视域。行业视角可以从硬技术与软技术，即技术水平与管理水平来分类。具体到技术方面还有许多内容，因为这些要素对一个企业商业模式的效能提升至关重要，例如，现代信息技术对商业模式变革的促进作用具有颠覆性，故不论从技术本身，还是管理理念与管理手段，都是不可低估的。宏观环境的改变，无疑促使商业模式的变革，所以同样影响着商业模式的效能，今天的消费文化无一不体现着电子商务与物流的飞速发展。

### 2.3.3 关于商业模式效能新模型的应用

鉴于篇幅，关于商业模式效能新模型的应用讨论在此只提供思路与处理手段，不再通过数据进行实证研究。为简化模型，假设其他条件不变，我们选取宏观环境中的顾客因素、中观环境中的技术因素、企业内部环境中的软要素与硬要素中的人力资源因素来分析。为简化计算，在比较分析企业与其竞争对手之间，不妨用要素贡献矩的比率来计量，例如，某个企业核心技术对其商业模式的贡献与另一企业对应比率大于1，其他条件一样，则说明前者的商业模式效能大于后者。这个处理思路可以把上文的基于微观视角的商业模式效能新模型与基于宏观的新模型对应起来。可以用cvp表示顾客价值主张（customer value proposition）的实际效应，pm表示营利模式（profit model）的实际效应，om表示运营模式（operation model）的实际效应，三者的实际效应相对竞争对手的比率值视为空间三个维度的值，其乘积可以认为是企业商业模式效能，表示的含义是相对于竞争对手的商业模式的相对竞争指数。同样可以把某个企业的商业模式各项指标设定为1，其他企业与之比较，如此计算出来结果就是商业模式的效能，可以比较清晰地对同类企业的商业模式效能进行排序，具有一定的意义。

我们不妨以智能手机为例来进行说明。随着全球信息化的蓬勃发展，智能手机成为移动互联网信息的重要载体与关键平台，手机转账、在线打车等成为人们目前常见的生活方式，且市场需求非常大。2011年8月，小米公司的小米1问世，并宣称这款手机是“世界上最快的手机”，价格只有1 999元。小米1的出现，颠覆了人们认为高性能手机的价格必然昂贵这一印象。在国产手机的市场占有率上，小米公司已经走到了市场的前列，可见其商业模式及其效能值得分析。假定技术信息与人力资源信息是不对称的，同时假设小米手机与其竞争对手在此信息方面是一样的，而针对顾客最有效的手机性价比，其相对贡献率大于1，自然可以得出前者的商业模式效能大于后者。基于顾客维度，也可以用市场占有率来衡量，可以得出同类企业的商业模式效能的值，也更容易找出影响商业模式效能发挥的短板，进而有利于企业改进商业模式，或为其商业模式之创新提供借鉴。

### 2.3.4 结论与展望

本研究探讨了关于商业模式效能研究的模型构建及其内在机制。研究结果表明，商业模式是关于价值创造和价值获取的逻辑机制，商业模式研究的重心逐渐从关注收入营利结构转向价值网络。在互联网经济的背景下，价值网络研究已经成为热点问题之一，同样，商业模式效能的研究也应处于这样的背景之下。文章对有关商业模式效能的模型进行解析，认为这些模型整合了商业模式的核心要素，为商业模式效能的评估提供了非常好的理论基础。不过，依然存在着改进的空间，文章从微观视角与宏观视角提出了商业模式效能的新模型，具有一定的创新性。同时，文章对该模型的应用展开讨论，提出了新模型的应用思路与操作办法，既有理论的拓展，又有实践的生命力。

尽管如此，所构建的模型仍具有局限性，虽然微观模型从运营及价值角度进行了设想，但是缺乏实证支持；宏观角度考虑的范围比较大，具有一定的理论性，在实际操作中还要不断完善。

今后研究将在以下几个方面展开：其一，商业模式效能的发挥离不开情景，也离不开商业模式内涵的界定。为此，大数据背景下商业模式效能模型的构建及其实证研究必将成为一个新热点。其二，战略层面、运营层面及价值创造层面的商业模式效能研究将有所区别，这也是拓展研究的一个新视域。其三，完善本书构建的新模型，需要采取一系列量化研究的手段进行探索，以体现其实用价值。

# 3　商业模式创新理论研究

## 3.1　关于商业模式创新的文献分析

### 3.1.1　关于商业模式创新的文献概述

在中国知网的“期刊”中以“商业模创新”为主题，检索中文文献，共6 565篇（截止时间为2022年10月23日）。从1994年的2篇到2022年的259篇。具体为（括号数字代表篇数）：2022（259）；2021（468）；2020（489）；2019（560）；2018（529）；2017（575）；2016（610）；2015（587）；2014（539）；2013（401）；2012（346）；2011（315）；2010（265）；2009（165）；2008（164）；2007（119）；2006（66）；2005（39）；2004（23）；2003（15）；2002（18）；2001（3）；2000（3）；1999（2）；1998（1）；1997（1）；1995（1）；1994（2），总体趋势分析如图3-1所示。

从总体趋势看，2012年之后关于商业模式研究的增速比较快，主要原因可能是党的十八大报告明确提出了要“加强技术集成和商业模式创新”，将商业模式创新作为国家创新发展战略的重要组成部分，这必

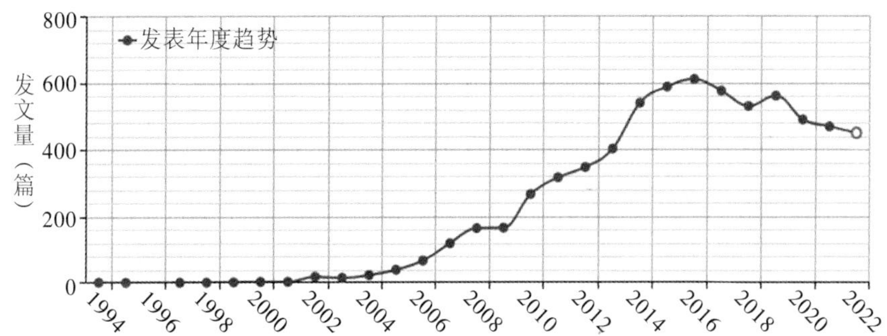


**图3-1　中国知网中主题为“商业模式创新”的中文期刊文献总体趋势分析**

将引起人们的关注。目前，国际上科技与经济的竞争愈加激烈，可预见未来关于商业模式创新的研究必将更加受到重视。

在可视化分析中，选择显示10个关键词：商业模式1 176个；商业模式创新711个；创新571个；商业银行114个：大数据112个；技术创新84个；互联网81个；互联网+共享单车80个；创新路径73个；电子商务71个。从10个关键词看，由于检索的主题是“商业模式创新”，前3个关键词涵盖了这一主题，符合逻辑。从涉及的研究领域看，互联网+共享单车超越了电子商务，说明研究者对共享经济新业态的研究超越了电子商务。从行业看，商业银行为研究的热点，可能原因是互联网金融对传统银行的影响比较大，引起了研究者的兴趣。再从另外的角度看，创新、大数据、技术创新、互联网、互联网+共享单车都是技术创新层面，关键词合在一起是928个，与商业模式1 176个接近，说明研究商业模式创新既要关注商业模式本身，也要关注技术创新，这一点符合理论研究的结论。技术创新需要商业模式创新来促进，这样才可长久；反之，商业模式创新需要以技术创新为革新的条件，这样才容易保持可持续发展，如图3-2所示。

换个角度来分析关于商业模式创新的文献。在中国知网上，以“商业模式创新”为主题（截止时间为2022年10月23日）检索中文核心期刊。依照发表时间，选择前300篇文章，进行关键词共现网络计量可视化分析（如图3-3所示）。可以得到：商业模式30次，案例研究23次，企业商业模式22次，动态能力为16次，技术创新为16次，价值主张为15次，创新路径为13次，数字经济为13次，中介效应为13次，新商业模式为12次，视角为12次。可见，研究商业模式创新，仅仅围绕商业

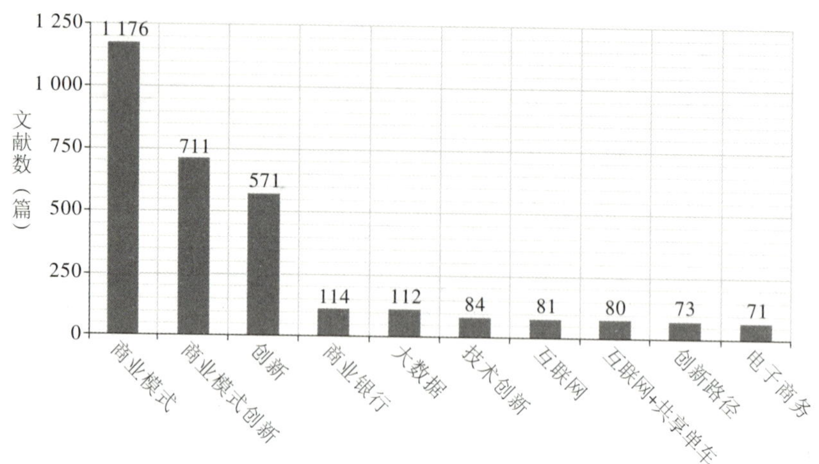


图3-2 关于主题为“商业模式创新”文献的10个高频关键词分布图

模式、企业商业模式以及新商业模式，含商业模式的共出现64次。研究商业模式创新要在数字经济背景下抓住价值主张这个核心，进行技术创新，寻求创新路径，培养动态能力，注重可持续发展。研究方法比较多的是案例研究，采取不同视角进行分析，注重中介效应的研究。

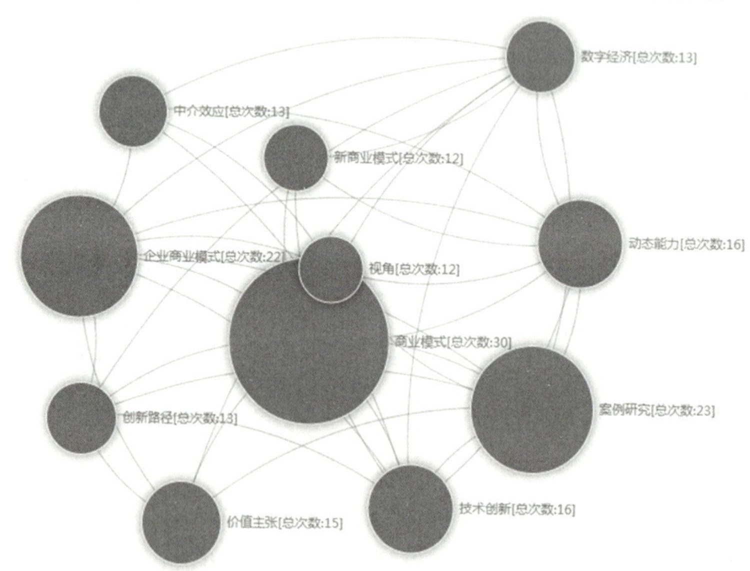


图3-3 在中国知网以“商业模式创新”为主题的300篇中文核心期刊关键词共现网络图

注：依照发表的时间，选择前300篇文章，出现频次12次以上为筛选条件。

### 3.1.2 源于中国知网主题为“商业模式创新”的20篇文章分析

表3-1列示了截至2020年5月2日中国知网以“商业模式创新”为主题检索的20篇文献。

表3-1 中国知网以“商业模式创新”为主题检索的20篇文献

（截至2020年5月2日）

| 文章、作者 | 研究视角 | 主要结论 | 研究方法 |
| --- | --- | --- | --- |
| 1.政治关联与商业模式创新：吸收能力的调节效应<br>曾萍，黄紫薇，汪金爱 | 企业构建政治关联与商业模式创新的问题 | 政治关联促进商业模式创新，知识消化能力正向调节了政治关联与商业模式创新之间的关系，而知识获取能力则起到了负向调节作用 | 回归分析 |
| 2.服务化战略对企业绩效的影响——基于商业模式创新的中介作用<br>陈菊红，张睿君，张雅琪 | 构建了服务化战略、商业模式创新及企业绩效三者之间的理论模型 | 产品导向的服务化战略对企业绩效具有显著的正向影响，客户导向的服务化战略对企业绩效的影响则呈U形曲线关系；商业模式创新在服务化战略影响企业绩效关系中起部分中介作用 | 回归分析 |
| 3.“新零售”时代零售企业商业模式创新<br>狄蓉，曹静，赵袁军 | 探求“新零售”的商业模式 | 构建了“新零售”全生态圈的创新模式。政策启示：把握顾客需求，充分融入“新零售+共享经济”；挖掘大数据，聚焦“新零售+健康产业”；借助技术创新，不断衍生“新零售+新物种”；共享员工，共同融入“新零售”全生态模式 | 定性研究 |

续表

| 文章、作者 | 研究视角 | 主要结论 | 研究方法 |
| --- | --- | --- | --- |
| 4.创业企业何以提高创新绩效——基于创业学习与商业模式创新协同联动视角的QCA方法<br>陈寒松，牟筱笛，贾竣云 | 创业学习和商业模式创新如何协同作用 | 证明了存在4条创新绩效产出关键路径，新颖型商业模式创新对提高创新绩效的影响更为显著 | 模糊集定性比较分析方法 |
| 5.价值创造视角下概念书店商业模式创新——基于猫的天空之城概念书店的案例研究<br>陈东华，叶阳，伍婵提 | 探索概念书店商业模式的创新路径 | 为顾客创造全新的价值感知是创新之源，多元化的产品和复合式经营的运营模式创新，服务利润链和外部跨界价值链共同构成其盈利模式 | 案例研究 |
| 6.技术服务型企业的产品、商业模式创新与创新绩效——基于乐视网的反思<br>蔡瑞林，姚延婷 | 探求产品创新、商业模式创新与创新绩效之间的关系 | 乐视网属于效率型商业模式创新，其主导设计奠定了先发优势，编织了客户价值网络，其开放式创新获取了重要资源，但是，过度依赖致使其产品创新缺乏核心技术，难以维持持久的创新绩效 | 案例研究 |
| 7.商业模式创新与技术创新共演下企业能力升级——吉利汽车纵向案例研究<br>王核成，李鑫，周泯非，刘聪 | 探求制造企业商业模式创新与技术创新共演促进能力升级的机理 | 不同类型的商业模式创新与技术创新匹配对企业能力升级的效果不同；商业模式创新与技术创新存在渐次演化和共同演化机制；能力升级反促进共演过程 | 案例研究 |

续表

| 文章、作者 | 研究视角 | 主要结论 | 研究方法 |
| --- | --- | --- | --- |
| 8.商业模式创新研究前沿分析与评述——平台生态系统与价值共创<br>乔晗，胡杰，张硕，兰舒琳，张思，吕本富 | 商业模式创新文献前沿分析 | “服务化”“可持续”“数字化”是商业模式创新的研究热点，平台生态系统与价值共创将是今后研究的热点 | 文献计量方法 |
| 9.动态能力视角下高管团队行为整合对商业模式创新影响机制研究<br>刘晓云，张韦韦 | 从动态能力的视角探讨高管团队行为整合对商业模式创新的影响 | 高管团队行为整合对商业模式创新有正向影响，并通过机会识别能力、组织学习能力、资源整合能力、资源重构能力促进商业模式创新，这四个维度的动态能力在高管团队行为整合与商业模式创新之间起着部分中介作用 | 分层回归分析 |
| 10.服务化转型视角下技术创新与商业模式创新的互动机制研究——以沈阳机床集团为案例<br>朴庆秀，孙新波，钱雨，金正浩 | 探求技术创新与商业模式要素创新之间的动态机制 | 交易渠道创新是实现制造业企业服务化转型的关键，不仅要在生产与销售环节进行服务化创新，还要不断提出新颖的价值主张，面向外部合作伙伴进行开放性创新，以发挥两者的协同效应 | 案例研究 |
| 11.互联网金融商业模式选择：效率性提高会带来颠覆性创新吗<br>徐向艺，牛卫东，魏巍 | 互联网金融不断推动金融业资金融通效率的提高，是否会带来传统金融商业模式的颠覆性创新 | 互联网金融在嵌入、融合及重塑等方面发生了颠覆性创新 | 定性研究 |

续表

| 文章、作者 | 研究视角 | 主要结论 | 研究方法 |
|---|---|---|---|
| 12. 基于情境运用的商业模式创新研究——“乐美智能”案例<br>王立夏 | 围绕情境、内部环境、竞争环境、价值主张、业务系统、盈利模式六个方面，提出一种基于情境运用的商业模式创新模型 | 企业的商业模式创新离不开特定的情境，情境是企业商业模式创新的源泉；企业在创新商业模式时，基于竞争环境、内部环境的变化，需要考虑情境运用来进行业务及流程设计；企业商业模式创新需要拓展原来的利益相关方，突破原来的价值主张体系，取得“多赢效果” | 案例研究 |
| 13. 基于人工智能的效果付费对商业模式创新的作用机理研究——服务生态系统视角<br>李纯青，逯琳琳，张洁丽 | 从服务生态系统视角出发，结合制度理论分析人工智能商业模式的机理 | 人工智能技术会促使制度创新，进而通过创新商业模式的组成要素和价值创造实现商业模式创新；最终阐明效果付费的实质是使人工智能商业模式实现内驱成长 | 定性研究 |
| 14. 价值共创研究前沿：生态系统和商业模式创新<br>姜尚荣，乔晗，张思，刘颖，胡毅，徐艳梅 | 对价值共创领域的样本文献进行了统计分析 | 近年来的研究重点：价值共创理论研究；外部环境与服务生态系统研究；客户参与实践研究；价值共创和生态系统研究；价值共创和商业模式研究 | 文献计量方法 |
| 15. 价值共创与协同创新：基于智媒时代价值平台网络的商业模式创新研究<br>李凤萍 | 人工智能技术在传媒业的运用驱动商业模式创新 | 传媒业的商业模式创新路径：传媒组织通过纵向集成形成智能定制平台、智能生产平台和智能分发平台；通过横向集成与其他产业跨界融合，形成开放式协同创新平台 | 定性研究 |

续表

| 文章、作者 | 研究视角 | 主要结论 | 研究方法 |
| --- | --- | --- | --- |
| 16.企业家网络、商业模式创新与创业企业成长关系研究<br>向永胜，施晨阳 | 企业家网络不同类型的关系和结构维度上的差异对商业模式创新类型的影响 | 企业家个人网络的强关系性、主体多样性以及地理分散性对新颖型商业模式创新以及创业企业成长具有重要作用 | 案例研究 |
| 17.企业网络与商业模式创新关系研究——基于功能与演化视角<br>李文，张珍珍，邢肖涵，许辉，梅蕾 | 企业网络与商业模式创新的关系 | 研究发现，企业网络的社会资本增值功能通过增强知识吸收，促进商业模式创新；企业网络的治理功能减少了交易成本，提升了与相关利益者的信任程度，从而减少了商业模式创新的障碍；资源获取功能则为企业商业模式创新打下了基础。此外，企业网络的演化也促进了商业模式创新：自发性企业网络演化促进了前摄性商业模式创新；非自发性企业网络演化促进了反应性商业模式创新 | 定性研究 |
| 18.商业模式创新对企业绩效的影响研究——基于Meta分析方法的检验<br>李武威，朱杰堂，张园园 | 采用Meta分析方法，探讨了商业模式创新对企业绩效的影响 | 商业模式创新对提升企业绩效具有显著的促进作用。相对于个体主义国家文化、在位企业和发达地区，集体主义国家文化、新创企业和发展中地区更有益于商业模式创新提升企业绩效；效率型商业模式创新相对于新颖型商业模式创新更有益于提升企业绩效；相对于企业财务绩效，商业模式创新更有益于提升企业非财务绩效 | 文献研究 |

续表

| 文章、作者 | 研究视角 | 主要结论 | 研究方法 |
| --- | --- | --- | --- |
| 19. 商业模式创新空间要素联动研究<br>王炳成，麻汕，曾丽君 | 商业模式创新空间中不同要素联动的探讨 | 结论包括：（1）商业模式创新空间中的任何一个单一要素都无法单独支撑企业商业模式创新的成功；（2）当外界支持水平较低时，组织创新氛围浓厚且高管创新能力较强也能够促成商业模式创新；（3）企业要想使商业模式创新取得成功，就必须保证高管创新能力较强或风险投资方水平较高 | 定性与定量结合方法 |
| 20. 生态消费视角下的新能源汽车商业模式创新研究<br>张静静，刘璐，李剑玲 | 结合大数据时代背景分析了新能源汽车企业商业模式创新机理 | 研究了大数据的内涵及变革意义、新能源汽车企业商业模式创新机理，并从企业、客户、财务等方面构建了生态消费视角下的新能源汽车企业商业模式创新评价指标体系 | 定性研究 |

由表3-1可知，最新的20篇文章主要是从以下三个视角进行研究的：

（1）商业生态研究视角下的商业模式创新

着眼于商业生态视角研究商业模式创新的比较多，有7篇。文章8研究平台生态系统与价值共创，用文献计量方法归纳出研究结论。文章13从服务生态系统视角入手，探索基于人工智能的效果付费对商业模式创新的作用机理。文章14利用生态系统和商业模式创新的价值共创的前沿问题，采取文献计量方法对前沿理论进行研究。文章15探讨人工智能技术在传媒业的运用如何驱动商业模式创新，从纵向与横向两个方面展开，得出研究结论。文章16从企业家网络的视角，探索商业模式创新与创业企业成长之间的关系。企业家网络既是关系网络，也是商业生态网络的反映。文章17从功能与演化视角来研究企业网络与商业模式创新之间的关系。研究发现，获取社会资本，增强利益相关者的信任，可以加快商业模式创新。文章20探讨了生态消费视角下的新能源汽车商业模式创新，从企业、客户、财务等方面构建企业商业模式创新评价指标体系。

（2）商业模式创新对企业绩效的中介作用的研究

关于商业模式创新对企业绩效的中介作用的研究有4篇文章。文章2基于服务化战略对企业绩效的影响，通过实证研究验证了商业模式创新的中介作用。文章4采取模糊集定性比较分析（QCA）方法，从创业学习与商业模式创新协同联动视角，证明新颖型商业模式创新对提高创新绩效的影响更为显著。文章6以乐视网为例，探索技术服务型企业的产品、商业模式创新与创新绩效的关系，指出缺乏核心技术难以维持长久的绩效。文章18基于Meta分析方法（文献研究方法），探索商业模式创新对企业绩效的影响。

（3）技术创新与商业模式创新之间的关系研究

文章7基于吉利汽车纵向案例研究，探索商业模式创新与技术创新共演下的企业能力升级问题。研究发现，商业模式创新与技术创新存在共同演化机制；同样，能力升级反过来会推进商业模式和技术创新的共同演进。文章10以沈阳机床集团为案例，探索服务化转型视角下技术创新与商业模式创新的互动机制。文章13探索基于人工智能的效果付费对商业模式创新的作用机理。文章15探讨人工智能技术在传媒业的运用如何驱动商业模式创新。

## 3.2 关于商业模式创新的研究

### 3.2.1 创新的内涵

“创新”可以理解为动词，意为抛弃旧的，创造新的；也可以理解为名词，意为创造性、富有新意。可见，创新的重点是“创”，其次才是“新”。那么，如何理解“创”呢？从自然属性上看，或者从技术上讲，创新要具有独特性、差异性与先进性；从社会属性上看，或者从经济价值上看，更要具有社会性、价值性与认同性。这样理解，不仅要看到其技术创造性，更应关注的是价值创造性。例如，人工智能可以替代许多生产活动，但如果技术运用上成本太高，则不可取；如果有违社会道德，则得不到社会认同，也一样没有价值。所以，技术增量与价值增量同时具备的创新才是我们要讨论的、要肯定的、要推崇的。实践中提出新创意，开发新产品，提供新优服务，开拓新市场，采取新的生产方法，构建新的组织制度，都是创新。创新是个褒义词，它不等同于“变化”，因为“变”是把双刃剑，可能会向好处变，也可能会向坏处变；创新则是期望有好的结果，要么效率提升，要么效益增加。不过，创新也存在两面性，纯技术的创新无可非议，而创新产品的使用，其效果却是良莠不齐。例如，互联网的出现，促进了社会进步，也极大地提高了人们的生活品质，但是，有证据表明，有青少年因沉迷于网络而荒疏学业，有些不法商人或居心叵测的人利用互联网为非作歹，这都是创新产品被用错的地方。当然，不能否认互联网是巨大的创新。此外，创新在实践中又表现为不同的层面，如国家层面、行业层面和微观层面；创新在内容上，会体现在政治、经济、文化、社会、法律等方面。

古典经济学认为创新是外生因素，虽然会对经济产生巨大影响，但是却不属于经济的一部分。1912年，熊彼特（Schumpeter）引入“创新”一词，打破了传统的学术观点，他认为创新是内生变量，这是一件很不简单的事。他提出了五种创新模式，包括新市场、新生产方式、新产品、新材料及其来源和新组织形式。他指出，创新的内涵是建立一种新的生产函数，实现生产要素从未有过的新组合，把有创意的科技成果转化为可获利的商品及其产业。经济发展就是不断地实现各种生产要素新组合的过程。其既包括要素的技术组合，生产要素的技术组合就是经济学中的要素技术组合系数，如机器投资与人力投资之比，反映技术进步的水平；也包括人与物、人与人的关系组合，或者说既有生产力层面，也有生产关系层面。创新是不同主体和机构间复杂的相互作用的结果。组织是一个系统，是系统内部各要素之间相互作用的结果。他在《经济周期》一书中把创新定义为“在经济生活的范围内以不一样的方式做事”（代明等，2012）。

这种解释从字面上看，像循环论证，其实这误解了熊彼特的原意。创新活动是由企业家执行的，创新大部分产生于企业中，企业家要充当知识、能力、技能和资源的“黏合剂”，寻求系统组合创新。对于创新的主体企业家及其形成，他认为，资本主义经济就是由这一创新主体推动的，企业家和企业家精神是创新的灵魂，是推动经济发展的根本动力。可见，经济学中把企业家才能视为重要的生产要素是很有道理的。当然，企业家才能的发挥需要一个信用完好的资本市场，这是焕发企业家精神与创造天赋的基础。显然，这包含着制度创新的层面，经济学家认为，市场经济是信用经济，是有道理的。不过，熊彼特的创新理论依然有局限性，对创新的内在机制及制度创新研究还有待深入。

继熊彼特创新理论之后，德国学者门施（Mensch）在1976年出版的《技术的僵局》一书中认为，重要的创新会促进长期稳定的增长，影响对主导产业的行为方式；反之，当其增长趋缓时，最终会导致萧条。他用创新理论来解释国家经济的繁荣与衰退，这是在探索国家层面的创新理论。1987年弗里曼考察日本经济时，发现工人、管理者、政府部门都是创新者，无处不在，由此，弗里曼提出了国家创新系统理论。他认为创新不仅仅是企业家的职能，不应该是孤立的，而要由国家层面来推动，这事关资源的优化配置。纳尔逊以美国为例，归纳出国家创新系统的经验是：政府对创新的直接投入很少，美国的高科技企业在技术创新中非常活跃，国家的研究开发经费大部分用于国防科研等（黄燕，2001）。

20世纪80年代初，迈克尔·波特（Michael Porter）提出了分析行业竞争的五力模型图。这可以被认为是分析行业层面创新的经典理论。从横向看，是“购—产—销”竞争力的较量，即供应商的讨价还价能力、同行业内现有竞争者的竞争能力、与购买者的讨价还价能力，这三种竞争力体现了最直接的竞争、面对面的竞争；从纵向看，即相对于同行业内现有竞争者的竞争能力，替代品的替代能力和潜在竞争者进入的能力是间接的、相对隐蔽的。同行业内若干企业之间综合博弈下来，就决定了竞争规模与程度。五力竞争影响着产业的吸引力，也影响着企业竞争战略的选择。之后，波特于1990年出版了《国家竞争优势》一书，提出了“波特钻石理论”的四个因素，即生产要素、需求条件、相关和支持性产业以及企业战略、企业结构和竞争对手的表现。政府与机会是四大要素之外的两大变数，一样不可忽视。这个理论对国家创新与产业集群创新发展具有重要的参考价值，可以理解为是促进产业集群创新，进而促进国家创新发展的经典理论，为国家或地区谋求世界经济格局中的竞争地位提供了策略，也为产业集群创新发展提供了新思维。这个模型可以为评估地区的竞争优势与政府制定公共政策提供理论依据。对企业而言，创新的内容很多，但都可以称为微观层面的创新。不过，熊彼特所提出的创新更多指的是技术创新向商业化的转变，这应该是一个有机的系统。这一系统的核心是企业，其外部有政府、行业，这两个层面的创新是企业生存与发展的重要保障，不可忽视。凭借这些，企业主体从外部获取资源，包括合法性支持、生产要素支持、外部科技及知识等资源，尤其是在互联网时代互联互通、连接一切、跨界融合的新思维下，企业要树立开放创新的思路；否则，必然会被市场淘汰。不过，同西方企业相比，我们存在着思路上的差距，这将影响企业未来的发展出路。

在中国语境中，提到创新这一概念，首先会想到技术创新，其次想到商业化，往往把创新与科技成果转化联系在一起；而西方以熊彼特（Schumpeter）为主的创新理论专家，提出创新包括技术性变化的创新、非技术性变化的组织创新和资源配置方式创新三方面内容，更加注重对“创新”要素的组合。这反映出西方学者相对来说更注重发散性的网状思维定义模式。线性思维注重的是持续性，而发散性思维更加注重扩张性，伴随科技全球化进程，西方更加注重通过要素之间的组合创新来促进经济发展模式的更新迭代。为了从创新中获利，商业先驱者不仅需要在产品创新方面有优势，还需要在商业模式设计方面有优势；商业模式创新本身就是一条获得竞争优势的途径（蒂斯，2009）。

创新理论发展还表现在制度创新方面。制度创新论以两个流派为其代表：一是被学界称为创新理论的新马克思主义学派，代表人物是加尔布雷斯（Galbraith）、缪尔达尔（Myrdal）、海尔布伦纳（Heilbroner）

等，该学派对现存制度进行抨击，认为只有改变现行制度，才能真正促进创新。二是新制度经济学派，以新古典经济学的方法研究社会制度，代表人物是科斯（Coase），他于1991年获得诺贝尔经济学奖。此后，制度经济学派的经济学家道格拉斯·诺斯（Douglass C.North）也获得了诺贝尔经济学奖。制度经济学派的核心思想是：交易成本的存在使资源配置的效率受到制度的影响，通过制度安排解决市场失灵。有效率的制度安排是经济增长的源泉，技术进步是经济增长的表现，不是源泉。经济运行过程中制度具有内生性，所以，经济增长的关键在于制度因素。同样，制度经济学理论在管理学领域也备受推崇。

### 3.2.2 颠覆性创新

谈到创新，人们最感兴趣的往往是颠覆性创新，如小尺寸硬盘公司对大尺寸硬盘公司的颠覆、数码相机对传统胶卷相机的颠覆、维基百科对传统百科全书的颠覆。颠覆性创新理论是由哈佛大学商学院的克里斯坦森（Christensen）在《创新者的窘境》一书中提出来的。该理论直接溯源于熊彼特的“创造性破坏”，并借鉴了技术创新分为渐进性创新和突破性创新的观点。他根据创新对市场产生的影响和是否在同一技术轨道上，将技术创新分为颠覆性创新和维持性创新。

颠覆性创新主要包括三种不同的视角：产品/技术视角、顾客/市场视角、战略过程视角。（1）技术视角的观点。早期关于颠覆性创新的研究从颠覆性技术开始，因此该时期大多数研究都聚焦于技术视角。克里斯坦森（1997）认为，颠覆性创新是指企业利用颠覆性技术，向非主流市场的消费者提供价格便宜、结构简单、使用方便的产品，并通过后续产品性能的改进不断侵蚀和颠覆现有市场。丹尼尔斯（Danneels，2004）认为颠覆性创新实质上是一项技术创新活动，是通过改变企业竞争所遵循的性能衡量标准从而改变竞争基础的技术。可见，颠覆性技术是颠覆性创新的基础和核心，颠覆性技术创新是颠覆性创新的主要形式。（2）顾客视角的观点。随着对该领域研究的不断深入，许多学者意识到颠覆性创新的成功不仅依赖颠覆性技术，更重要的是对顾客需求的深刻理解及对市场竞争的准确把握。颠覆性创新通过创造顾客无法预期的产品、服务或技术，实现了利基市场绩效的突破，改变现有的主流市场和创造新市场。罗特尔梅尔（Rothaermel，2002）、菲利普斯等（Phillips et al.，2006）认为颠覆性创新是一种能从根本上改变顾客与供应商之间的关系、重构市场秩序、取代现有产品并促进新产品系列诞生的创新。(3) 战略过程视角的观点。颠覆性创新要想成功，除了有技术或产品作为基础、满足利基市场或新市场中顾客的独特需求外，还必须有可行的商业模式作为保障。学者认为颠覆性创新是一种涵盖了技术的战略，贯穿创新的全过程。凯纳吉和克里斯坦森（Kenagy & Christensen，2002）认为颠覆性创新不仅是促进企业创新发展的一种战略工具和手段，而且是考察企业经营活动成功与否的重要视角，通过该视角可以审视企业的经营哲学，为企业的业务发展和规模扩张提供有力支持。索蒙德等（Thomond et al.，2003）则认为颠覆性创新是被成功开发出的产品、服务、技术、过程或商业模式，它们能够使组织改变传统的竞争规则，并改变现有市场上的需求。帕普和卡茨（Paap & Katz，2004）认为颠覆性创新不仅是一种技术创新活动，也是一种商业模式的创新，运用得当则能够实现对企业原有商业模式的颠覆。

企业基业长青的重要保障是持续不断地创新，要么是技术创新，要么是商业模式创新，或者兼而有之。不过，技术创新最终也需要通过市场来检验，需要商业化方能显示其商业价值或社会价值。下面先分析一下技术创新的一般特征。

第一，新颖性。新颖性是技术创新的基本属性，许多研究者在谈及颠覆性的特征时，更多强调颠覆性技术的低成本、体积小、易携带等属性。这只是颠覆性技术的外部特征属性。仅具备低端属性的技术，不能成为真正意义上的颠覆性技术。真正的颠覆性技术首先必须具备创新性，此种创新性体现为技术的科学性、发展的科学性和市场的必需性，有时这种创新性甚至引发产业颠覆，开创新的产业时代。MP3之所以能颠覆以高音质占领市场的CD技术，就是因为其核心技术——晶体管技术的出现，从而大大缩小了产品的体积。

第二，先进性。在颠覆性技术发展的初始阶段，技术体现出明显的低端性，即其主流属性往往较主流产品低端，甚至被领导企业视为低端而忽略。但进入市场后，在保持其独特颠覆性属性的同时，原来较主流产品低端的属性将以超过主流产品发展的速度迅速提升，并在某个节点超越主流产品。因此，颠覆性技术本身蕴藏着快速发展的科学性，甚至在某种意义上说，它是满足人们特定需求的较原技术更具科学性的先进技术，甚至代表了未来市场的发展方向。

第三，颠覆性。颠覆性技术的发展以颠覆原技术为使命。首先，颠覆性技术的产生具备替代作用，颠覆性技术产品对原产品具有替代性，能满足原产品用户的需求。其次，颠覆性技术产品具有侵蚀性，它选择低端的或新的市场立足后，就逐步往主流市场的方向蚕食，最后进入原技术的核心领域。最后，颠覆性技术产品具有颠覆性，当颠覆性技术产品与原技术产品在市场上的主要性能指标差异不大时，其创新性将成为新市场中追求的新的主要性能指标，于是颠覆性技术产品开始在主流市场中颠覆原技术产品。

第四，高性价比。颠覆性创新具有较高的顾客感知价值，其性能要高于原有的产品，但价格不一定比原有的产品低，但是，总体性价比要高于原有的产品。这是颠覆性创新迅速立足市场的重要基础。例如，电子表逐步蚕食机械表市场，智能手机替代非智能手机，线上购物抢夺线下购物市场，互联网金融冲击传统金融。

第五，可持续性。一种技术或一个产品项目是否可以持续发展，取决于设计者是否有宽广的视野与前瞻性眼光。如果没有，新技术或新模式可能昙花一现。例如，新的技术有相关的环保要求，低于国际通行的指标显然经不起考验。此外，是否代表科技发展方向，有没有人文精神，符不符合有关法律规定、道德规范等，都是制约新技术可持续发展的重要条件。

## 3.3 商业模式创新的动力

### 3.3.1 需求拉动

德勤咨询公司（Deloitte）在对15家企业进行实证研究后发现，推动商业模式创新的主要动力是满足消费者未得到满足的需求，如美国西南航空公司提供的廉价短途服务。可见，市场需求拉动是企业创新的重要原因。发现未开发、潜在的市场需求，是企业获得竞争优势的理性选择。琳格特等（Lindgardt et al.，2009）认为，商业模式创新能够帮助企业在经济衰退时抓住商业机会，公司内部更容易取得一致性的认知，大胆地实施商业模式创新。

### 3.3.2 技术推动

新技术要想转化为生产力，必须应用于合适的商业模式。商业模式创新是技术创新的翅膀。克里斯坦森（1997）认为，与持久性技术相比，突破性技术是激进的技术创新，必须采用一种全新的商业模式将其市场化，原有的商业模式是不可行的。甘巴德拉和麦加恩（Gambardella & McGahan，2009）以生物制药企业为例，对其技术授权进行了研究。他们认为，上游企业开发出特定应用性的技术，如果想不受制于下游企业，就要投资研发出具有普遍应用性的技术，并对原有的商业模式进行创新，促进技术市场化。但是，必须注意的是，技术创新是商业模式创新的基础和条件，是重大的商业模式创新最重要的和核心驱动力。过分强调商业模式的创新而忽视技术创新，是不具备可持续发展力的，离开技术创新的商业模式创新将是无本之木、无源之水。蒂默斯（1998）、埃米特和佐特（2001）等早期研究者认为，以互联网技术为代表的新技术是商业模式创新的主要动力。随后，科达玛（Kodama，2004）、法贝尔等（Faber et al.，2003）、约万诺和海萨珀斯（Yovano & Hazapis，2008）等学者的研究也表明，在更广泛的IT和ICT领域，产业模块化和产业融合等推动了美国、欧洲国家和日本相关企业的商业模式创新，而且商业模式创新有助于企业在更大程度上获得技术变化所带来的收益。此外，威廉斯坦、瓦尔克和梅乌斯（Willemstein、Valk & Meeus，2007）的研究也证实了企业内部技术的提升是推动生物制药企业商业模式创新的动力之一。由此可见，技术对商业模式创新的推动在多个领域得到了证实。

### 3.3.3 竞争压力

IBM（2006）对765个公司的高管进行了调查，结果发现大约四成的高管担心竞争对手采取商业模式创新会改变行业前景，因此，他们能够参与和掌控这种创新。文卡特拉曼和亨德森（Venkatraman & Henderson，2008）深入研究发现，技术和经营方式的变化会给企业带来压力，当这种压力达到临界点时，企业就会产生商业模式创新的需要。可见，竞争压力是企业主动求变的一个重要原因，也是实施商业模式创新的重要驱动因素。为了适应瞬息万变的商业环境，企业的商业模式也要与时俱进，因势而变。马尔霍特拉（Malhotra，2000）认为，为了适应不确定、不连续、动态的商业环境，商业模式的创新是必需的。索斯纳等（Sosna et al.，2010）认为，特定商业模式的可持续性是难以持久的，创新者、竞争者或行业规则出现变化，现存的商业模式就会缺乏盈利性，为了保持竞争优势，需要持续不断的商业模式创新，这也是一个企业具有动态能力的表现。

### 3.3.4 高管驱动

企业高管一般指“副总及以上的管理人员”或“董事会的高层管理人员”。汉姆布里科和梅森（Hambrick & Mason，1984）指出，高管会影响企业的战略和行为选择，最终会影响企业绩效。在商业模式创新过程中，企业的高管团队发挥着至关重要的作用。商业模式创新有主客观原因，内因是基础，外因是条件。商业模式创新需要企业高管的全力支持，并承担管理工作；否则，商业模式创新难以启动、难以开展、难有成效。因为商业模式创新是一项创新工作，有求变失败的风险，需要员工认同、统一思想，还需要有人力、物力和财力的保障；否则，很难持续下去。林德和坎特雷尔（2000）对70名企业高管的访谈和对二手资料的整理表明，他们把30%左右的创新努力放在了商业模式创新上，企业高管是推动企业商业模式创新的主要动力。

## 3.4 商业模式创新障碍分析

### 3.4.1 来自于外部环境的阻力

企业是创新的主体。外部环境给商业模式创新带来机遇的同时，也会带来困难，既有来自法律方面的约束，也有来自文化、技术等方面的制约。例如，创新合法性问题，就是企业实施商业模式创新的重要制约条件。此外，知识产权保护对企业商业模式创新的可持续发展也有一定的影响。产品设计创新是商业模式创新的基础，不过，其往往受到文化环境的制约。例如，有些图案在阿拉伯国家是被限制使用的，有的产品广告在欧美国家是违法广告，有的技术创新是不容许的（如一些农产品的转基因试验），有的电子技术产品是不适合儿童使用的，等等。此外，还有一些潜在的习俗与消费习惯影响着新商业模式的推广。例如，人们对虚拟交易的担心，特别是配套法律、法规的不健全，导致人们对在线交易依然心存忧虑。索斯纳（2010）指出，当新的商业模式刚被概念化时，快速变化的、不确定的、不可预测的市场会给商业模式创新决策带来阻力。

企业是社会网络的一员，与利益相关者构建了生态关系网络，与顾客、供应商、竞争者、政府部门、科研机构、金融机构等建立了正式或非正式的关系。这种关系的强弱直接影响着企业资源获取的能力，自然影响着企业实施商业模式创新的潜力。汪蕾等（2011）指出，资金资源是企业创新的重要支撑，要和提供方建立长期亲密的“强关系”，获取足够的信任；否则，企业难以获取资金。张宝建等（2011）认为，“强关系”利于主体间协作创新，可以获取隐性知识，降低交易成本。不过，协作创新的失败概率还是比较高的，资料显示，50%以上的战略合作是失败的，减少商业模式协作创新失败的可行路径是了解外部环境，评估商业模式创新的可能阻力及成功概率，分析行业商业模式潜力，深入剖析自身商业模式的盈利能力、竞争能力与发展潜力。

### 3.4.2 来自行业阻力

新商业模式往往面向非主流市场，相对于成熟的商业模式，发展方向不明确，存在于创新过程中的每一个环节，影响创新决策，发展前景充满不确定性，能否为消费者认可也不确定，往往以较小的规模在非主流市场试错。创新初期，市场表现不尽如人意，最初的这些缺点会让产业观察者认为前途有限。如第一只晶体管，由于受到最大功率及温度容限等方面的限制，因此找不到太多的应用而受到冷遇；最早的PDA是苹果公司1993年推出的产品，但由于屏幕可读性差、电池寿命极短、尺寸太大等不利因素，6年艰苦运营未达预期。由于创新初期的粗糙性，潜力难以得到客观评价，在资金获取的过程中常被拒绝。机构投资者对创新越来越重视，同时，从资金的安全性方面考虑，贷款的要求也越来越高，初创商业模式项目往往难以获得这些方面的支持。商业银行一般不愿意向高风险项目发放贷款。即使贷到款，往往只能获得配给性的放贷，数额有限、利率较高。风险投资区别于传统投资，风险投资不仅提供急需的资金，还能提供市场、管理决策等方面的帮助，但具体实施方面，由于国内风险投资来源渠道单一、信息不对称，因此容易导致投资对象错位、退出困难等问题。即使新产品问世，以新商业模式开拓市场，但由于消费者偏好等原因，也可能出现抵触情绪。消费者偏好影响着企业的利润率、顾客忠诚度，决定了商业模式的生命周期。特别是颠覆性商业模式创新，对顾客来说是全新的理念，要有一个尝试的过程，需要花费时间成本、精力成本与心理成本逐步认识和灵活使用。这样就加大了使用的机会成本，没有一定的让渡价值体验，消费者难以下决心以旧换新。有时改变消费者的消费习惯，就是创造一种生活方式，需要市场反应一段时间后才能接受。苹果公司的iPhone，对行业而言是一种颠覆，极大地提高了顾客体验，创造了一种生活品质。

### 3.4.3 来自内部阻力

“知、情、意”是人的心理活动，从认知、情感到形成观念，而后才是行动，认知是行动的基础。创新一种商业模式，首先是一个认知问题。古人云：上下同欲者胜。因此，企业需要上下统一思想，否则，将阻力重重。如果认识不一致、信心不足，这些不利因素对商业模式创新的影响往往胜过其他因素。切萨布鲁夫（2002）认为，认知问题是商业模式创新的主要阻力。对企业高管来说，他们可能因为惯性思维，习惯于老的模式，求稳怕变，不愿意破旧立新；或者是风险厌恶者，不敢尝试创新；或者对新模式信心不足等。这些都有可能成为商业模式创新的阻力。对于成熟的企业，组织结构的僵化也会成为商业模式创新的阻力，如可能存在的官僚主义、业务流程不顺、本位主义、学习惰性与缺乏创新，等等。当这些情况在企业内部出现时，商业模式变革就会困难重重；反之，如果频繁变革，可能适得其反。切萨布鲁夫（2009）指出，一些大公司的部门经理频繁实施商业模式创新，会导致这种创新缺乏连续性。一般而言，企业从战略管理到战术实施的每一项决策或多或少都会存在各种阻力，尤其是在实施创新的过程中，还会受到资源的约束。克里斯坦森（1997）认为，突破性商业模式创新的主要阻力是缺乏相应的资源。埃米特和佐特（2001）认为，商业模式创新常与更多传统的资源配置相矛盾，企业经理们对商业模式创新的试验不愿意配合，因为这些试验与他们在企业内贯彻的价值观相左。

## 3.5 商业模式创新路径的探索

### 3.5.1 基于商业模式画布原理的商业模式创新分析

(1) 概述

分析商业模式创新的路径，有助于探索其内在规律，有助于实践者减少盲目性。不过，对商业模式创新的路径分析还没有形成体系。企业商业模式创新要从客户的不满和感受中寻找灵感，而不是人云亦云。高闯、关鑫（2006）认为，商业模式是其价值链的一个函数，他们基于价值链思想提出了五种商业模式的创新方法。蒂默斯（1998）提出，商业模式构建包括价值链分解和价值链重构。利用价值链要素，如研发、生产、采购、销售、人力资源管理等，可以构建许多不同的商业模式。下面以商业模式画布来分析商业模式创新。

商业模式的定义是："一种商业模式描述的是一个组织创造、传递以及获得价值的基本原理。"商业模式包括9个要素，这9个要素可以说明一种商业模式实现利润的逻辑过程。为了便于分析，可以将其归为三个方面，即价值定位、价值创造与价值分配。价值定位包括客户细分、价值主张、客户关系；价值创造包括核心资源、关键业务、重要合作；价值分配包括渠道通路、收入来源、成本结构。

商业模式画布是分析商业模式活动的有力工具，也是帮助企业家或创业者催生创意、聚焦策略、提高绩效的好帮手，可以帮助他们锁定目标用户、找准客户痛点、合理设计解决方案。

商业模式画布（如图3-4所示）中的9个元素，是经过研究者及400多位企业家的思想火花碰撞产生的，是经过精心筛选的。他们抓住了商业模式的核心要素，并且这些要素之间有内在的逻辑关系，可以帮助企业家及创业者进行商业模式创新，评估商业模式创新的绩效。其提供了可操作的方法，便于企业实时比照及校正。

<table>
<tr><td rowspan="2">KP（重要合作）</td><td>KA（关键业务）</td><td rowspan="2">VP（价值主张）</td><td>CR（客户关系）</td><td rowspan="2">CS（客户细分）</td></tr>
<tr><td>KR（核心资源）</td><td>CH（渠道通路）</td></tr>
<tr><td colspan="2">CS（成本结构）</td><td colspan="3">RS（收入来源）</td></tr>
</table>

**图3-4　商业模式画布**

（2）画布说明

①客户细分（customer segments）

"客户细分这一模块描述了一家企业想要获得的和期望服务的不同的目标人群和机构。"客户是企业的生存之本，也是任何一种商业模式的核心。没有客户，企业无法生存。一家企业的价值取决于客户资源，决胜于忠诚客户的数量。不过，任何一家企业都不可能也没有必要服务所有的客户，必须有所为有所不为，所以，需要在科学细分后的客户群中进行选择。不过，企业要慎重选择客户群体，一旦选定，就要深度分析客户的个性差异，从而精心设计商业模式。

细分客户群体需要满足几个条件：第一，必要性。企业要考虑盈利的可能性，如果没有盈利的可能性，就不要细分。第二，可行性。即使有可能的盈利空间，但是不可操作，也是白费精力。第三，可实现性。如果有可以细分且具有足够的盈利空间的市场，但是自己的条件及能力不容许，也是不可以的。超越自己的能力，依然是水中月、雾中花。第四，相对优势。如果找到一个细分市场，即使客户愿意买单，可以实现这个细分市场，但实现的利润没有显著的优势，也是没有价值的。企业要比竞争对手更好地满足客户需求，即便是竞合时代，也要有比较优势，可以和行业比、和历史比、和自己的平行业务比。细分的客户群体可以是面向大众群体的大众市场，可以是小众市场，也可以是多元化市场、多边市场，等等。

②价值主张（value propositions）

“价值主张这一模块描述的是为某一客户群体提供能为其创造价值的产品和服务。”客户选择某企业的产品与服务，而放弃另一家企业的产品与服务，是客户的价值主张。从产品或服务中获取的利益点，是其价值诉求，就是价值主张的具体体现。也可以说，是某家企业为其目标客户提供的利益集合或组合。从动态的角度看，产品和服务创新是永恒的主题，也是商业模式创新的核心，既可以是新的产品和服务，也可以是改进的产品和服务，或者是相似产品和服务增添了新的特点与属性。

企业可以具体问几个问题。例如，什么样的价值需要我们传递给客户？在客户所有的痛点中，我们需要解决哪一个？具体满足了客户哪些方面的需求？面对不同的细分客户群体，我们应该提供的产品或服务的组合是什么？这些利益组合是否为客户真正所需要？在现实的市场情境中，有的是针对客户的个性化需求而定制产品或服务；有的是创造的产品与服务是客户之前从来没有想到的全新的产品与服务，就像历史上电的使用、电话的发明、移动手机的问世；有的是产品性能的改变；有的是时尚的设计；有的是品牌给予客户的附加价值；有的是超值低价；有的是给客户以成本降低的感受；有的是风险控制带来的安全体验；有的是在可获得性与便利性上做文章，等等。总之，产品或服务的利益组合是多种多样的，但是均给客户以符合期望甚至超越期望的体验。

③渠道通路（channels）

“渠道通路这一模块描述的是一家企业如何同它的客户群体进行沟通并建立联系，以向对方传递自身的价值主张。”渠道通路是客户实现其价值体验的平台或接触点，是产品或服务释放其价值内涵的桥梁与纽带。在这个平台或接触点上，客户首先了解产品或服务的具体利益点，然后比照自己的诉求，与其进行匹配，如果两者的差距在自己的接受域内，则完成购买，进而在此渠道通路中获得企业的售后服务，也是其以后是否继续购买该企业产品或服务的必要价值补充。

对企业而言，找到适当的渠道通路是实现其客户价值主张的关键；否则，“惊险的一跳”就实现不了，摔坏的不是商品，而是企业家自身。一个组织可以选择自建渠道，也可以“借船出海”，合作建渠道或者借助别人的渠道。借助别人的渠道会导致利润降低，不利于打造自己的产品或服务品牌，但是，却可以借力打力，获取合作方的强势资源。可见，如何在自有渠道与合作建渠道两者之间平衡，找到适合自己企业的渠道模式，是一个难点。

④客户关系（customer relationships）

“客户关系模块描述的是一家企业针对某一客户群体所建立的客户关系的类型。”企业可以通过人员维护、自动化设备与客户建立联系，以达到开发新客户、留住老客户以及扩大销量的目的。不同的商业模式决定着客户关系的类型及深度，这些都影响着客户体验的获取。为此，企业需要考虑：我们需要与客户建立何种关系？已经建立的客户关系是什么类型？这些关系的成本如何？客户关系模块如何与其他模块进行整合？一般来说，一个企业有以下几种客户关系或者是几种客户关系的组合：基于人际互动的私人服务、针对每一个私人客户的专属服务、为客户提供自助服务渠道或设备的自助服务、自助服务与自动化流程相结合的自动化服务如在线社区的社区服务、与客户协作共同创造的服务，等等。

⑤收入来源（revenue streams）

“收入来源这一模块代表了企业从每一个客户群体处获得的现金收益（需从收益中扣除成本得到利润）。”客户是商业模式的核心，而收益则是商业模式的动脉。一家企业需要思考客户愿意埋单的真正原因是什么，回答好这个问题，可以为企业带来一两个收益来源。客户现在正在为之埋单的价值主张是什么？支付方式是什么？更愿意使用的支付方式是什么？每一个收益来源对总体收益的贡献比例是多少？一般来说，客户创造收入的方式有：实物产品所有权的出售，提供某种服务而产生的使用费，向用户销售某项服务持续的使用权的会员费，特定资产在某一时期专门供给某人使用的出租费，某种知识产权的许可使用费，买卖中介获取的佣金，某产品、服务或品牌做广告的费用，等等。

⑥核心资源（key resources）

“核心资源这个模块描述的是保证一种商业模式顺利运行所需的最重要的资产。”任何一种商业模式都需要核心资源。这些资源是得以创造并提供价值、占领市场、建立客户关系并获取收益的。实物资源、知识性资源、人力资源以及金融资源都可以成为核心资源，可以自有，也可以租赁，或从重要伙伴处获取。需要考虑的是：我们的价值主张需要哪些核心资源？分销渠道需要哪些核心资源？客户关系需要哪些核心资源？收入来源需要哪些核心资源？

⑦关键业务（key activities）

“关键业务这个模块描述的是保障商业模式正常运行所需做的最重要的事情。”任何一种商业模式都需要一系列的关键业务。这些关键业务同核心资源一样，是企业创造价值主张、获取市场、维护客户关系及获取收益所必需的。戴尔电脑的核心业务是供应链管理，麦肯锡咨询公司的核心业务是提供解决方案。一般而言，核心业务可以是生产，可以是解决方案，也可以是平台或网络。

⑧重要合作（key partnerships）

“重要合作这个模块描述的是保证一种商业模式顺利运行所需的供应商和合作伙伴网络。”当前，重要合作这一模块在许多商业模式中逐渐起到基础性作用，企业通过建立合作来优化自身的商业模式，使得资源优化配置，获取特殊资源或降低风险。合作有以下几种类型：非竞争者之间的战略联盟，竞争者之间的合作，为新业务建立合资公司，为保证可靠地供应而建立采购商关系。

⑨成本结构（cost structure）

“成本结构这个模块描述的是运营一种商业模式所发生的全部成本。”运营一种商业模式，必然要发生成本。创造价值，传递价值，维护客户关系，进而创造收益，整个过程都要发生成本；而获取最大收益，必然要考虑最重要的固定成本有哪些，最贵的核心资源是什么，最贵的关键业务是什么。从企业视角与客户视角看，可以将成本分为两类，即产品成本导向型与顾客价值导向型，还可以分为固定成本与可变成本。产出的扩大可能会带来规模经济，经营范围的扩大可能会带来范围经济，这些均可以构成成本优势。

### 3.5.2 商业模式画布评析

(1) 商业模式画布重构

企业如何保持基业长青，商业模式不断创新是必由之路。商业模式画布是企业家实现梦想、改变“游戏”规则、挑战商业模式陈旧套路、设计未来新商业模式甚至颠覆创新的有效操作工具。这是400多位商业模式实践者横跨45个国家共同创作的，是集体智慧的体现。其具有以下三个特点：第一，系统性。商业模式画布虽然只是一张纸，但是，从市场细分到价值实现是一个具有系统性的循环，从价值主张到创造价值、传递价值以及获取价值，是一个富有科学逻辑的流程，既具有系统性，又具有完整性。第二，协同性。商业模式画布的九个模块不是独立分割的孤岛，而是具有内在一致性的协同体，因为要实现企业价值、实现利润，就要提高收益，降低成本。扩大收益必须经过市场细分锁定目标客户，针对客户痛点确定价值主张，调动企业的核心资源，开展核心业务；与利益相关者进行充分沟通，利用独特资源，与其开展核心业务，开拓渠道通路，传递价值，实现盈利。第三，策略性。商业模式画布也是一张可操作的直观图，犹如战争用的作战图，又如车间的看板，简洁直观，一目了然，各个模块之间的联系跃然纸上、清晰明确，利于企业各个部门各司其职。

商业模式画布也可以用于非经济领域，奥斯特瓦德指出，每个组织都有其运营模式，即使没有商业属性和超越经济利益的商业模式，也有涵盖环境和社会使命的“三重损益”商业模式，即计算环境、社会和财务成本。为此，在画布中再分别增加社会与环境收益、社会与环境成本。

作者在介绍9个模块时，其顺序是这样的：客户细分→价值主张→渠道通路→客户关系→收入来源→核心资源→关键业务→重要合作→成本结构。这个顺序显然看不出价值定位、价值创造、价值传递与价值获取的逻辑关系。笔者认为，要以价值主张为核心，以实现价值（即收益与成本的差）为目的，然后考虑如何创造收益，如何降低成本。原来商业画布的价值主张右边的客户细分、渠道通路与客户关系之间有逻辑关系，客户细分是价值主张的基础，通过渠道通路传递价值是维护客户关系的重要条件，进而获取收益。故重构的商业模式画布的右边是客户细分→渠道通路→客户关系→收入来源。而价值主张左边的重要合作的利益相关者是企业创造价值的主要智力与物质资源，核心资源与关键业务是创造价值的关键，在创造价值的过程中，不仅表现为收益，还要发生成本。通过技术手段及管理创新来降低成本是商业模式创新的优势所在，也是商业模式可持续发展的基础，故重要合作→核心资源→关键业务→成本结构四个模块之间具有逻辑关系。如图3-5所示，如此调整的商业模式画布更加清晰。如果用来分析非经济组织，成本分析中包括社会与环境成本，收入来源中包括社会与环境收益。

<table>
<tr><td>KP（重要合作）</td><td rowspan="3">VP（价值主张）</td><td>CS（客户细分）</td></tr>
<tr><td>KR（核心资源）</td><td>CH（渠道通路）</td></tr>
<tr><td>KA（关键业务）</td><td>CR（客户关系）</td></tr>
<tr><td colspan="2">CS（成本结构）</td><td>RS（收入来源）</td></tr>
<tr><td colspan="2">社会与环境成本</td><td>社会与环境收益</td></tr>
</table>

**图3-5 商业模式画布重构**

商业模式画布不仅可以用于分析以营利为目的的组织，也可以用于非营利性组织，如提供公共服务、慈善性质的社会组织。这类组织即使没有商业属性，但是，为了存续，为实现组织的使命，也需要创造与传递价值，且必须获取足够的收入来支付日常的运行费用，因此也必须有一个“商业模式”，也有学者称之为“企业模式”。其有两种类型：第一种是第三方资助的企业模式，如公益组织、慈善机构、政府组织等；第二种是有着强烈社会和环境使命的“三重损益”商业模式，即环境、社会与财务成本。第三方可以是一个捐助者，也可以是公共服务机构。第三方出资让这个组织完成使命，可以是具有社会性质、与环境有关或者具有公共服务性质的使命。例如，财政资助教育，很少期望有直接的经济回报。对“三重损益”商业模式的评估，不能仅仅以利润来衡量，还要综合考虑社会与环境收益、社会与环境成本这两个方面来进行分析。

（2）商业模式画布的9个模块与商业模式创新分析

①客户细分

客户细分是商业模式创新的基础，是发现市场机会的有效途径。常见的细分方法有人口细分、地理细分、行为细分和心理细分。例如，有的厂家看到人口老龄化比较严重，就锁定老年人为目标市场，开发产品，赢得商机。地理细分比较常见，如在城市销路不好的家具，或许在农村市场有销路；在一个国家或地区习以为常的产品，在另外一个国家或地区或许会迎来销售热潮。因为产品的新旧是相对于购买者而言的，如果这个区域的消费者从来没有见过某种产品，其自然就是新产品。行为细分是要关注消费者的消费行为，现在大数据的使用为厂家挖掘了不少卖点，通过数据分析，啤酒和尿不湿有一定的联系，于是超市就把这两种商品摆放在一起，果然增加了销量。原来，刚有孩子的夫妇需要一人在家带孩子，一人购物，而购物者多为丈夫，丈夫在超市买完尿不湿后，会顺便买几瓶啤酒。心理细分比较隐蔽，老年人有时为了让自己显得年轻一些，还买青年人的衣服；人们热衷于排队购物，是买涨不买跌的心理反应。20世纪初，福特汽车公司规模化流水线生产的黑色T型车曾独领风骚，福特汽车公司的建立者亨利·福特（Henry Ford）说：“不管顾客需要什么颜色的汽车，我只有黑色的。”其忽视甚至无视消费者心理需求的变化。当时，通用汽车公司已开始关注消费者需求的变化，生产了各种不同价格、不同式样、不同品种、不同颜色的汽车，其深信汽车市场已被细分为一个个更丰富的小市场。而亨利·福特却看不到这一点，结果在竞争中失败了。

又如，北美最大的汽车租赁公司企业租车（Enterprise Rent-A-Car）不同于赫兹（Hertz）和安飞士（AVIS）汽车租赁公司，它不是把旅行者作为自己的目标客户，而是把目光盯住另一类市场，即为遇到事故的客户提供车辆；它的办公室不设在机场附近，而是设在繁华的闹市区；它不是通过旅行社来为最终用户提供服务，而是通过保险公司和汽车制造商来为客户提供服务；它不是坐等客户上门取车，而是把客户带到公司的车前。简言之，企业租车建立了一种本质上不同于最大竞争者的商业模式，这使它在1957年创立后，在不到50年的时间里，迅速从一家初创公司成长为行业中的最强者。

通过市场细分，确定谁是真正的客户群体，这是商业模式创新的起点。对客户群体的选择也是企业的战略决策，从这个意义上讲，客户细分既是企业锁定目标客户的前提，也是企业战略管理的起点。细分客户或许比较容易，但是究竟如何选择则比较难。可以考虑现有竞争者忽视的客户群体，如一家生产牛奶的公司，通过调研发现，专门为6岁儿童生产的牛奶有市场空白，于是宣称其生产的牛奶适合6岁儿童。这虽然有概念炒作之嫌，却拓展了市场空间。Wii是任天堂在2006年发行的第五个视频游戏操作系统。任天堂不是用更好、更先进的编程机器和更复杂的游戏去击败竞争对手，虽然更复杂的游戏是硬核玩家渴望的东西。任天堂的新操作系统是特色比较单一的产品，旨在通过在还没有成为游戏玩家的人群里推广的方式来扩大市场。找到客户变化或者首要的需求，并且按照客户需求更新产品，是有效的市场细分的方法。如国家计划逐步减少人均食盐摄入量到一个标准，为适应这个变化，食盐厂家可以考虑在产品生产及包装宣传上予以明示。企业可以根据市场的变化，以创新眼光重新定位市场，以便合并小的客户群体。企业可以创造新的客户需要，并围绕它建立新的客户群体。例如，互联网为众多的散客提供了集中服务的平台，网上开展的电子商务可以把分散的客户集中到电商平台上，并采取一样的服务流程。这样可以大大地减少成本，提高效益。企业也可以选择高端客户，为其提供优质服务。例如，位于印度班加罗尔的翠鸟航空公司（航空业）是印度最主要的高级航空服务提供商。它的网络覆盖30多个国家，提供本地和远程国际服务。像维珍航空公司一样，翠鸟航空专门为商务舱和一等舱乘客提供优质服务。翠鸟航空流动服务员承诺，将携带手持设备和打印机，在乘客走向安检门的瞬间，便开始为其确认航程并打印登机牌，以节约乘客的时间。厂家利用妇女怀孕预测指数为其提供孕期商品，也是瞄准特定的顾客群体为其提供定制服务，这是大数据时代企业深挖客户卖点的重要手段。

②价值主张

切萨布鲁夫和罗森布鲁姆（2002）认为，客户的价值主张是商业模式不可或缺的一部分。价值主张对厂家而言，就是要考虑为其锁定的目标客户提供什么样的产品与服务，这是建立在市场细分基础上的，就是科特勒所讲的“发现你的顾客，然后设法满足他”。对客户而言，价值主张就是他对产品的需求点，就是价值诉求。换句话说，就是购买该产品与服务的理由。这样看来，就存在一个问题，如果厂家的卖点与客户的诉求点不一致，厂家的商业模式创新就会事倍功半，甚至前功尽弃。市场细分是发现客户需要的一个途径，有地理细分、心理细分等方法。企业可以挖掘数据资源，借助互联网技术去探求客户的痛点，这为提出具有创新性的价值主张奠定了基础。不过，如果过多地依赖互联网、软件等技术手段，可能难以达到预期的目标。我们有时更需要创新思维、逆向思维与求异思维，甚至需要直觉；否则，依赖既定的程序，人云亦云、亦步亦趋，是打不开新格局的。缺乏创新思维导致企业缺乏快速响应能力，最终会被市场淘汰。可见，价值主张设计非常重要，它不仅是商业模式实施的前提，也是降低试错成本的需要，据此可以实现商业模式的创新。正如埃米特和佐特（2015）指出的那样，在分析商业模式设计前因时，认真地考虑商业模式设计的前提、范围，企业家能够减少盲点和认知偏差，从而更好地实现每个利益相关者的整体价值主张。围绕价值主张，可以给商业模式一个简洁的概念，正如麦格拉思（McGrath，2010）所指出的，消费者愿意为你所售卖的业务及其涉及的系列活动埋单。可见，你卖的，应该是消费者愿意买的，围绕这些开展活动，就是商业模式。商业模式创新者设计产品卖点，需要研究行业竞争者的产品价值主张，采取差异化定位，这样会取得比较好的效果。例如，老牌复印机施乐的价值定位是复印速度，创新者佳能的价值定位是较快的复印速度、优惠的价格和质量；哈雷摩托的价值定位是速度、动力，创新者本田的价值定位是高速、动力和优惠的价格；精工表的价值定位是准确性和功能性，创新者斯沃琪的价值定位是价格优惠和款式新颖。

③渠道通路

传统企业有“渠道为王”的说法，可见渠道创新之重要性。娃哈哈独创的“联销体”是渠道创新的典范。杭州娃哈哈集团始创于1987年，主要生产含乳饮料、饮用水、果汁饮料、茶饮料、碳酸饮料、保健食品等8大类100多个品种的产品。在实践中，娃哈哈独创的“联销体”销售网络，使娃哈哈的产品遍布全国城乡，宗庆后本人则被尊称为“织网大师”。公司创立之初，靠3名职工和14万元贷款起家，第一个产品“儿童营养液”面临销售困难，新产品知名度不高，没有什么市场影响力，财力不足，不可能建立营销队伍。公司决定将国营糖烟酒、食品、医药等主渠道内的批发企业作为营销渠道；在销售策略上，采用代销、售后结账方式；与此同时，还推出了中国第一个饮料广告。之后，娃哈哈的产品迅速走进了千家万户。20世纪90年代中期，个体私营的批发业务兴起，娃哈哈及时顺应这一变化，与大户联手，很快编织了灵活的市场销售网络，产品渗透到大江南北。到1996年前后，竞争对手纷纷仿效娃哈哈，营销重心开始下移，在县级市场一争高下。厂商与经销商的弊端显现：多头经销，无法控制市场；冲货现象严重；一旦滞销，会造成恶性降价。基于此，娃哈哈淡出传统渠道，摒弃粗放式的营销路线，开始编织自己的“联销体”网络。传统渠道成员之间的结构是松散的，它们各自为政，都追求自身利益的最大化，不顾及整个渠道利益，几乎没有一个成员能控制其他渠道成员。娃哈哈尝试在垂直渠道管理模式上创新，以合同为基础构建渠道系统，这样就可以把不同层次的渠道成员联合起来，形成结构紧密的“联销体”。“联销体”的基本构架为：总部—特约一级联销体—特约二级联销体（或普通二级批发商）—零售终端。一级联销体在娃哈哈的帮助和认可下，在自己的销售区域内，发展特约二级联销体与二级批发商。这样娃哈哈就形成了庞大的营销网络。“联销体”以经营能力和资金实力为保证，以互助互信为前提，以共创共享为目标指向，具有持久的市场渗透力和控制力。

企业通过渠道通路创新，可以把产品和服务传递给最终消费者，这是价值传递活动，如果这个环节不顺畅，就会影响价值创造与价值获取。所以，建立有效的分销网络，提供比竞争对手更有价值的销售服务，并以此建立和谐共赢的伙伴关系，至关重要。

在物流交付的过程中，信息流的传递也很重要。戴尔直销模式创新为渠道创新之经典，其实，戴尔的信息沟通方式也很有新意。戴尔对潜在顾客的搜寻，最主要的方式是各种类型的广告。戴尔多层次的媒体广告，几乎覆盖了计算机现有用户和潜在用户注意力所能到达之处。首先，戴尔的广告更多地是在帮助消费者完成价格比对过程，而这正是戴尔直销模式中成本效率的优势所在。其次，戴尔的广告与其直销模式相配套，每个广告均有一个特定的热线电话号码，这就使其能够详细地跟踪到每一个广告媒体，并集中为顾客提供更多、更快捷的服务。针对顾客最看重的关键因素，如订单履行，评估定制服务按时、准确到达顾客的比例；产品表现，测量顾客遇到产品问题的频率；服务与支持，测量第一次服务的按时到达率和成功率等。为此，戴尔建立了跟踪统计分析系统，每天总结上传并与所有员工共享，以使这些方面不断得以改进。当安装组件出现故障时，Dell Plus服务项目能够为顾客提供更换部件的单一联系点，而不必去追踪原设备生产商。在进入中国市场后，针对多数中国人没有信用卡的状况，戴尔向消费者提供了货到付款的选择方案，并且与各大银行推出银行账户付款的选择服务，在开通此项服务的地区，消费者可在订货后以现金支付货款。

可见，渠道通路的创新是商业模式创新的一个重要环节，它不仅仅是产品与服务传递的过程，也是信息流、资金流的传递过程。渠道创新看似是一个环节创新，其实必然与其他环节有关联，协同促进商业模式创新。例如，京东为了打造用户完美体验，从用户下单到最后交易完成，包括退换货完成，设计了34个大的节点、100多个具体流程，协同完成商业模式创新。

④客户关系

客户价值主张是商业模式创新的源头和起点，而维护客户关系是客户价值主张得以实现的重要保障；同样，加强客户关系管理也是进一步挖掘客户价值主张的重要途径。在大数据时代，可以充分利用网络技术和软件、硬件，建立一个客户信息收集、整理、分析和利用的系统。基于此系统，可以重新设计相关业务流程，满足客户的个性化需求，以提高客户的满意度和忠诚度，从而实现客户价值和企业价值的双赢。以一分钟科技有限公司为例，公司对客户进行分类管理，一般的简单症状可以在公司里得到更快、更便宜的治疗。公司雇用许多护士，给她们配备一款可以帮助她们检测许多病症的软件，包括支气管炎、耳膜炎、结膜炎、膀胱炎和流感都可以处理。这款软件中包含了最新的有关诊断、治疗的医疗方针，如果病人的病情严重，在软件系统中没有记载，那么他们就会被转至医生那儿或者去急诊室。这是医患关系管理的创新，利用大数据技术，对病人进行精准摸底、筛选、分类管理，既提高效率，又节约成本，实现了患者与公司的双赢。其实，客户关系管理本质上就是处理利益相关者交易关系和利益分配的问题。戴尔公司采取“消除中间人”的直销模式，通过电话和互联网与客户沟通，直接与客户建立关系，以聆听客户的需求、反映客户的问题、满足客户所需为宗旨。通用塑料集团是通用电气最早也是最成功地引入CRM的部门，在2001年就为公司节省了17亿美元的成本。每天早晨，通用塑料集团的总裁彼得·福斯（Peter Firth），办公桌的电脑上都会出现最新的关于公司的报告、工程树脂等产品的销售、订单的增加和取消等信息。福斯可以查看所有的销售数据，或者挑选某些地区和项目。“过去，这些工作需要一组人工作3～4个小时才能完成。现在，这些信息都是实时更新的。”福斯说。这既是高科技运用的结果，更是优秀企业文化的体现。通用塑料成功后，各个公司纷纷效仿，希望复制它的模式。但是，著名调查机构Gartner的研究表明，失败的CRM计划的75%是由于糟糕的管理模式导致的。管理模式是企业文化的积淀，没有接受商业模式创新的氛围，实施变革是困难的。

⑤收入来源

好的商业模式是什么，是把价值主张转变为可盈利的逻辑。用最小限度的技术进步来获取价值，则是最高明的商业模式创新。20世纪90年代，摩托罗拉对寻呼机进行重新设计，产品在功能上几乎没有什么提升，但是提供了彩色面板，仅在面板这方面，摩托罗拉就成功地将每台寻呼机的售价提高了15美元。美国GE公司生产的发动机按飞行小时定价并提供保修服务。这意味着一旦发动机出现意想不到的故障，将由GE而不是客户来承担相关费用。不管客户什么时候出现问题，GE公司的有关人员都会紧急赶赴现场，及时给客户以技术支持，高效、快速地帮助客户解决问题，和客户一起分担经济上的损失。这使GE孤立了竞争对手，赢得了更多的战略合作伙伴。麦当劳购进土地并建造店面租给加盟商，加盟商以每月固定费用或从每月营业额中提取一定的比例支付租金；加盟商还会根据每个月的销售业绩，支付一定比例的费用。

免费增值指提供免费的基础服务，收取高级或特殊服务的额外费用，也可以视为分段定价。提供免费的信息产品和服务是网络企业商业模式创新常见的一种方法，免费不是目的，而是吸引注意力，确立经营模式，聚集大量的用户群，利用这些注意力进行其他经营的创新，获得收入。以网游、手游为例，绝大多数策略类、角色扮演类网游、手游都是差不多的套路，游戏免费，同时鼓励玩家充值购买装备卡、道具卡、双倍体验卡，以获得更强的游戏体验。把游戏做得好玩些，让玩家欲罢不能，但要想更强、更炫，玩家一冲动几百元钱就充进去了。又如，国内的婚恋网站可以自由注册和结识朋友，但好的潜在对象、合理的见面安排、合适的妆容、如何自我介绍、如何选择聊天内容等需要额外支付费用，获得专属服务人员提供的服务。自媒体时代，很多主播、直播也采用免费增值这种方式。他们的运营模式是先向用户提供免费的内容，吸引足够的粉丝和眼球，然后引导用户进入收费频道，通过收费频道为用户提供更多的增值服务。免费增值策略将选择权让给用户，先体验后交费，用户可以选择免费的内容，也可以选择收费的服务。免费那部分也能提供完整的体验，不能让用户觉得是在被钓鱼。免费与增值的关系不应是部分与整体的关系，而是“精装修”和“豪华装修”的区别。增值部分的价值大小是决定客户购买与否的临门一脚。首先，价值必须是明确的，说不清的不能先收费。其次，价值必须有吸引力。免费增值策略就是引导客户在使用免费东西的基础上购买高级服务。企业也可以提供低毛利甚至亏本销售的“核心”产品或服务来刺激需求，培育品牌忠诚度，再通过其他产品或服务实现盈利。

⑥核心资源

核心资源中的核心有两层含义：其一，对企业自身而言，企业的哪些资源更重要，如咨询公司知识资本是核心资源，高科技企业的技术水平是核心资源。其二，相对竞争对手而言，哪些资源具有竞争力且对手难以模仿，如茅台酒的独特配方是其核心资源。核心资源可以是有形的，如好的地理位置；也可以是无形的，如品牌和独特的工作能力。围绕自身的核心资源进行商业模式创新，是获取核心竞争力的基本策略。总部位于日本的马尼公司（MANI，INC.）是一家专业生产手术用针和手术刀等产品的企业，其以生产领域内世界最高品质的产品为竞争利器，长期维持很高的利润水平，它也是20世纪90年代后半期在东南亚地区开始海外生产的企业之一。在海外的生产经营模式是这样的：先在海外进行不锈钢缝合线的预处理，需要精细加工等独有技术的工序则暂时回到日本国内生产，然后将半成品发到海外工厂进行最终的加工和品质检查。在海外选址上，没有选在中国，而是将海外工厂建在越南，并且建在周围没有一家工厂的偏僻的地点，周围没有政府的基础设施。这样做令人费解，不过从要素逻辑关系分析，就可以理清。马尼公司的优势是产品的品质，因此需要将独有技术的工序集中到日本，由于预处理和最终加工、品质检验属于劳动密集型工序，因此将这些工序放到海外进行，对马尼公司综合益处最大。保障产品品质的最后工序至关重要，需要人工目测，这是典型的劳动密集型工序，越南的人工成本比较低，符合成本效益的考虑。工序的“越南—日本—越南”移动，好像不经济，但是由于产品极轻极小，为了缩短交货期采取空运的方式，成本也很小。马尼公司选址也有自己的逻辑。作业人员的熟练程度是全面质量管理的关键。考虑到中国劳动力市场流动性大，很难确保工人能长期稳定地工作下去，马尼公司花了很长时间从零起步开发了一个附近连一家工厂都没有的地方，并录用附近的居民，对录用的员工花大力气进行培训，并培养他们的技能。因为本地附近没有其他的工厂，也没有换工作的动机与机会，这必然使员工的留存率极高，员工的技能熟练程度得以培养，这样就以相对低的成本维持其基于全面质量管理的世界最高品质。

⑦关键业务

关键业务是公司获取价值的主渠道，也是公司生存与发展的基本保障。在关键业务上寻求创新之道是企业实施商业模式创新的关键。从高德地图O2O模式可以看出其关键业务的盈利能力。“知你所在，寻你所需，让移动生活尽在掌握”。近几年来，高德看准了移动终端的发展前景，一面完善其位置服务，一面发展本地化生活服务，逐步向移动互联网电商转型。高德充分利用其优质电子地图数据库的核心竞争力，将最新的高德地图数据与第三方内容、服务相结合，改变以往地图导航工具化的单一产品属性。特别是被阿里巴巴并购后，利用后者上千万的商户资源、线上交易数据和成熟的支付体系，将淘点点、美图、聚划算等整合进地图中，并充分发挥位置服务、电子地图的优势。将位置化极强的生活服务整合到高德地图中，使其成为消费者需求生活服务的入口。其目标是建立起成熟的O2O模式，把高德地图打造成为“移动生活位置服务门户”，具体内容包括行、吃、住、玩、游、购、其他服务等。

当然，随着环境的改变，企业的关键业务也可以重新定位，以获取持续的竞争力。蓝色巨人IBM从巨型计算机制造商到软件、咨询和服务提供商的“华丽转身”，堪称商业史上最成功的转型之一。1993年，由于个人电脑和工作站不断被侵蚀，IBM的主要收入来源大型主机业务受到强烈冲击，亏损严重。前总裁郭士纳（Gerstner）临危受命，将发展重心从硬件向软件转变。1995年，IBM斥巨资35亿美元收购了莲花（Lotus）软件公司，将以前各自独立的软件解决方案、个人软件产品和网络软件部门合并，组成一个“软件集团”，并且在随后的几年内，连续收购多家软件公司，为其服务业务提供支持，如软件技术平台。1998年，IBM将全球网络业务卖给AT&T公司，明确将服务、软件及领先技术的销售作为公司的重点发展领域。2002年，以35亿美元收购普华永道旗下的咨询和技术服务子公司，成为IBM转型的里程碑。这起被称为

“大象与烈马共舞”的收购极大地提升了IBM的咨询实力，使其形成了比较完整的服务体系。从纵向来看，这起收购构建了从端到端的整体咨询产品线，从此IBM可以提供“从战略咨询开始，到管理咨询、IT咨询，再到方案实施、服务外包、技术支持”的一整套服务，为客户提供完整的解决方案。从横向来看，收购使IBM的业务覆盖了各个行业。之后的10年，IBM都是在这一框架奠定的基础上快速成长的。

为了保障核心业务的竞争力，IBM有条不紊地剥离了常规性的硬件业务。2000年，IBM将网络设备全部卖给了思科；2002年，IBM向日立公司出售了大部分硬盘驱动器业务；2005年，IBM出售全球PC（个人电脑）业务给联想公司；2007年，IBM出售打印机业务给理光公司……一系列的“瘦身”行动不仅及时分流了盈利不佳的板块，也使得IBM能够拿出足够的科研力量和资金来拓展更具挑战性的项目。通过一系列的举措，从1990—2010年的对比数据可以看出，服务业务对IBM收入的贡献日益提升。与此同时，硬件在收入中所占比例日趋降低。2012年，IBM收入1 045亿美元，软件业务占比24.3%，硬件业务占比17%，而来自服务的收入已占到了56.3%。这家昔日的IT设备制造商已然完成了向服务业务的转型。

⑧重要合作

让战略伙伴参与新的价值创造活动有几个好处：有助于企业控制创新成本，获得知识和技术等额外资源，并允许企业分散各种形式的创新活动所带来的风险；这些活动具有难以预测的经济价值（Mitsuhashi and Greve，2009；Zott and Amit，2010）。伙伴关系可以分解为正式制度安排和非正式制度安排两个相对独立的功能模块。正式制度安排是指企业通过建立正式的制度，明确企业与伙伴之间资源交换、信息交流、利益分配等方面的关系。正式制度安排主要包括两种具体形态：一是产权关系，二是契约关系。相比契约关系，产权关系更为牢固；而相比产权关系，契约关系的成本更低。非正式制度，是人们在长期的社会生活中逐步形成的习惯习俗、文化传统、价值观念，是形态等对人们行为产生非正式约束的规则，是那些对人们行为的不成文的限制。此时，企业与伙伴之间的关系已经从过去简单的公平交换关系转变为包含了“信任”

与“合作”的“关系型交易”关系。关系型交易强调互惠、相互节制、信任等概念，在具体形式上包括重复交易、长期关系、买卖关系、战略联盟等。对企业来讲，与伙伴之间的非正式制度安排能够促进彼此间的相互联结，扩大企业的活动规模和空间，扩展企业边界，降低交易成本。因此，它已经成为一种能够为企业赢得竞争优势，并且无法被其他企业所模仿的特殊资产。

淘宝网的商业生态系统是构建伙伴关系的经典案例。在淘宝网的生态环境里，各角色之间有着复杂的多重利益依存关系。核心角色包括：第一，消费者。聚合巨大的消费群体是淘宝最大的成功。第二，网络分销商。网络分销商包括以网络分销为主的卖家和以自有品牌和自有生产为主的商家。第三，品牌商和生产商。品牌商和生产商是所有商务的源头，它们进入电子商务生态圈的时间是相对滞后的。第四，第三方服务商。随着淘宝的高速发展，第三方服务商也越来越活跃，其主要提供各类营销工具和营销服务。第五，淘宝平台。淘宝这个商业圈的核心角色是淘宝平台。对淘宝来说，需要平衡短期利益和长远发展之间的关系、利益与责任之间的关系。辅助角色包括：媒体、资本市场、政府机关、移动运营商、传统商业线下渠道、其他电子商务竞合关系。商业生态系统中的每一个成员单位，最终将与整个商业生态网络共命运，未来的竞争将是商业生态系统之间的对抗。

⑨成本结构

一个好的商业模式，就是用最低的成本把资源的价值最大化。商业模式本质上包含的无非是企业的组织和财务“架构”（切萨布鲁夫，2002）。成立于1954年的万宝至马达，是一家全球领先的小型电机马达制造商，总部位于日本，生产基地遍布中国与越南。专门生产技术成熟的小型电机，看起来难以获利，但该公司却保持了很高的利润率。传统的生产模式是根据玩具和吹风机等家电产品的小型电机成品制造商的要求规格定制生产，这些企业为了提高竞争力，多追求产品的差异化，这是典型的小批量、多品种的产品。如果将电机产品转变为特定的少数几个型号的产品，就可以从小批量生产的束缚中解放出来，进而可以实现大规模生产。这个变革刚开始可能会遇到阻碍或遭到用户的抵制。但只要这些小企业短期内忍受住这些标准化产品带来的不便，从长期看，应该会认识到标准化的经济利益，从而会逐渐接受。对万宝至而言，它期望“规模经济”可以实现良性循环。亚马逊的战略低成本结构设计实现了商品与服务的低价，从而给客户带来了独特的体验，网站的访问量不断增加。这样就会吸引卖家增加商品种类，进一步提升客户的体验，如此形成了良性的循环。宝洁公司于1961年开始生产尿布，这应归功于维克多·米尔斯（Victor Mills），他是该公司的一个化学工程师。1956年，宝洁公司想建一个纸浆厂，米尔斯团队的任务是计算一下为此需要做些什么。当时米尔斯的祖父跟他抱怨说他很不喜欢为孩子换尿布，米尔斯由此想到，如果使用纤维素而不是纸张，那么将会大大改善尿布的性能。当时的挑战是该如何把这个观念用于设计一种可以接受的一次性尿布，而且价格也合适。在设计方面，尿布要柔软得足够舒服，而且在湿了之后不会自己掉出来。在价格层面上，公司需要一种高效的制造规程，使得价格低得对普通消费者也有吸引力。经过5年的研究，第一张帮宝适尿布终于在1961年诞生了。最初的试验不太理想，由于价格太贵而不被消费者接受。又经过了5年的研发和工艺提升，宝洁公司终于能以低得足以满足大众市场的价格生产尿布了。

## 3.6 商业模式创新的特征与企业绩效的研究

### 3.6.1 商业模式创新的特征与企业绩效的理论分析

（1）概述

判断一种商业模式优劣的标准要看其创造价值的效率。哈梅尔（Hamel，2000）用财务性指标来评价商业模式的优劣。罗珉（2005）认为，商业模式能够解释企业利润水平。米切尔和科尔斯（Mitchell & Coles，2003）认为，恰当的商业模式能够大幅度提升企业绩效。奥弗尔（Afuah，2003）构建了商业模式与企业绩效的因果联系。埃米特和佐特（2007）通过大样本实证研究发现，新颖、效率、锁定和互补是商业模式设计中应关注的四个因素，它们会对企业绩效产生不同程度的影响。以效率为中心与以创新为中心的商业模式，对企业绩效的影响是不同的，后者与企业绩效呈正相关关系。韦尔等（2005）通过实证研究总结出商业模式的16个类型，某些类型的商业模式在企业财务绩效水平上表现得更好。马隆等（Malone et al.，2006）采取了实证研究的方法，分析了商业模式对企业绩效水平的影响。吉森等（Giesen et al.，2007）认为，商业模式有助于企业增加市场份额或进入新的市场，使企业获取收益。埃米特和佐特（2008）的研究表明，企业战略选择与商业模式的构成要素共同影响企业绩效。卡萨德苏·马萨内尔等（Casadesu-Masanell et al.，2010）认为，企业可以根据自身资源采用不同类型的商业模式。文亮（2010）以商业模式为中介变量，探讨了创业环境、能力、机会与创业绩效之间的关系。王翔、李东和张晓玲（2010）采取实证研究方法，证明不同的商业模式会导致企业之间的绩效产生明显差异。罗倩等（2012）的实证研究发现，企业战略与商业模式的匹配程度正向影响企业财务绩效水平。李武威等（2019）采用Meta分析方法，发现商业模式创新对企业绩效的提升具有显著的促进作用。

综上所述，商业模式创新对企业绩效的影响或者是起到中介作用，或者是起到直接的促进作用。不管哪种情况，商业模式创新对企业绩效的影响都是不容忽视的。在不同的环境背景、产业背景、时间背景、产业链节点等条件下，商业模式创新对提升企业竞争力的重要作用均不能否认。

不过，多数研究者是基于某一产业进行实证研究的，具有一定的局限性，针对商业模式创新的一般特征对企业绩效贡献的研究尚显欠缺。为此，有必要探讨商业模式创新的基本属性及其对企业绩效的影响，这有助于企业从本质属性视角把握商业模式创新的基本原则，有助于更好地在基本属性中有所选择、有所侧重，以便更有效率、更有效益地实施商业模式创新。

（2）商业模式创新的特征

①商业模式创新的情景特征

商业模式创新具有历史性、时代性，在不同经济发展阶段具有不同的情景特点，特别是进入互联网时代以来，新经济形势下的商业模式特征是研究的热点之一。邢纪红和王翔（2017）指出，当前，互联网加速了制造企业商业模式的创新。他们从功能、结构和文化三个层面总结了“互联网+”发展出现的新特征，并提出产出智能化、活动网络化、打造智能O2O平台和大数据系统是“互联网+”商业模式创新的主要路径。显然，相对于传统经济，这是数字经济形态背景下商业模式所具有的特征。李鸿磊和黄速建（2017）认为，智能化时代商业模式的特征是纵向集成、横向集成与智能平台，数据能力、跨界经营与价值创造是智能化引领商业模式创新的三个层面。谭珅等（2020）分析中国商业模式的研究热点后发现，经济发展的每个阶段热点不同，盈利模式、物联网、开放式创新、共享经济、O2O、移动互联网、电子商务、数字出版等是近期的研究热点。

②商业模式创新的过程特征

商业模式创新是一个过程，其特征也表现在其演化的轨迹中。从横向看，其表现为区别于竞争对手的特质；从纵向看，要有别于企业原有的商业模式，最终将取决于能否被客户认可，能否创造价值。关于商业模式创新过程，李东（2014）认为商业模式是一个进化的过程，这个成形过程体现为赚钱规模和可持续性两个方面，商业模式进化包括蓝图成形、结构成形与规则成形三个阶段。蓝图成形和结构成形是规则成形的基础，规则成形表现为扩张与独占两个阶段。扩张阶段是商业模式吸纳了新顾客和新合作者，独占阶段的商业模式具有反模仿的能力和独特性，并且可以在竞争环境联动中优化。创新定形的商业模式是不是好的商业模式，这个新的商业模式效能如何，对企业绩效的贡献如何，是人们研究的热点，不过至今还没有形成一致的见解，因为商业模式构成的要素存在分歧。例如，商业模式画布中有9要素之说，“魏朱模型”有6要素之说，等等。所以，关于商业模式创新特征的探讨难以取得一致，不过可以通过解构来进行分析。例如，寻找“元构件”、“元资源”与“元能力”，从“原始”构件上探求其特性，这是一个溯本求源的探索性方法。哈克林和沃伦费尔（Hacklin & Wallnöfer，2012）以案例研究的方法，从商业单元的视角来解析商业模式。李东和王翔（2006）用Meta方法对商业模式的基本结构要素进行了解析，据此提出了商业模式创新的可行路径。克莱因（Klein，2008）认为要用商业模式特征来解释商业模式的成与败。导致商业模式失败的原因有很多，而成功的商业模式可以归纳出一些特质属性，并用若干词汇来表达，如好的、正确的、可行的、赢的、有效的、赚钱的（李永发，2015）。对一个新的商业模式好与不好的判断，有的学者关注事前判断的研究，如对商业模式设计的研究；有的学者对实施效果进行评价，这属于事后判断。马格丽塔（Magretta，2002）认为，一个好的商业模式始于动机的锁定，要回答四个基本问题：我们的顾客是谁？顾客价值是什么？怎样挣钱？运作的基本经济逻辑是什么？利润流是否丰富是断定模式是否有效的依据之一。符合企业目标、自我强化、能够抵御威胁，是一个好的商业模式应满足的标准，可以为企业获得持续的竞争优势（卡萨德苏·马萨内尔和里卡特，2011）。蒂斯（2010）认为，难以模仿的、差别化的、独特的、有效的商业模式会产生利润。程愚等（2012）认为，商业模式会带来价值创造的确定性，表现出全价值链要素合理匹配、协同互补的系统性。魏炜等（2012）认为，一个好的商业模式具有低交易成本、高交易价值性质。陈明（2012）着眼于商业模式创新的可持续发展性，认为预测未来能否实现倍数增长是判断商业模式好坏的关键，为此应具备自我复制能力和规模扩张能力。

③创新的商业模式所具有的一般特征

探析商业模式创新的一般特征就是要跨越时间维度与空间维度，运用更高程度的概括力、想象力、思维力，梳理出创新的商业模式的基本特征，探索其对企业绩效的影响，总结其内在规律，这样更具有实践指导意义。李东（2016）给出了商业模式简单的定义："企业关于持续赚钱的方案安排就是商业模式。"这个定义明确了商业模式的基本属性是持续赚钱。那么，为谁赚钱、如何赚钱就是接下去要关注的焦点。顾客价值获取与企业价值获取是商业模式创新的两大功能。李东提出的容器模型是由五个板块构成的。顾客价值主张及顾客问题解决方案两大板块用来解决顾客价值创造问题；盈利来源、内部运营系统及外部合作网络三大板块用来解决企业价值获取问题。如果这两大任务顺利完成，这个商业模式就是好的模式。完成这两大任务之前为商业模式之前因，实现了价值获取为商业模式之果，依据此逻辑可以分析商业模式的一般特征与其效能的关系。

埃米特和佐特（2001）认为，可以用“NICE”来说明商业模式创新的设计特征，“NICE”表示：新奇性（novelty）；锁定（lock-in）；互补性（complementarity）；效率（efficiency）。张晓玲等（2015）从一般意义上归纳出商业模式的四种特性，即持续性、难以模仿性、可扩展性和价值共创性。当然，商业模式这些特征的实现，需要有相应的资源支持。服务主导逻辑下的顾客价值主张，是通过价值创造与消费者间互惠的知识和信息交换活动形成的，而非单个企业预先定义、自我论证而形成。因此，进行顾客价值主张优化或创新要注意以下几个方面：第一，作为价值的互惠交换，用感知利益或减少的成本来描述顾客价值；第二，关于价值流向谁和如何流动应该尽可能透明；第三，应建立感知价值的公平交换机制；第四，经常通过两个或更多当事人间的相互作用来共同创造价值。李东（2016）认为，顾客价值主张板块有两类：企业和服务对象。顾客价值主张作为蓝图商业模式的一个组成部分，其形态也以“设想”“设计”等主观思维形式出现。真正成功地进行了顾客价值主张创新的企业，会专注于某个顾客问题的解决方案，并总是针对某个作业环节的问题提出解决方案。

企业创造价值要从客户角度思考，要有痛点思维。顾客问题通常是以不满、焦虑、困惑等负面情绪表现出来的。这需要企业在充分调研的基础上，针对客户的痛点，提出具有独特性的顾客价值主张。波特指出，产品的独特性可以为企业赢得高市场绩效。不过，产品或服务的创新性，一般也要考虑企业的资源条件，即使是新创企业，开发新产品时，也要处理好与行业内原有类似产品之间的关系。因为顾客消费产品具有惯性，如果创新产品与原有产品、核心产品与互补品均没有关系，顾客就会不适应，这不仅无助于问题的解决，而且会影响核心产品价值的实现。因此，发现商机，挖掘客户痛点，要突出核心产品的独特性（dt）和配套产品的互补性（hb），这是客户价值主张的重要方面。

商业模式运营系统是价值生产的关键。差异化和低成本是两个基本的竞争策略。在确定了顾客价值主张之后，就要进行价值创造与获取。

独特的定位是基础，差异化的实施路径是关键。通过文献分析，创造价值过程的差异性（cy）、确定性（qd）与扩展性（kz）是价值实现之关键。差异性是竞争的需要，是否有效，客户说了算。差异性的具体表现是：在商业模式构建及要素组合方面具有非常规性，竞争对手难以模仿，可以创造更有营运效率的竞争优势，获得高的市场绩效（程愚等，2012）。盈利源于企业拥有的资源与能力，在开放经济的背景下，开放创新可以获取企业之外的资源与能力，这是新时期跨界创新的特点。任何一种成功的商业模式都有其核心资源，这是企业竞争力的重要表现，如华为的科研人员及其科技水平、戴尔的直销管理模式、星巴克的咖啡文化、沃尔沃的安全性能等。资源犹如烹饪的食材，必不可少，有时也是顾客直接认定的核心利益，巴登·弗勒和摩根（Baden Fuller和Morgan，2010）将商业模式和食谱类比，很形象、很贴切。当然，商业模式创新远比烹饪复杂。不过，资源条件（zt）或者说关键资源，是焦点企业所拥有的差异化竞争点，对企业绩效的贡献不言而喻。

埃米特和佐特（2001）指出，商业模式是由企业、客户、供应商等组成的网络运作结构。这个结构就是企业商业模式活动的价值网络，而外部合作网络是实现高水平跨界合作的关键。要实现价值网络利益主体的交换任务，就要重视价值分配的机制设计，保持可持续发展，这个关键属性就是共赢性。共赢性是指要处理商业生态中各种利益主体的关系，选择一种各方均能接受的价值分配形式，以调动各方的积极性，解决“为谁生产”的问题。从这个意义上讲，焦点企业是重要的利益分享的设计者和组织者，但未必是最大份额的分享者。不过，焦点企业是重要的协调者和原创者。本来焦点企业也是交易结构中的一员，正如魏炜、朱武祥（2012）所指出的：“商业模式是企业与其利益相关者的交易结构。”原磊（2007）的研究表明，未能实现焦点企业和其伙伴的价值共赢是许多商业模式失败的原因。可见，共赢性（gy）格局具有理论与现实意义（爱·德贝和艾维森，2010）。

综上所述，核心产品独特性（dt）、配套产品互补性（hb）、过程差异性（cy）、过程确定性（qd）、扩展性（kz）、共赢性（gy）、资源条件（zt）与市场绩效（sj）是探索商业模式创新与企业绩效的关键指标。

### 3.6.2 商业模式创新的特征与市场绩效的实证研究

(1) 研究方法 (定性比较分析, QCA)

从20世纪80年代末90年代初开始，定性比较分析（qualitative comparative analysis，QCA）作为一种“宏观比较”分析方法被广泛地应用于社会学、政治学、管理学等社会科学中，并逐渐得到人们的认可。作为一种综合性策略，QCA具有案例导向的“定性”和变量导向的“定量”分析的长处，探求不同路径可能获得相同的结果。导致结果的不同路径具有“多重”与“并发”的特点。每条路径都由不同案例的要素组合所构成，不同路径会获得相同的结果。

比较是探索规律的基本方法，系统化比较是所有科学研究的基本方法。QCA与传统的统计分析方法不同，它是一种以案例研究为主的研究方法，是从整体论的角度出发，试图探究某种结果发生的诸多前因条件间复杂的交互关系（杜运周和贾良定，2017）。社会现象是复杂的，导致结果的原因要素是多重的。通过多案例研究，我们可以梳理出原因要素，并分析原因要素组合，这就是所谓的多元并发组合的原因变量。这是QCA分析方法的优势。统计分析方法在处理多路径成因导致结果的分析方面存在困难。QCA采用布尔代数算法，进行多个原因条件与结果条件的运算。QCA的推断逻辑是原因与结果的充分必要条件分析，而不是统计推断的逻辑。没有此条件，该结果就无法产生，这个条件就是必要条件；如果一个结果在某个条件出现时产生，那么这个条件即该结果产生的充分条件。

案例选择与变量选择要有明确的理论基础，“聚类”是寻求最大相似的过程，在同类中寻找最大差异，探求导致总体差异性的少数的变量或关系，这也是“归因分析”的基本思路。案例选择具有有限性，而从案例中选出来的可能要素条件如果多了，这些条件的逻辑组合数量就会以指数形式增加，这就是有限多样性问题。为此，需要精选或者合并要素，控制潜在条件的数量，这是一个简约的过程。逻辑上可能存在的条件组合，在实际中却没有观察到的经验案例，称为“逻辑余项”，这是不能忽视的（拉金，2008）。由于采用的是案例分析方法，所以每个案例和每种组态都不可忽视，还有很多矛盾组态也必须加以处理。“组态”可定义为通常一起发生的概念上相异的多维特征的组合（梅耶，崔和希宁斯，1993）。不同分类或类型是若干属性的组合，具有相同或不同的功能，这是组态分析的基本思想。任何功能都是多种因素组合所体现的。

以QCA采取的二分法来确定阈值，需要有理论依据及实践意义。要尽量避免机械分割，如平均值或中值，更不要人为随意切割，尤其是处理非常相似的案例时。QCA分析中的矛盾组态并不意味着研究的失败，恰恰相反，其提示研究者需要更加彻底地展开“与案例的对话”，展开“思想与证据之间的对话”的迭代，以再次考虑他的理论观点的合理性，目的是获得更一致的数据（拉金，1987）。对于矛盾组态，只需添加一些条件到模型中，矛盾就会减少。也可以从模型中删除一个或多个条件，然后用其他条件替换，或者改变所含各种条件的操作方式。例如，通过调整阈值，可以解决矛盾；也可能是由于数据的质量问题而产生矛盾，这时可以补充数据，也可以从结果变量本身的角度来考虑。如果结果被定义得太宽泛，那么矛盾发生是相当合乎逻辑的。当然，处理矛盾组态的策略必须建立在经验基础或理论基础之上，而不应该是机会主义“操纵”的结果。如果选择了一些合理的策略，但是依然拒绝不了矛盾组态，就要将一些案例从关键最小化过程中移除。

对于条件A，作为一个必要条件，评估其一致性，可以按照如下方法进行：条件的值为［1］并且结果值为［1］的案例数量除以结果值为［1］的全部案例数。子集关系是分析因果复杂性的核心，如果一个必要条件出现在真值表中，计算机系统就会在简约解中删掉。当一致性得分在0.9以上时，该条件为必要条件。

为实现更多的条件要素的简约，QCA软件可以把非观察到的“逻辑余项”纳入分析中，这时会产生更简约的最小公式。条件组合越简单，它覆盖的组态数量就越大。使用所有“逻辑余项”，没有根据理论和实际知识去评估其意义而得到的解，称为简约解；“逻辑余项”没有被使用而得出的解，是“复杂解”；评估“逻辑余项”的合理性，具有意义的“逻辑余项”被纳入而得到的解，是“中间解”。中间解包含必要条件、任何构成结果的超集以及作为必要条件有意义的条件。中间解是QCA应用中的常规部分，实际分析中多采取中间解来解析案例。因为，在QCA分析中，对于案例选择、“逻辑余项”与阈值设置，要阐述其选择的合理性，而中间解已经把“逻辑余项”理论与实践的合理性考虑进去。

一致性用以说明条件变量组合对结果变量的解释程度。在实际操作中，当一致性阈值高于0.8时，把结果变量设置为“1”；反之，设置为“0”。fsQCA软件输出的三个一致性指标分别是：“raw consist”表示原始的一致性；“PRI consist”和“SYM consist”表示的是对称指标，用来表示由于引入误差计算的模糊集一致性度量方法（拉金，2008）。覆盖率（coverage）的值越大，表示对结果变量的解释程度越重要。一般认为，“当覆盖率的值小于0.6时，对结果变量不具有解释性”（施耐德和瓦格曼，2012）。

原始覆盖率（raw coverage）表示的是该组合在最终所得到的要素条件组合中所占的比例。唯一覆盖度（unique coverage）表示的是没有被其他要素条件组合所覆盖的隶属度。总体覆盖度（overall solution consistency）说明这些构建的要素条件组合对样本案例的覆盖度。总体一致性（overall solution coverage）代表这些要素条件组合对结果变量的有效解释度（李蔚和何海兵，2015）。

（2）研究变量及赋值

①数据来源

最原始数据来自教育部人文社科课题（项目批准号：13YJA630134）的调研结果（李永发，2015）。调研对象是成立时间超过1年的96家江浙地区企业。其中，成立时间1~5年的企业24家；成立时间5~10年的企业20家；成立时间超过10年的企业52家。调研问卷基本问题14个（见表3-2），涉及7个条件变量的题项有12个，涉及结果变量的题项有2个，回收有效问卷330份。

②变量赋值

由于调查问卷采用Likert五分制量表，即“1”“2”“3”“4”“5”分别表示“完全不同意”“基本不同意”“无意见”“基本同意”“完全同意”。为了能够顺利使用fsQCA软件，采用Excel表格函数Round（x/5，1）将五分制量表转化成隶属度量表（李永发，2015）。

③结果变量

结果变量是市场绩效（sj），对“本企业主营业务近三年盈利状况不断改善（s1）”与“本企业主营业务近三年盈利状况处于行业领先水平（s2）”两项取其中的最大值，即Max（s1，s2）。

④条件变量

根据前文分析，确定7个指标，即以核心产品独特性（dt）、配套产品互补性（hb）、资源条件（zt）、过程差异性（cy）、过程确定性（qd）、扩展性（kz）、共赢性（gy）为前因变量，来探讨商业模式属性特征与其市场绩效之间的关系，具体测评内容及计算方法见表3-2（李永发，2015）。

表3-2 **测评题项**

| 类型 | 具体变量 | 测评题目 | 合并函数 |
|---|---|---|---|
| 条件变量 | 独特性（dt） | d1：本模式所提供服务或产品非常特别 | |
| | 互补性（hb） | h1：其他配套产品或服务能增加本商业模式创造的价值 | |
| | 差异性（cy） | c1：本模式使交易更加有效率<br>c2：竞争者不太容易模仿本商业模式<br>c3：本模式中的客户利益赚钱方式及关键流程在运行中形成相互支持关系 | （c1+c2+c3）/3 |
| | 确定性（qd） | q1：本模式使参与各方能更加准确地了解彼此 q2：本模式中利益相关者间具有长期稳定的合作关系 | （q1+q2）/2 |
| | 扩展性（kz） | k1：本模式能够支撑现有业务的规模不断扩大<br>k2：随着业务规模扩大，本模式会吸引更多的参与者<br>k3：本模式中关键流程具有很强的灵活性 | （k1+k2+k3）/3 |
| | 共赢性（gy） | g1：本模式中合作伙伴合理分享资源与利益 | |
| | 资源条件（zt） | z1：本商业模式能够集聚大量有价值的资源（如用户、技术、资金、知识、信息等） | |
| 结果变量 | 市场绩效（sj） | s1：本企业主营业务近三年盈利状况不断改善<br>s2：本企业主营业务近三年盈利状况处于行业领先水平 | Max（s1，s2） |

⑤真值表

根据测评题项的计算方法及隶属度转换方法，得到条件变量及结果变量的真值（见表3-3）。

表3-3 **96个企业商业模式属性特征和市场绩效隶属度真值表**

| 成立时间 | 案例 | 独特性（dt） | 互补性（hb） | 差异性（cy） | 确定性（qd） | 扩展性（kz） | 共赢性（gy） | 资源条件（zt） | 市场绩效（sj） |
|---|---|---|---|---|---|---|---|---|---|
| A类企业1~5年 | 案例1 | 0.2 | 0.8 | 0.7 | 0.9 | 0.9 | 0.8 | 0.8 | 0.8 |
| | 案例2 | 1 | 0.8 | 0.7 | 0.9 | 0.9 | 0.4 | 0.8 | 1 |
| | 案例3 | 0.8 | 0.8 | 0.8 | 0.8 | 0.7 | 0.6 | 0.8 | 0.8 |
| | 案例4 | 0.4 | 1 | 0.7 | 0.8 | 0.7 | 0.8 | 1 | 0.6 |
| | 案例5 | 0.8 | 0.8 | 0.8 | 0.8 | 0.9 | 0.6 | 0.6 | 0.8 |
| | 案例6 | 1 | 1 | 1 | 0.9 | 1 | 0.8 | 1 | 0.4 |
| | 案例7 | 0.6 | 0.8 | 0.7 | 0.6 | 0.7 | 0.6 | 0.8 | 1 |
| | 案例8 | 0.4 | 0.4 | 0.5 | 0.6 | 0.8 | 0.6 | 0.6 | 0.6 |
| | 案例9 | 0.6 | 0.6 | 0.7 | 1 | 0.8 | 0.8 | 0.8 | 0.6 |
| | 案例10 | 0.6 | 0.8 | 0.7 | 0.8 | 0.7 | 0.8 | 0.8 | 0.6 |
| | 案例11 | 0.8 | 1 | 0.7 | 0.7 | 0.9 | 0.8 | 0.8 | 0.6 |
| | 案例12 | 1 | 0.8 | 0.7 | 0.9 | 0.8 | 0.8 | 0.8 | 0.8 |
| | 案例13 | 0.8 | 0.8 | 0.7 | 0.7 | 0.6 | 0.8 | 0.6 | 0.8 |
| | 案例14 | 0.8 | 0.6 | 0.5 | 0.8 | 0.9 | 1 | 0.2 | 1 |
| | 案例15 | 0.8 | 0.8 | 0.7 | 0.8 | 0.7 | 0.8 | 0.8 | 0.8 |
| | 案例16 | 0.6 | 0.6 | 0.6 | 0.7 | 0.7 | 0.6 | 0.6 | 0.6 |
| | 案例17 | 1 | 1 | 0.7 | 1 | 0.7 | 0.6 | 0.6 | 0.6 |
| | 案例18 | 0.6 | 0.8 | 0.7 | 0.9 | 0.8 | 0.8 | 0.8 | 0.8 |
| | 案例19 | 0.8 | 0.6 | 0.6 | 0.8 | 0.7 | 0.8 | 0.8 | 0.6 |
| | 案例20 | 0.6 | 0.8 | 0.7 | 0.7 | 0.7 | 0.6 | 0.6 | 0.8 |
| | 案例21 | 0.8 | 0.8 | 0.8 | 0.8 | 0.8 | 0.8 | 0.8 | 0.6 |
| | 案例22 | 0.4 | 0.6 | 0.7 | 0.6 | 0.7 | 0.4 | 0.8 | 1 |
| | 案例23 | 1 | 0.6 | 0.7 | 0.6 | 0.7 | 0.6 | 0.8 | 0.6 |
| | 案例24 | 0.4 | 0.8 | 0.5 | 0.8 | 0.5 | 0.8 | 0.6 | 0.6 |

续表

| 成立时间 | 案例 | 独特性（dt） | 互补性（hb） | 差异性（cy） | 确定性（qd） | 扩展性（kz） | 共赢性（gy） | 资源条件（zt） | 市场绩效（sj） |
|---|---|---|---|---|---|---|---|---|---|
| B类企业5~10年 | 案例25 | 0.8 | 0.8 | 0.7 | 0.8 | 0.8 | 0.8 | 0.8 | 0.8 |
| | 案例26 | 0.6 | 0.8 | 0.6 | 0.7 | 0.8 | 0.8 | 0.8 | 0.8 |
| | 案例27 | 0.8 | 0.8 | 0.5 | 0.8 | 0.7 | 0.8 | 0.8 | 1 |
| | 案例28 | 1 | 0.6 | 0.9 | 0.9 | 0.9 | 0.8 | 0.8 | 0.8 |
| | 案例29 | 0.8 | 0.8 | 0.7 | 0.8 | 0.7 | 0.4 | 0.8 | 0.8 |
| | 案例30 | 1 | 1 | 0.9 | 1 | 0.9 | 1 | 1 | 1 |
| | 案例31 | 0.8 | 1 | 0.7 | 0.7 | 0.9 | 1 | 1 | 0.6 |
| | 案例32 | 0.4 | 0.6 | 0.5 | 0.7 | 0.7 | 0.4 | 0.4 | 0.6 |
| | 案例33 | 0.4 | 0.6 | 0.5 | 0.7 | 0.7 | 0.4 | 0.4 | 0.6 |
| | 案例34 | 0.6 | 0.8 | 0.7 | 0.8 | 0.5 | 0.8 | 0.6 | 0.4 |
| | 案例35 | 0.8 | 0.8 | 0.6 | 0.9 | 0.6 | 1 | 0.4 | 0.8 |
| | 案例36 | 0.8 | 0.6 | 0.7 | 0.8 | 0.8 | 0.8 | 0.4 | 0.8 |
| | 案例37 | 0.8 | 0.8 | 0.7 | 0.6 | 0.7 | 0.8 | 0.4 | 0.8 |
| | 案例38 | 0.4 | 0.8 | 0.6 | 0.8 | 0.6 | 0.4 | 0.6 | 0.8 |
| | 案例39 | 0.8 | 0.8 | 0.7 | 0.8 | 0.6 | 0.8 | 0.8 | 0.8 |
| | 案例40 | 0.8 | 0.8 | 0.8 | 0.7 | 0.7 | 0.6 | 0.6 | 0.8 |
| | 案例41 | 0.6 | 0.6 | 0.6 | 0.8 | 0.7 | 0.6 | 0.6 | 0.6 |
| | 案例42 | 0.4 | 0.8 | 0.7 | 0.8 | 0.5 | 0.4 | 0.4 | 0.4 |
| | 案例43 | 1 | 1 | 0.9 | 1 | 0.9 | 1 | 0.8 | 0.8 |
| | 案例44 | 0.4 | 0.8 | 0.7 | 0.8 | 0.6 | 0.8 | 0.8 | 0.8 |
| C类企业10年以上 | 案例45 | 0.2 | 1 | 0.7 | 1 | 1 | 1 | 1 | 1 |
| | 案例46 | 0.8 | 0.8 | 0.9 | 0.9 | 0.7 | 0.8 | 0.8 | 1 |
| | 案例47 | 0.6 | 0.8 | 0.7 | 0.8 | 0.7 | 0.4 | 0.8 | 0.8 |
| | 案例48 | 1 | 0.8 | 0.7 | 0.9 | 0.8 | 0.6 | 1 | 1 |
| | 案例49 | 1 | 0.8 | 0.9 | 0.9 | 0.9 | 0.8 | 0.8 | 0.8 |

续表

| 成立时间 | 案例 | 独特性(dt) | 互补性(hb) | 差异性(cy) | 确定性(qd) | 扩展性(kz) | 共赢性(gy) | 资源条件(zt) | 市场绩效(sj) |
|---|---|---|---|---|---|---|---|---|---|
| C类企业10年以上 | 案例50 | 1 | 1 | 0.8 | 0.8 | 0.9 | 1 | 1 | 0.8 |
| | 案例51 | 1 | 0.6 | 0.9 | 1 | 0.9 | 0.8 | 1 | 0.8 |
| | 案例52 | 1 | 1 | 0.9 | 1 | 0.7 | 1 | 1 | 1 |
| | 案例53 | 0.8 | 0.8 | 0.8 | 0.7 | 0.8 | 0.8 | 0.8 | 0.8 |
| | 案例54 | 0.8 | 1 | 0.8 | 0.8 | 0.9 | 0.8 | 0.8 | 1 |
| | 案例55 | 0.4 | 0.8 | 0.6 | 0.6 | 0.5 | 0.4 | 0.4 | 0.6 |
| | 案例56 | 0.4 | 0.8 | 0.6 | 0.7 | 0.7 | 0.8 | 0.8 | 0.8 |
| | 案例57 | 0.8 | 0.6 | 0.7 | 0.8 | 0.6 | 0.6 | 1 | 0.8 |
| | 案例58 | 1 | 0.6 | 0.7 | 0.9 | 0.9 | 0.8 | 0.6 | 0.8 |
| | 案例59 | 0.8 | 0.8 | 0.8 | 0.8 | 0.7 | 0.6 | 0.6 | 0.8 |
| | 案例60 | 0.8 | 0.8 | 0.7 | 0.6 | 0.8 | 0.8 | 0.8 | 0.8 |
| | 案例61 | 0.8 | 0.6 | 0.7 | 0.7 | 0.8 | 0.8 | 0.8 | 0.8 |
| | 案例62 | 0.6 | 0.6 | 0.6 | 0.8 | 0.8 | 0.8 | 0.6 | 0.8 |
| | 案例63 | 0.8 | 0.8 | 0.7 | 0.8 | 0.7 | 0.6 | 0.8 | 0.8 |
| | 案例64 | 0.4 | 0.6 | 0.5 | 0.8 | 0.6 | 0.8 | 0.6 | 0.4 |
| | 案例65 | 0.4 | 0.8 | 0.7 | 0.8 | 0.7 | 0.8 | 0.4 | 0.8 |
| | 案例66 | 0.8 | 0.8 | 0.8 | 0.9 | 0.7 | 0.8 | 0.6 | 1 |
| | 案例67 | 0.8 | 0.4 | 0.8 | 1 | 0.7 | 0.6 | 0.8 | 1 |
| | 案例68 | 0.8 | 0.8 | 0.8 | 0.8 | 0.9 | 0.6 | 1 | 0.8 |
| | 案例69 | 0.4 | 0.8 | 0.5 | 0.9 | 0.8 | 0.6 | 0.8 | 0.6 |
| | 案例70 | 0.6 | 0.6 | 0.9 | 0.8 | 0.7 | 0.8 | 0.6 | 0.8 |
| | 案例71 | 0.8 | 0.8 | 0.7 | 0.9 | 0.8 | 0.8 | 0.6 | 0.8 |
| | 案例72 | 0.8 | 0.6 | 0.5 | 0.7 | 0.7 | 0.6 | 0.8 | 0.6 |
| | 案例73 | 1 | 1 | 0.9 | 1 | 1 | 0.8 | 1 | 1 |

续表

| 成立时间 | 案例 | 独特性（dt） | 互补性（hb） | 差异性（cy） | 确定性（qd） | 扩展性（kz） | 共赢性（gy） | 资源条件（zt） | 市场绩效（sj） |
|---|---|---|---|---|---|---|---|---|---|
| C类企业10年以上 | 案例74 | 0.6 | 0.4 | 0.9 | 0.9 | 0.9 | 1 | 0.8 | 1 |
| | 案例75 | 0.6 | 0.4 | 0.9 | 0.6 | 0.7 | 0.6 | 0.4 | 0.6 |
| | 案例76 | 0.8 | 0.6 | 0.8 | 0.9 | 0.9 | 0.8 | 1 | 0.8 |
| | 案例77 | 0.4 | 0.8 | 0.7 | 0.8 | 0.7 | 0.8 | 0.8 | 0.8 |
| | 案例78 | 1 | 1 | 0.7 | 0.4 | 0.7 | 0.8 | 0.6 | 0.8 |
| | 案例79 | 0.8 | 1 | 0.7 | 0.9 | 0.9 | 0.8 | 1 | 1 |
| | 案例80 | 0.4 | 0.8 | 0.7 | 0.8 | 0.7 | 0.6 | 0.8 | 1 |
| | 案例81 | 0.8 | 0.8 | 0.7 | 0.8 | 0.8 | 0.8 | 0.6 | 0.6 |
| | 案例82 | 0.8 | 0.8 | 0.6 | 0.8 | 0.7 | 0.8 | 0.8 | 0.8 |
| | 案例83 | 0.8 | 0.8 | 0.7 | 0.8 | 0.7 | 0.8 | 0.8 | 0.6 |
| | 案例84 | 0.8 | 0.8 | 0.8 | 0.8 | 0.8 | 0.8 | 0.8 | 0.8 |
| | 案例85 | 0.6 | 0.6 | 0.6 | 0.7 | 0.6 | 0.6 | 0.6 | 0.4 |
| | 案例86 | 0.6 | 0.6 | 0.7 | 0.8 | 0.6 | 0.6 | 0.6 | 0.8 |
| | 案例87 | 0.4 | 0.8 | 0.7 | 0.8 | 0.7 | 0.8 | 0.8 | 0.4 |
| | 案例88 | 0.8 | 0.8 | 0.8 | 0.8 | 0.9 | 0.8 | 1 | 1 |
| | 案例89 | 0.8 | 0.8 | 0.9 | 0.9 | 0.9 | 0.8 | 0.8 | 0.8 |
| | 案例90 | 0.6 | 0.8 | 0.7 | 0.8 | 0.8 | 0.8 | 0.8 | 0.6 |
| | 案例91 | 0.4 | 0.6 | 0.7 | 0.8 | 0.8 | 0.4 | 0.6 | 0.8 |
| | 案例92 | 0.8 | 0.8 | 0.5 | 0.6 | 0.7 | 0.8 | 0.6 | 0.6 |
| | 案例93 | 0.8 | 0.6 | 0.9 | 0.8 | 0.6 | 0.6 | 0.6 | 0.8 |
| | 案例94 | 0.8 | 0.8 | 0.7 | 0.8 | 0.8 | 0.8 | 0.8 | 0.8 |
| | 案例95 | 0.6 | 0.6 | 0.5 | 0.6 | 0.6 | 0.8 | 0.8 | 0.4 |
| | 案例96 | 0.8 | 0.8 | 0.6 | 0.8 | 0.8 | 0.6 | 0.8 | 0.8 |

数据来源：教育部人文社科课题（项目编号：13YJA630134）的调研数据。

(3)单变量必要性分析

①A类企业单变量必要性分析

在定性比较分析(QCA)中,通过一致性及覆盖率指标,可以探求条件变量和结果变量之间的关系,根据理论上认可的阈值可以确定条件变量和结果变量之间的逻辑关系,进而厘清两者之间是否存在充分与必要条件。一般先分析条件变量中单个变量对结果变量的必要性,结果见表3-4。

表3-4 **A类企业单变量分析结果**

| 条件变量 | 结果变量=1 | | 结果变量=0 | |
|---|---|---|---|---|
| | 一致性 | 覆盖率 | 一致性 | 覆盖率 |
| dt | 0.839080 | 0.869048 | 1.000000 | 0.392857 |
| ~dt | 0.413793 | 1.000000 | 0.666667 | 0.611111 |
| hb | 0.919540 | 0.869565 | 1.000000 | 0.358696 |
| ~hb | 0.321839 | 1.000000 | 0.636364 | 0.750000 |
| cy | 0.873563 | 0.915663 | 1.000000 | 0.397590 |
| ~cy | 0.425287 | 1.000000 | 0.787879 | 0.702703 |
| qd | 0.925287 | 0.851852 | 1.000000 | 0.349206 |
| ~qd | 0.293103 | 1.000000 | 0.575758 | 0.745098 |
| kz | 0.919540 | 0.874317 | 1.000000 | 0.360656 |
| ~kz | 0.327586 | 1.000000 | 0.651515 | 0.754386 |
| gy | 0.873563 | 0.894118 | 1.000000 | 0.388235 |
| ~gy | 0.402299 | 1.000000 | 0.727273 | 0.685714 |
| zt | 0.885057 | 0.875000 | 1.000000 | 0.375000 |
| ~zt | 0.367816 | 1.000000 | 0.666667 | 0.687500 |

在QCA软件分析中，选择“necessary conditions”进行必要性检验，结果变量设定为“1”，逐一进行一致性检验，过程确定性（qd）、配套产品互补性（hb）、扩展性（kz）的一致性分别是0.925287、0.919540、0.919540，均大于0.9（学界认可的必要性阈值）（Ragin，2008），（49）它们的覆盖率分别是0.851852、0.869565、0.874317，均超过0.6，说明单个变量是结果变量的必要条件，并且具有较强的解释力。一致性得分排在第四的是资源条件（zt），它的覆盖率为0.885057，也具有较强的解释力。

在结果变量为“0”（~sj）的一致性检验中，单个变量中的核心产品独特性（dt）、配套产品互补性（hb）、资源条件（zt）、过程差异性（cy）、过程确定性（qd）、扩展性（kz）、共赢性（gy）的一致性为1.0，大于0.9，说明这七个单项前因条件变量是结果变量的必要条件。在覆盖率指标中，这七个变量的覆盖率都小于0.4，说明解释力较弱。

② B类企业单变量必要性分析

在QCA软件分析中，选择“necessary conditions”进行必要性检验，结果变量设定为“1”，逐一进行一致性检验，hb、qd的一致性均为0.959459，大于0.9（学界认可的必要性阈值），扩展性（kz）的一致性为0.898649，近似0.9，且它们的覆盖率分别是0.910256、0.893082、0.930070，均超过0.6，说明单个变量是结果变量的必要条件，并且具有较强的解释力。一致性得分排在第四的是共赢性（gy），为0.891892，它的覆盖率是0.916667，也具有较强的解释力。

在结果变量为“0”（~sj）的一致性检验中，单个变量中的核心产品独特性（dt）、配套产品互补性（hb）、资源条件（zt）、过程差异性（cy）、过程确定性（qd）、扩展性（kz）、共赢性（gy）的一致性为1.0，大于0.9，说明这七个单项前因条件变量是结果变量的必要条件。在覆盖率指标中，这七个变量的覆盖率都小于0.4，说明解释力较弱（详见表3-5）。

③C类企业单变量必要性分析

在QCA软件分析中，选择“necessary conditions”进行必要性检验，结果变量设定为“1”，逐一进行一致性检验，过程确定性（qd）、扩展性（kz）、资源条件（zt）的一致性分别是0.950981、0.909314、0.901961，均大于0.9（学界认可的必要性阈值），可以作为必要条件；

表3-5 **B类企业单变量分析结果**

| 条件变量 | 结果变量=1 | | 结果变量=0 | |
|---|---|---|---|---|
| | 一致性 | 覆盖率 | 一致性 | 覆盖率 |
| dt | 0.891892 | 0.942857 | 0.961538 | 0.357143 |
| ~dt | 0.391892 | 0.966667 | 0.846154 | 0.733333 |
| hb | 0.959459 | 0.910256 | 1.000000 | 0.333333 |
| ~hb | 0.297297 | 1.000000 | 0.730769 | 0.863636 |
| cy | 0.864865 | 0.934307 | 1.000000 | 0.379562 |
| ~cy | 0.425676 | 1.000000 | 0.826923 | 0.682540 |
| qd | 0.959459 | 0.893082 | 1.000000 | 0.327044 |
| ~qd | 0.277027 | 1.000000 | 0.673077 | 0.853659 |
| kz | 0.898649 | 0.930070 | 0.961538 | 0.349650 |
| ~kz | 0.371622 | 0.964912 | 0.807692 | 0.736842 |
| gy | 0.891892 | 0.916667 | 0.961538 | 0.347222 |
| ~gy | 0.364865 | 0.964286 | 0.769231 | 0.714286 |
| zt | 0.851351 | 0.954545 | 0.961538 | 0.378788 |
| ~zt | 0.445946 | 0.970588 | 0.884615 | 0.676471 |

且它们的覆盖率分别是0.928230、0.934509、0.924623，均超过0.6，说明单个变量是结果变量的必要条件，并且具有较强的解释力。一致性得分排在第四的是“配套产品互补性”（hb），为0.892157，它的覆盖率是0.933333，也具有较强的解释力。

在结果变量为“0”（~sj）的一致性检验中，单个变量中的核心产品独特性（dt）、配套产品互补性（hb）、资源条件（zt）、过程差异性（cy）、过程确定性（qd）、扩展性（kz）、共赢性（gy）的一致性均大于0.9，说明这七个单项前因条件变量是结果变量的必要条件。在覆盖率指标中，这七个变量的覆盖率都小于0.3，说明解释力较弱（详见表3-6）。

表3-6　　C类企业单变量分析结果

| 变量 | 结果变量=1 | | 结果变量=0 | |
|---|---|---|---|---|
| | 一致性 | 覆盖率 | 一致性 | 覆盖率 |
| dt | 0.857843 | 0.940860 | 0.964286 | 0.290323 |
| ~dt | 0.352941 | 0.972973 | 0.803571 | 0.608108 |
| hb | 0.892157 | 0.933333 | 1.000000 | 0.287179 |
| ~hb | 0.318627 | 1.000000 | 0.767857 | 0.661538 |
| cy | 0.882353 | 0.952381 | 0.982143 | 0.291005 |
| ~cy | 0.343137 | 0.985916 | 0.839286 | 0.661972 |
| qd | 0.950981 | 0.928230 | 1.000000 | 0.267943 |
| ~qd | 0.250000 | 1.000000 | 0.732143 | 0.803922 |
| kz | 0.909314 | 0.934509 | 1.000000 | 0.282116 |
| ~kz | 0.301471 | 1.000000 | 0.767857 | 0.699187 |
| gy | 0.882353 | 0.937500 | 1.000000 | 0.291667 |
| ~gy | 0.333333 | 1.000000 | 0.785714 | 0.647059 |
| zt | 0.901961 | 0.924623 | 1.000000 | 0.281407 |
| ~zt | 0.299020 | 1.000000 | 0.732143 | 0.672131 |

④ 96个案例企业单变量必要性分析

在QCA软件分析中，选择“necessary conditions”进行必要性检验，结果变量设定为“1”，逐一进行一致性检验，过程确定性（qd）、配套产品互补性（hb）、扩展性（kz）的一致性分别是0.946575、0.912329、0.909589，均大于0.9（学界认可的必要性阈值），可以作为必要条件，且它们的覆盖率分别是0.902089、0.912329、0.918396，均超过0.6，说明单个变量是结果变量的必要条件，并且具有较强的解释力。一致性得分排在第四的是资源条件（zt），为0.887671，它的覆盖率为0.917847，也具有较强的解释力。

在结果变量为“0”（~sj）的一致性检验中，单个变量中的核心产品独特性（dt）、配套产品互补性（hb）、资源条件（zt）、过程差异性（cy）、过程确定性（qd）、扩展性（kz）、共赢性（gy）的一致性均大于0.9，说明这七个单项前因条件变量是结果变量的必要条件。在覆盖率的指标中，这七个变量的覆盖率都小于0.4，说明解释力较弱（详见表3-7）。

表3-7 **96个案例单变量分析结果**

| 条件变量 | 结果变量=1 | | 结果变量=0 | |
|---|---|---|---|---|
| | 一致性 | 覆盖率 | 一致性 | 覆盖率 |
| dt | 0.860274 | 0.923529 | 0.973913 | 0.329412 |
| ~dt | 0.375342 | 0.978571 | 0.773913 | 0.635714 |
| hb | 0.912329 | 0.912329 | 1.000000 | 0.315068 |
| ~hb | 0.315069 | 1.000000 | 0.721739 | 0.721739 |
| cy | 0.876712 | 0.939794 | 0.991304 | 0.334802 |
| ~cy | 0.379452 | 0.992832 | 0.821739 | 0.677419 |
| qd | 0.946575 | 0.902089 | 1.000000 | 0.300261 |
| ~qd | 0.265753 | 1.000000 | 0.673913 | 0.798969 |
| kz | 0.909589 | 0.918396 | 0.991304 | 0.315353 |
| ~kz | 0.321918 | 0.991561 | 0.743478 | 0.721519 |
| gy | 0.882192 | 0.922636 | 0.991304 | 0.326648 |
| ~gy | 0.356164 | 0.992366 | 0.765217 | 0.671756 |
| zt | 0.887671 | 0.917847 | 0.991304 | 0.322946 |
| ~zt | 0.345206 | 0.992126 | 0.747826 | 0.677165 |

⑤四种案例情况的单变量必要性比较分析

表3-8为结果变量=1的一致性。

表3-8 **结果变量=1的一致性**

| 条件变量 | 96个案例整体一致性 | A类企业24个案例一致性 | B类企业20个案例一致性 | C类企业52个案例一致性 |
|---|---|---|---|---|
| qd | 0.946575 | 0.925287 | 0.959459 | 0.950981 |
| hb | 0.912329 | 0.919540 | 0.959459 | 0.892157 |
| kz | 0.909589 | 0.919540 | 0.898649 | 0.909314 |
| zt | 0.887671 | 0.885057 | 0.851351 | 0.901961 |
| cy | 0.876712 | 0.873563 | 0.864865 | 0.882353 |
| gy | 0.882192 | 0.873563 | 0.891892 | 0.882353 |
| dt | 0.860274 | 0.839080 | 0.891892 | 0.857843 |

从结果变量=1的单变量必要条件表可以看出，在4种情景下，条件变量过程确定性（qd）的一致性均大于0.9，说明了过程确定性的重要性，表达的含义是“本模式使参与各方能更加准确地了解彼此”“本模式中利益相关者间具有长期稳定的合作关系”。可见，一种商业模式要取得好的市场绩效，参与商业模式运作的利益各方需要彼此了解、相互协作、合作创新，且这种关系要在合作中强化，保持稳定。

配套产品互补性（hb）的一致性分值在96个案例总体情景下为0.912329，说明这个条件是结果变量“市场绩效”的必要条件。不过，在A、B、C三种不同情景下，其一致性分值是不同的。从分值上看，在A、B两类企业中其一致性均超过0.9，B类企业中一致性分值较大。在成立时间5～10年的企业中，“配套产品互补性”尤为重要；成立时间在1～5年的企业中，或许由于成立时间不长，“配套产品”还处于开发与磨合中，其一致性略低；C类企业成立时间超过10年，“配套产品”的互补性或许已经成为“常态”，故其一致性分值最低。

扩展性（kz）在96个案例企业中的一致性分值为0.909589，为市场绩效的必要条件。表达的含义是“能够支撑现有业务的规模不断扩大”“关键流程具有很强的灵活性”“随着业务规模的扩大，本商业模式会吸引更多的参与者”。不过，B类企业扩展性（kz）的一致性分值小于0.9，为三类企业该项一致性得分最低，5~10年的企业其扩张性低于10年以上的企业，也低于A类企业，说明A类企业处于上升期，B类企业处于相对稳定期，C类企业成立10年以上，其商业模式已经过市场检验，其流程的灵活性及规模扩展处于上升期。

资源条件（zt）在四类案例企业情境下，只有C类企业的一致性分值超过0.9，可以认为是C类52个案例企业的必要条件，可以推想，成立10年以上的企业商业模式稳定发展，其资源条件（zt）是其必要条件。这说明QCA分析的结果依赖组态的具体情况，结论不具有普适性，只是适度的普适性（李永发，2020）。

在结果变量=0的条件变量中，核心产品独特性（dt）、配套产品互补性（hb）、资源条件（zt）、过程差异性（cy）、过程确定性（qd）、扩展性（kz）、共赢性（gy）的一致性指标均超过0.9，可以认为是结果变量=0的必要条件，但是，覆盖率均小于0.6，解释力较弱。这也说明QCA分析的结论具有适宜的普适性。详见表3-9。

表3-9 **结果变量=0的一致性**

| 条件变量 | 96个案例整体一致性 | A类企业24个案例一致性 | B类企业24个案例一致性 | C类企业24个案例一致性 |
|---|---|---|---|---|
| qd | 1.000000 | 1.000000 | 1.000000 | 1.000000 |
| hb | 1.000000 | 1.000000 | 1.000000 | 1.000000 |
| kz | 0.991304 | 1.000000 | 0.961538 | 1.000000 |
| zt | 0.991304 | 1.000000 | 0.961538 | 1.000000 |
| cy | 0.991304 | 1.000000 | 1.000000 | 0.982143 |
| gy | 0.991304 | 1.000000 | 0.961538 | 1.000000 |
| dt | 0.973913 | 1.000000 | 0.961538 | 0.964286 |

综上所述，任何形式的恒定因果关系都是QCA方法要否定的，不应该像传统统计分析方法，要找出拟合最好的单一因果模型，而应该在多个可比较的案例之间确定不同的数量和特征（拉金，1987）。

（4）条件组合的一致性和覆盖率分析

①核心变量比较分析

通过FSqca3.0软件对真值表进行运算，将一致性阈值设定为0.8，案例频数阈值设定为1，可以得出三个解，分别是复杂解、中间解与简约解。由于简约解过于宽松，可能与事实存在一定的出入，得出的结论实践价值不大；复杂解在QCA中完全按照变量设置而产生的结果，实用性也不大；中间解介于两者之间，既考虑了程序设置的科学性，又不会违背案例事实，得出的运行结果的实践启发性和普适性都比较好，是最具代表性的解释，被认为是最能够说明问题的解（里豪克斯和拉金，2017）。下面对四类情景下得到的中间解进行整理。详见表3-10。

表3-10 **四类情景下的中间解**

| 条件变量 | A类企业（24个案例） | B类企业（20个案例） | | C类企业（52个案例） | | | | 包括A、B、C类企业（96个案例） | | | | 条件变量在路径中出现频率 |
|---|---|---|---|---|---|---|---|---|---|---|---|---|
| | A1 | B1 | B2 | C1 | C2 | C3 | C4 | D1 | D2 | D3 | D4 | |
| dt | | | √ | | √ | | √ | √ | | | √ | 5/11 |
| ~dt | | | | | | √ | | | | | | 1/11 |
| hb | √ | √ | √ | √ | | √ | √ | | √ | √ | √ | 9/11 |
| ~hb | | | | | √ | | | | | | | 1/11 |
| cy | √ | √ | √ | √ | √ | √ | √ | √ | √ | √ | √ | 11/11 |
| ~cy | | | | | | | | | | | | 0 |
| qd | √ | √ | √ | √ | √ | √ | | √ | √ | √ | | 9/11 |
| ~qd | | | | | | | | | | | | 0 |
| kz | √ | √ | √ | √ | √ | √ | √ | √ | √ | √ | √ | 11/11 |
| ~kz | | | | | | | | | | | | 0 |
| gy | | | √ | | √ | √ | √ | √ | √ | | √ | 7/11 |
| ~gy | | | | | | | | | | | | 0 |
| zt | √ | √ | | √ | | | √ | | | √ | √ | 6/11 |
| ~zt | | | | | | | | | | | | 0 |
| consistency | 0.933775 | 0.982456 | 0.973684 | 0.972393 | 1.000000 | 0.978723 | 0.986711 | 0.973451 | 0.962329 | 0.964467 | 0.975971 | |
| raw coverage | 0.810345 | 0.756757 | 0.750000 | 0.776961 | 0.318627 | 0.338235 | 0.727941 | 0.753425 | 0.769863 | 0.780822 | 0.723288 | |
| solution consistency | 0.810345 | 0.975207 | | 0.973373 | | | | 0.826027 | | | | |
| solution coverage | 0.933775 | 0.797297 | | 0.806373 | | | | 0.963259 | | | | |

注："√"表示该条件要素在此路径中出现，空格表示该条件要素不出现。

通过以上统计表可以看出，条件变量在条件组合路径中出现的频数（如图3-6所示）比较高的是过程差异性（cy）、扩展性（kz）、过程确定性（qd）、配套产品互补性（hb），这与单因素必要条件分析中得出的排序（qd、hb、kz、zt）不完全一致，说明条件要素组合分析逻辑与单因素推理逻辑是不一致的。在几类企业中间解的构型中，条件要素的贡献率是不同的。对企业来说，可能会关注选择哪条路径更为经济、更为划算。不过，更多的情况是，在实践中，企业往往关注哪些要素更重要，会给它一个排序，然后，会想到能否有更少要素组合，可以促进商业模式创新的发生及持续。

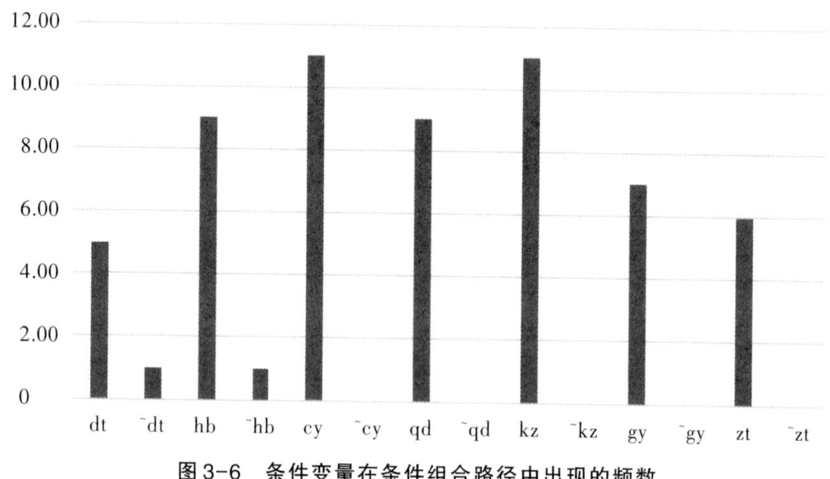


**图3-6　条件变量在条件组合路径中出现的频数**

②条件组合路径的比较分析

表3-11为中间解条件变量组合的一致性和覆盖率分析结果。

从以上11个条件变量的组合路径看，A1、B1、C1、D1的条件组合均是hb*cy*qd*kz*zt，其含义是配套产品互补性（hb）、过程差异性（cy）、过程确定性（qd）、扩展性（kz）、资源条件（zt）这5个条件组合构成创造高市场绩效的前因条件。

商业模式创新就是价值创造与实现的过程。配套产品互补性是价值主张的具体体现，在创造价值的过程中，企业拥有或者其合作者拥有的有形或无形资源可以相互补充。这是价值创造的基本条件。配套产品互补性可以避免竞争对手模仿，并保持价值主张与关键流程的匹配性。

表3-11 **中间解的条件变量组合的一致性和覆盖率分析结果**

| 案例情景 | 组合 | 中间解的变量组合 | 原始覆盖度（raw coverage） | 唯一覆盖度（unique coverage） | 组合一致性（consistency） | 总体解的覆盖度（overall solution coverage） | 总体一致性（overall solution consistency） |
|---|---|---|---|---|---|---|---|
| A类企业 | A1 | hb*cy*qd*kz*zt | 0.810345 | 0.810345 | 0.933775 | 0.810345 | 0.933775 |
| B类企业 | B1 | hb*cy*qd*kz*zt | 0.756757 | 0.047297 | 0.982456 | 0.797297 | 0.975207 |
| | B2 | dt*hb*cy*kz*gy*qd | 0.750000 | 0.040540 | 0.973684 | | |
| C类企业 | C1 | hb*cy*qd*kz*zt | 0.776961 | 0.029412 | 0.972393 | 0.806373 | 0.973373 |
| | C2 | dt*hb*cy*kz*gy*zt | 0.727941 | 0.009804 | 0.986711 | | |
| | C3 | ~dt*hb*cy*qd*kz*gy | 0.338235 | 0.004902 | 0.978723 | | |
| | C4 | dt*~hb*cy*qd*kz*gy | 0.318627 | 0.014706 | 1.000000 | | |
| 96个案例企业 | D1 | hb*cy*qd*kz*zt | 0.780822 | 0.030137 | 0.964467 | 0.826027 | 0.963259 |
| | D2 | dt*hb*cy*kz*gy*zt | 0.723288 | 0.005479 | 0.975971 | | |
| | D3 | hb*cy*qd*kz*gy | 0.769863 | 0.004110 | 0.962329 | | |
| | D4 | dt*cy*qd*kz*gy | 0.753425 | 0.020548 | 0.973451 | | |

保持好与利益相关者稳定的长期合作关系是关键，这就是商业模式过程差异性（cy）、过程确定性（qd）的表现。具备以上资源和能力，才能保持业务规模化，并有吸引力，使更多的参与者共建商业模式，这就是扩展性（kz）所要表达的内涵。

B2条件要素组合路径是dt*hb*cy*kz*gy*qd，与C2条件要素组合路径dt*hb*cy*kz*gy*zt、D2条件要素组合路径dt*hb*cy*kz*gy*zt相比，前5个要素是一样的，C2与D2的路径是一样的。dt*hb*cy*kz*gy的含义是核心产品独特性（dt）、配套产品互补性（hb）、过程差异性（cy）、扩展性（kz）与共赢性（gy）是构成B2、C2、D2的公共要素组合。除此之外，B2路径还需要过程确定性（qd）共同发挥作用，才能保证高市场绩效。C2与D2的要素组合路径还需要和资源条件（zt）共同作用才能保证高市场绩效的实现。

C3的要素组合路径是~dt*hb*cy*qd*kz*gy，与C4的要素组合路径dt*~hb*cy*qd*kz*gy的后四个要素组合cy*qd*kz*gy是相同的，即过程差异性（cy）、过程确定性（qd）、扩展性（kz）与共赢性（gy）为这两条路径的共同要素组合构件，C3与C4的另外两个条件要素~dt*hb与dt*~hb逻辑上正好相反。非核心产品独特性（~dt）与配套产品互补性（hb）、核心产品独特性（dt）与非配套产品互补性（~hb），与四个要素组合，共同构成了两个促进高市场绩效的路径。

路径D3的要素组合是hb*cy*qd*kz*gy，与路径D4的要素组合dt*cy*qd*kz*gy的后四个要素组合是一样的，也与C3、C4后四个要素组合是一样的，即过程差异性（cy）、过程确定性（qd）、扩展性（kz）与共赢性（gy）为C3、C4、D3、D4四条路径共同要素组合的构件，D3与D4的区别是D3的另外一个构成要素是配套产品互补性（hb），D4的另外一个构成要素是核心产品独特性（dt）。

（5）结论与展望

①主要结论

第一，必要条件及“必要组件”。在QCA分析中，对必要条件的分析是一个重要环节，不仅是理论研究要关注的，也是实践中要关注的。简单地说，实施商业模式创新的目的是赢得高的市场绩效，那么，商业模式的属性中哪一个是必不可少的？这犹如问，一个成功的企业家，其品格中哪一点是必不可少的。可见，探索必要条件是很重要的。文章采取分类梳理的办法，针对A、B、C类企业及整体包含A、B、C类企业四种情况，运用QCA分析软件，进行了单变量必要条件分析。其得出如下结论：过程确定性（qd）是结果变量“市场绩效”的必要条件，配套产品互补性（hb）与扩展性（kz）近似认为是结果变量“市场绩效”的必要条件。因为四种情景中，各有一种情景下的一致性分值没有达到0.9。

在有的文献中，核心要素是比较简约解和中间解得出的。具体到某个路径，比较简约解及中间解涉及的条件变量，如果都出现的视为核心要素，否则为边缘条件（外围条件）。也有文献把必要条件称为核心要素，而在分析路径构成时，发现不同情景下不同路径中，部分条件要素的构成具有相同的“要素组合构件”，姑且称为“必要组件”。例如，C3的要素组合路径是~dt*hb*cy*qd*kz*gy，与C4的要素组合路径dt*~hb*cy*qd*kz*gy的后四个要素组合cy*qd*kz*gy是相同的，“cy*qd*kz*gy”就是“必要构件”，对实施商业模式创新、赢得高市场绩效具有重要的借鉴价值。

第二，商业模式属性变量及最优路径。成功地实现商业模式创新，赢得了高的市场绩效，是不断试错“蓦然回首”的偶然，还是可预见的必然，这是困扰理论界与企业界的难题。某个行业的成功商业模式能否借鉴，能否移植到另外行业，这也是一个问题。如果可以探索出商业模式一般性的特质，并能回答这些属性与商业模式创新绩效之间的关系，以上这些困惑都可以解决，至少可以提供很大的参考价值。文章从理论分析的视角，提炼出商业模式的7个一般属性，即核心产品独特性（dt）、配套产品互补性（hb）、资源条件（zt）、过程差异性（cy）、过程确定性（qd）、扩展性（kz）、共赢性（gy），这些为前因条件变量。这些变量是否为商业模式具有的属性，是否可以作为条件组合产生高市场绩效的原因，是值得探究的。通过QCA分析技术，首先把这些抽象的概念具体化，转化为可测的题项，设计问卷，整理出真值表。然后将96个案例企业的数据分成A、B、C类企业以及整体四种情景进行分析，得出由5个基本属性要素组成的路径。A1、B1、C1、D1共有的条件要素组合，即hb*cy*qd*kz*zt是促进高市场绩效的可行路径，是稳定性最高的路径，也是普适性最高的路径，某种意义上讲，这是本文研究得出的“最优路径”。

第三，其他路径分析。A类企业是成立1~5年的企业，24个案例企业得到的条件要素组合路径是hb*cy*qd*kz*zt。其含义是一种商业模式如果同时具有配套产品互补性（hb）、过程差异性（cy）、过程确定性（qd）、扩展性（kz）和资源条件（zt），可以赢得高的市场绩效。对企业实践的借鉴价值是努力创造商业模式的这五个属性，这个组态也是B、C及整体96个案例企业所具有的“条件组合路径”，具有重要的实践指导意义。

B类企业是成立5~10年的企业，另外一个条件组合路径是dt*hb*cy*kz*gy*qd。相对于B1而言，hb*cy*kz*qd是相同的，核心产品独特性（dt）、共赢性（gy）是另外两个条件变量，而B1另外一个条件是资源条件（zt）。就B2的两条路径看，其突出了价值主张、产品的独特性，及价值实现的结果共赢性（gy）。

C类企业有四条路径，C1和A1、B1、D1一样，不用分析了。C2是dt*hb*cy*kz*gy*zt，与B2的路径dt*hb*cy*kz*gy*qd相比，前五个要素是一样的，C2的第六个要素是资源条件（zt），而B2则是过程确定性（qd）。

D2的路径与C2一样，不用分析了。D3与D4的路径相同要素组合构件是“cy*qd*kz*gy”，D3另外的要素是配套产品互补性（hb）、D4的另外要素是核心产品独特性（dt），这两条路径可以概括商业模式要么具有核心产品独特性，要么具有配套产品互补性，与过程差异性、过程确定性、扩展性、共赢性一同发挥作用，也可以赢得高市场绩效。

第四，验证了QCA研究结论的适度普适性。如果没有普适性，在寻求科学解释的过程中，科学研究就是同义反复。科学研究的普适性和稳健性不仅依赖研究方法本身，也依赖数据质量。虽然QCA技术在本质上具有迭代性，但是，恰当的QCA分析应该不局限于简单描述，而是追求适度的普适性（拉金，1987）。24个案例A类企业商业模式属性特征与市场绩效的路径是1条，而这1条同时又是B类、C类企业以及整体96个案例企业的条件组合路径，说明此解具有普适性与稳健性。不过，20个案例的B类企业具有2条路径，52个案例C类企业具有4条路径，可见，QCA分析的条件组合路径又高度依赖其特定的情景，其解具有相对普适性。一些学者坚定地认为统计分析是建立因果关系和实现普适化的唯一途径。可见，QCA方法中的普适性要保守得多，QCA研究结论的适度普适性在本文中得到验证。

第五，不同案例情景对应的路径不同。对于A、B、C类企业及包含A、B、C三类企业的96个案例，A类企业24个案例、B类企业20个案例，可以称为“小样本”，C类企业52个案例可以称为“中等样本”，96个案例可以称为“大样本”。QCA可以适用于多种不同层面的案例，针对这些不同情景，通过逻辑运算得出了不同案例情景的特定因果路径，验证了“多重并发因果关系”，即多个不同的条件组合可能产生同样的结果。不同情景下，当特定结果出现时，某个条件可能出现也可能不出现。因为QCA方法认为因果关系是依赖特定情景和组态的，所以QCA方法否定任何形式的恒定因果关系（拉金，1987）。从这个意义上讲，QCA方法与简单的概率性因果推断有着本质区别，基于其案例导向的特征，QCA技术更趋向于关注因果关系的多样性。

②研究不足及展望

第一，研究不足。总体看案例选择不足，7个条件变量，选取了96个案例，符合一般要求，7个条件变量对应30个左右的案例，但是，对A、B类企业进行单独研究，24个及20个案例显得不足（夏鑫，2014）。这也是研究结论具有一定局限性的原因之一。QCA是一个有前景的方法，为此，在中小样本研究中，需要研究者与实例保持对话，秉持谨慎求证的态度，透视复杂的管理现象，得出对现实有解释力的结论。

第二，展望。社会现象是“属性”的复杂组合，商业模式属性“概念化”之后，采取QCA“组态比较”和“集合论”的方法，推导出赢得高市场绩效的路径。这一分析范式是兼顾定性分析与定量分析长处的方法，值得其他科学研究者尤其是人文社会科学研究者借鉴。2014—2015年发表QCA论文数量最多的是管理学科。这个结果并不让人惊讶，因为管理领域中很多问题本质上是“结果驱动”和“组态”的问题（里豪克斯和拉金，2017）。传统的回归分析统计技术假设单向线性关系，自变量相互独立且具有因果对称性，分析某个自变量时，控制其他因素不变，探求因变量的边际“净效应”。但是，这些方法不能解决因果复杂性问题。这就是QCA组态分析的优势。近年来，定性比较分析（QCA）从清晰集到模糊集在经济管理研究领域的应用不断拓展，显示了对现实问题的解决能力在不断提升。智能化时代到来，使人与人、人与物的关系越来越复杂，这种因果复杂性的问题需要新的方法，需要有更多的人机对话。现实问题需要QCA方法进一步优化，挖掘其应用潜能，探究可能存在的因果系统。总之，未来经济管理类QCA的应用前景广阔，还需要加入更加精确的智能迭代算法。

# 4 中国企业商业模式创新的商道精神

## 4.1 中国四大商帮的商道精神

### 4.1.1 浙商商道

商帮是以乡土亲缘为纽带、拥有会馆办事机构和标志性建筑的商业集团。人们说到中国商帮，一般指浙商、晋商、徽商、粤商、闽商、赣商、鲁商、苏商、陕商、湘商这十大商帮。下面选取浙商、徽商、晋商、粤商来予以介绍。

(1) 浙商概述

浙江历史悠久，早在旧石器时代，就有“建德人”活动，拥有河姆渡文化和良渚文化。在漫长的历史进程中，有别于中原重农轻商的思想，浙江的发展具有浓厚的经世致用、崇尚事功的创业文化色彩。从计然、范蠡的经商智慧，到南宋时期的都市商业；从明代最早的资本主义萌芽到清末开埠，及至近代民族工商业的兴衰，浙江的地理和人文成就了独特而典型的浙商群体。

春秋时期，钱塘江东南岸的于越，是浙江历史上的第一个部族。越王勾践与吴国交战失利后，卧薪尝胆，励精图治，最终击败吴国，成为霸主。越国的强大，范蠡功不可没，后人尊范蠡为“商圣”。世人誉之：“忠以为国，智以保身，商以致富，成名天下。”越国因商而兴（林瑜彬，2013）。范蠡以自己的实践告诉人们，人们可以通过经商实现自己的人生价值。他“仗义疏财、施善乡梓”的财富态度和价值观还一直流淌在浙商群体的血脉中。

明代中期，资本主义萌芽在中国的江南地区出现，杭州的塘栖镇在万历年间就有很多商人开店贸丝。这样的生产关系，已经是一方出资本、一方出劳力的雇佣关系，且这些佣工也都是脱离了生产资料的外地人，他们以向坊主领取货币工资为生。19世纪末20世纪初，在上海的外来移民中，以浙江宁波人和广东人最多。宁波人做生意思路活跃，成就非凡。当时，有影响的工商界人物中，宁波帮就占了七成。

龙游商帮的经商手段高明，可圈可点，值得探究。龙游是浙皖闽赣四省交通枢纽，为古代重要的盐道、饷道，是“入闽要道”“通浙孔道，馈饷之所必系”之地。龙游人借此地利，开始经商谋生，加之龙游文化基因中重农但不抑商，经商成为一些思想活跃的人的选择。龙游商帮发轫于南宋，清乾隆为鼎盛期。龙游商帮观念上比较新潮，有着开放的心态，有敢为天下先的精神和海纳百川的胸襟。龙游商帮在营商活动中主张诚信为本，坚守以义取利。坚守诚信为本是龙游商帮获得成功的要诀。龙游商人亦贾亦儒，以人品为重，注重自身修养，有社会责任感。读万卷书不如行万里路，经商的成功，不仅使龙游商帮积累了财富，还增长了见识，他们把财富带回家乡，也把外面的文化带回了龙游。此外，南浔商帮也是清末民初崛起的浙江商帮代表之一，其以南浔丝商为主体。

上海开埠后，浙江商人以敢“第一个吃螃蟹”的精神，及时介入新式商业、新式轮运业、近代工业及银行、保险、证券、信托等新式金融业的经营。浙江商人是上海开埠后洋布业、西药业、五金煤铁业、颜料业、煤油业及其他洋杂货业的最早经营者。关于洋布业，1858年上海洋布公所创办时，浙商创办的洋布店占58%；关于五金商业，宁波帮叶澄衷创设的顺记五金号，其分支机构达38家之多，是名副其实的“五金大王”；关于颜料商业，宁波帮秦君安是上海早期的行业巨擘，周宗良是20世纪10年代的“颜料大王”。

清末民初，中国民族资本主义工商业出现了短暂的繁荣。以上海为基地崛起的新式银行业，是近代浙商经营的重要领域。这些大银行和大企业形成了“江浙财团”，是当时中国最大的财团。在上海各大工商团体中，浙商都居于领袖地位。被称为“中国第一商会”的上海总商会，由宁波帮首领严信厚创办并任首任总理，此后在其存在的27年间，浙商掌握最高实权达23年。“中国第一商会”几乎成了旅沪浙江同乡会。在上海银行公会中，浙籍银行家也是最主要的创办人，并长期任会长。在同样具有重要影响的上海钱业同业公会中，浙商也处于绝对垄断地位。

浙江商人在新式金融业方面眼光敏锐，他们是上海新式金融业的开创者，并且几乎垄断了上海金融业。近代中国金融业群体中主要以宁波人和绍兴人为主，特别是民国时期，往往“宁绍”并称，一定程度上可以理解为两地不相上下。据现有资料统计，近代宁波帮独资或以其为主合资所办的银行有170多家。在上海开埠后，钱庄业受到外国银行的倾轧，生存和发展出现了危机。此时，甬籍金融家一方面在钱庄业内部进行改革，如实行庄票制度、票据清算额汇划制度，以维持其支柱地位；另一方面努力向银行业渗透。由宁波商人创办或经营的保险公司在中国保险史上也占有一席之地。金融业是宁波帮的主业之一，而甬籍银行家是宁波帮的主力。宁波人经商办实业，然后发展金融业，再支持工商业发展，减轻了内忧外患的压力，逐步发展壮大。同时，也促进了上海金融业乃至中国金融业的进一步发展。

（2）浙商精神

中华人民共和国成立至改革开放前夕，浙江民间的自主工商业活动基本上都处于低潮期。改革开放后，浙商是全国“人数最多、分布最广、实力最强、影响最大”的投资经营群体。2003年，浙商概念的社会认知得到普及，此后具有广泛社会影响的“风云浙商”评选在这一年开始启动。2004年7月，《浙商》杂志创刊。之后，在政府和社会各界的共同推动下，浙商概念被越来越多的海内外人士所接受。“浙江模式”

“浙江经验”“浙江现象”已经被编进教科书，越来越多的人给予关注。浙商是推动中国工商业进程的强大商帮。特别是改革开放后，浙商创造了传奇。研究当代浙商，就要研究其精神价值，弘扬正能量。精神是灵魂，是人的精气神的高度聚合，是主观见之于客观的一种意识力量。精神力量与物质力量既紧密联系，又互相区别。改革开放以来，浙江经济社会实现跨越式发展，创造了诸多举世瞩目的浙江样本，其深层次原因是浙江精神。2000年，浙江省委总结提炼了“自强不息、坚韧不拔、勇于创新、讲求实效”的浙江精神。2005年，浙江省委根据改革开放的新形势和经济社会发展面临的新问题，进一步提炼出“求真务实、诚信和谐、开放图强”的与时俱进的浙江精神。

新时代浙商精神和“四千精神”“三板精神”“新四千精神”是契合的。浙江是改革开放的先行地区，是率先面向市场需求、利用机制配置资源的地区，也是企业家自发成长的地区。浙江企业家在自发成长中，创造了“走遍千山万水，吃尽千辛万苦，想尽千方百计，说尽千言万语”的“四千精神”和“白天风风光光当老板、晚上辛辛苦苦睡地板、还要孜孜以求看黑板”的“三板精神”。可以说，每个企业家的成长过程都有一把辛酸泪，都是一部创业史，都是坚持不懈地艰苦奋斗、创业创新走到今天的。

### 4.1.2 徽商商道

(1) 徽商概述

徽商，俗称“徽帮”，是徽州（府）籍商人的总称。徽商活跃于宋代，明末清初为全盛期。徽商大都出生于贫困山区，人多地少，出外经商谋生是一条出路。徽商主要经营食盐、棉（布）、粮食等。徽商文化塑造了徽商的儒雅品格。明末我国已有资本主义萌芽，这也是徽商发展的鼎盛时期。明代中叶以后至清乾隆末年的300余年，无论是活动范围、营业人数还是经营资本，徽商都居全国各商人集团的首位，是其发展的黄金时代。当时，经商成了徽州人的首选，成人男子中经商占70%。徽商活动范围遍及城乡，可谓东西南北中，均有徽商的足迹。此外，徽商的足迹还远至日本、东南亚各国以及葡萄牙等地。在多年的经商实践中，徽商总结出了徽商商训："斯商：不以见利为利，以诚为利；斯业：不以富贵为贵，以和为贵；斯买：不以压价为价，以衡为价；斯卖：不以赚赢为赢，以信为赢；斯货：不以奇货为货，以需为货；斯财：不以敛财为财，以均为财；斯诺：不以应答为答，以真为答。"这是商界的宝贵财富。

（2）徽商精神

①爱国精神

徽商早期运粮输边，具有家国情怀；到明中后期，积极参与抵抗倭寇侵略的斗争，踊跃捐资捐物；近代抵御外国入侵。这些都体现了徽商的爱国精神。

②勤俭精神

徽商小本起家，不畏艰难，努力拼搏，建立基业，成为富商。虽然富了，但徽商致富思源，依然以艰苦朴素的勤俭精神教育子孙。

③奉献精神

贾而好儒，徽商以种种"义行""义举"奉献社会，他们中的绝大多数人重视人文精神，一旦国难民困，徽商就会慷慨解囊，奉献社会。

④进取精神

穷困的生存环境迫使徽商走出家门，百折不挠，义无反顾，不成功决不罢休。许多徽州大商人都表现出了极强的进取精神。

⑤竞争精神

徽商主要从事五大行业，即食盐、粮食、木材、典当、茶叶，这些行业竞争激烈，需要随时观察市场，灵活经营，这样才能出奇制胜，走在同行的前面。

⑥文化精神

贾而好儒是徽商的一大特点。徽商爱读书，通常是白天经商，晚上读书。读书不仅提高了徽商的文化素养，也成为与官僚士大夫交往的"黏合剂"。读书丰富了徽商的商业智慧，增强了其理性认识，从而使其形成了良好的商业道德。

⑦团队精神

徽州会馆遍布全国各地，这是以血缘和地缘为纽带结成的商帮团体，其强化了徽州商帮内部的凝聚力。徽商的乡族观念中包含着宗族族规和道德观念，随时对他们的从商行为与做人形成较强的限制。“千人同心，则得千人力”，相互提携是一种团队精神，其竞争力可想而知。正是由于有这样强大的团队，徽商才能够挫败竞争对手，谋取高额利润。此外，明清商人往往对经验和技术相互保密，但徽商有血缘和地缘关系，经验的传授也就顺理成章了，同乡之间传递信息，具有信息交流优势。

⑧执着精神

创业需要有坚韧不拔的意志力，永不言败。明清时期徽州地区半数人口从事商业。徽州有一则民谚说：“前世不修，生在徽州；十三四岁，往外一丢。”一般人家小孩十五六岁，就要随乡族长辈出外学做生意。一开始当学徒，一般是3年，要任劳任怨，磨砺自己，最忌讳被人称作“茴香萝卜干”，谐音为“回乡落泊”。若生意不成，宁愿客死他乡，也不愿轻易回家，这种文化的约束是最深刻、最基础、最广泛、最具根本性的。徽商这种特有的精神，植根于中国传统文化的土壤之中，又被徽商发扬光大。这种通过宗法制度与区域文化由外而内地融入血液的执着，在中国商业史上是相当罕见的。

⑨儒道精神

徽商之儒道精神，一是自我完善品格的追求，二是源于商业自身发展的需要。徽州崇儒重学的历史悠久，许多人自幼就接受了良好的儒学教育。儒家伦理道德自然就成为其恪守不渝的指南。徽商在促进商业繁荣、区域发达的同时，也参与学术文化建设，促成家乡物质文明与精神文明的双丰收。

### 4.1.3 晋商商道

（1）概述

晋商，是指明清时期的山西籍商人以地缘乡情为纽带形成的地方性商人群体。晋商以诚信重义号令天下，强调经商有道、做人有德。

晋商商道是晋商在融汇优秀的传统文化与丰富的商业经验的前提下所形成的以信义为基础的道德体系。晋商商道的形成与其所处的社会环境，尤其是山西的自然条件、经济环境、文化基础等具有内在的联系。

①自然环境

山西境内七成以上是山地，平原和盆地不到15%，“土地贫瘠、十年九旱”是对山西自然环境的描述。环境恶劣造就一代人吃苦耐劳、百折不挠的个性。各地文化、精神之不同，基础是自然环境的差别。自然环境影响人们的生活方式，追求美好生活的内在动机，会激发他们去改造世界；不仅改造主观世界，也改造客观世界。从物质需求到文化精神，这些得到大家认可的模式一旦固化，就会传承，成为约定俗成的惯例，大家会普遍接受。于是，人们就会自觉地遵守，慢慢地会形成一个区域的文化特征、精神气质以及价值观念。山西人大都具有吃苦耐劳、敢闯敢创、刚毅自强、信实质朴的优良品格，不怕承受任何压力，能够适应各种生存环境。在商战中，一个没有退路的人往往会勇往直前，义无反顾。一个人的潜能要在特殊的环境中才能迸发出来，特别是利益受到损害、生命受到危及时，往往会竭尽全力抗争。在长期实践中磨练出来的晋商，深深感悟到“聪明人做小买卖，老实人做大买卖”的道理，“心朴而实”，诠释着“夫唯不争，故天下莫能与之争”的道理，创造了中国商界的奇迹。

②崇尚信义的文化传统

商道就是人道，这句话许多人都会讲，至于为什么会这样，却很难说得全面。其实，这是一种选择的结果。符合事物发展的逻辑，与环境匹配度高的，就会被留下来，否则就会被淘汰。做生意讲诚信是一种理性选择，是经济人利润最大化的试错与积累的结果；反之，违背这个原则，就会招致失败。所以，诚信是选择的结果，这样的认同会固化为规律。勤奋自强、守信重义的文化特征，是晋商的价值取向，是商业行为理性选择的关键因素。

（2）晋商精神

①商贾笃行、君子务本

“君子务本，本立而道生”。可见，商人务本，就会悟道，就会传承积淀商道。晋商的巨大成功与晋商努力自强的精神风格是分不开的。晋商超越传统价值观所带来的心理压力，坦荡自信地宣称“商贾即其本业”，努力自强，锐意进取。

②自强不息、开拓进取

由于曾经的山西地瘠民贫，人们外出经商是谋生的出路。早在明代，地少人多的生存危机就集中凸显出来。晋商致富既非凭借丰裕的自然物产，也非祖辈的世袭遗赠，他们的成功无一不是靠着积极进取的创业精神。晋商曾经创造了令世人叹为观止的商业奇迹，然而辉煌背后的悲苦艰辛则是鲜为人知的。

③崇商敬业、矢志不渝

为了实现自己的理想，山西商人崇商敬业，矢志不渝，无怨无悔。以票号里的小伙计为例，他们虽然身份低微，但只要吃苦敬业，就有可能“顶身股”，甚至成为统领全号、受人尊重的掌柜。出于对美好生活的渴望和自我价值的实现，伙计们大都非常勤奋。按照晋商的惯例，学徒通常在十五六岁时跟随他人至数千里外学做生意，初次十年才能回一次家，以至于回家后少年夫妻很多不相识，之后虽然间隔时间变短，但一般仍需要五年。与此同时，几乎所有的晋商商号都规定号内人员外地就职不得携带家眷，不得在营业地结婚。所以，晋商的成功往往是以忍受长期的离别为代价的，作为商人的妻子，其承受的精神痛苦要比其他人大得多。

④汇通天下、管理创新

推动商业进步的除了技术原因外，还有管理创新。晋商管理票号很有经验，在管理上也有创新。票号经营对员工的品性要求很高，晋商以道德信义树立品牌，培养学徒时非常慎重。在具体的考察、培训方法上，山西票号总结出了一整套准则。商道即人道，没有忠诚可靠的人，再好的商业模式和业务也难以为继。

⑤诚以为人、无信不立

在商言商，能够号令天下的，一定不是商业技巧，而是超越技巧的道德，故以信义才能号令天下。“诚”即诚实，指人的一种真实不欺的品性和做人的原则，其根本要求是“真实无妄”，符合实际，没有虚言。“信”即守信，指道德主体在社会生活中与其他主体或社会整体交往时所表现出来的诚实不妄、遵守诺言的品质。“诚”与“信”相结合，其基本内涵为诚实不妄，恪守信用，是内诚与外信的统一。明清晋商坚持做人有德，经商有道，把崇信守义的价值立场植入鲜活的经营活动中，闪现出价值理性的光辉。

⑥货真价实、童叟无欺

诚信是晋商立身行事的根本。在他们看来，对待顾客、商家，无论大小，都应以诚相待；销售商品，决不能缺斤短两，而应货真价实，童叟无欺。就商家而言，尽可能迅速、尽可能多地将自己的产品销售给顾客，并追求尽可能多的利润是其根本意向；相反，以最小的代价获取最大的回报，从而实现个人效用的最大化是顾客的真正目标，双方可谓面对面的博弈。博弈过程中，矛盾的主导方是顾客，因为买与不买、买哪一家的、买多少，选择权在顾客手里。但是，如何解决这一矛盾的主动权却在商家手里。晋商在经营上把“信”作为根本原则，不惜折本亏损，也要保证信誉，赢得了消费者充分、广泛的信任。晋商用自己的成就证明了“小富靠智、大富靠德”的朴素道理。

⑦以义制利、利在长久

马克思说：“迄今为止人们奋斗所争取的一切，都同他们的利益有关”。为了获得满足个人需要的必需品，在任何时代，物质利益都是不可否认和忽视的客观存在。如何正确处理利益追求与伦理价值之间的冲突，正当、合法地获取经济利益，是商业伦理学的核心问题，也是中国传统文化的重要内容。在晋商看来，物质利益的获取往往成为其提升精神境界的手段和基础，为其所珍视的一切价值提供实现的可能性。所以，义利关系在晋商这里不单纯是物质利益和伦理道德的关系，还与晋商对生命意义的追寻、对人生理想的探求和个人的内在超越紧密相联。在他们看来，求利是人性的必然，但义高于利，义应是人们更高层次的追求。所以，应当坚持道义重于功利，从道义出发，在道义的指导下求利，使求义成为求利的最终目的。

### 4.1.4 粤商商道

(1) 概述

狭义的粤商指广府商帮，广义的粤商则包括广州帮、潮州帮、海陆丰帮、客家帮以及其余广东各地的商帮。粤商的发展不仅对广东经济具有深远影响，而且对全国经济的发展与社会进步产生了不可估量的影响。广东地理位置特殊，毗邻东南亚、中国香港、中国台湾，是中国改革开放的前沿，是国外的先进技术和设备进入我国的窗口。粤商为人低调，对外界的变化比较敏感，勤勉务实是他们的性格特点。自古以来尤其是近代受到资本主义发展的影响，粤商在推动中国工商业发展及社会进步方面一直扮演着重要角色。

粤商的成长、成名是一个自然的过程，是资源条件与经济社会发展相结合的结果。粤商从事对外贸易活动历史悠久，著名的“海上丝绸之路”在汉代就有了，其航程可以延伸到东南亚各地，远到印度洋彼岸。“海上丝绸之路”的起点在三国时期就落户广州，经过魏晋、唐宋至明清的发展，政府意识到必须对贸易活动进行管理，于是不断完善管理模式与策略，管理组织机构的设置不断优化，有关政策、法规也逐步完备，外贸发展不断发挥良性作用，已经在国民经济中占有重要地位。汉武帝元鼎六年，南粤有九郡，汉武帝派遣“驿长”率领应募者，到达印度半岛东海岸的黄支国（今印度），在那里交换货物。这是较早的一次对外贸易。此后，外国的商船也到广东开展贸易。公元166年，中国始同罗马帝国开展海外贸易，其模式是以印度为中介。公元226年，罗马商人取道到建业拜见孙权，介绍了海外情况，表示要与中国通商；同年，孙权派人前往越南中部、柬埔寨和马来半岛等地访问，与东南亚等地建立了商贸联系。东晋末年，狮子国（今斯里兰卡）使臣经10年的艰辛跋涉，首航广州向东晋皇帝朝贡，这间接说明了当时中国的影响力。隋炀帝时设立外贸、外事专职机构“四方馆”，这是中国历史上首次设置外贸、外事机构。到唐代，广州港已经可以容纳船舶千艘，朝廷在广州设置了市舶使，这是中国最早掌管海外贸易的官职；开辟的航线长达14 000公里，由广州通向西方的航线是当时世界上最长的航线。宋元时期，海上丝绸之路空前繁荣，“广州富庶天下闻”，官方实行开放政策，还允许私人出海贸易，鼓励外国商贾来中国进行贸易，此时广州已成为中国对外贸易第一大港。

粤商中有一支重要的商人，是潮商，需要介绍一下。潮商指的是：“潮汕商人，又称潮汕商帮，区域为广东潮州府潮州八邑（即今汕头、潮州、揭阳三市和丰顺县等潮汕地区）的商人和商帮。”地理环境对人的性格具有重要的影响，一方水土养一方人，当地资源决定着生产与生活方式，从而在长期的生产实践中塑造了具有明显区域特色的文化。由于潮州地理环境比较特殊，商贸经济活动有着悠久的历史，对外经济贸易的发展，造就了潮州人敢于开拓、敢于冒险的个性。宋朝潮州对外交往更趋频繁，当时笔架山窑是潮州著名的陶瓷窑，远销东南亚一些国家。经过宋代发展，造船业到明朝时已很发达，大大地促进了海运的发展。生产力发展的重要标志就是生产工具的发展，随着商品生产日益发展，生产关系也要适应生产力的状况，资本主义不以人的意志为转移，开始取代封建主义制度，已经在中国开始萌芽。尽管明朝政府延续不开放政策，实行的海禁政策非常严厉，但是私商贸易却仍日趋频繁。可见，无非是有利可图。随着贸易不断发展以及资本主义经济发展，明朝政府也意识到严厉的海禁弊多利少，于是，1567年明朝政府取消了海禁，这是潮汕商人的好机会，沿海地区商人抓住此良机，集资造船出海贸易。

2 000多年来，广州作为历史商都，在商贸活动中，发挥着重要作用。改革开放40年来，广州的快速发展引起世人瞩目，不论是生产领域，还是消费潮流，尤其市场经济效率意识领先全国，广货在款式、技术含量等方面也领先全国。目前，广州已经成为中国的一线城市，在消费方面，吸引了世界眼球，已成为真正的“购物天堂”。作为进出口商品交易会所在地更发挥着商业辐射作用，具有世界级影响力。

（2）粤商精神

①敢为天下先

早期的粤商以十三行在商界最为突出、最为有名，以从事贸易和运输为主业。诚信品质与勤奋精神的文化积淀，是促进粤商自身进步与区域经济社会发展的重要基础。据史载，唐代就有广东商人到海外做生意。到了近代，中国开始介入国际经济的分工与合作，成为世界工厂。改革开放以来，粤商在管理创新、技术创新等方面有突破，取得了先发优势，实现了跨越式发展。20世纪八九十年代，深圳、东莞等城市采取灵活多样的合作形式，积极参与国际经济分工，以农村的廉价剩余劳动力和廉价的未开发土地参加国际市场。珠江西岸的广州、顺德等城市将国外先进技术及时尚消费品引进来。改革开放政策及珠江东西两翼的合力，使得经济在全国领先，推动区域经济发展，也是中国经济的催化剂。粤商人以开放的心态，笑迎三江客，广纳四海财，粤商延续了当年广州十三行的商业精神敢为天下先，这种精神进一步推进了区域经济社会发展。

②精明实干

“精神创造经济奇迹”是法国著名学者佩雷菲特（Peyrefitte）的著名论断。比起资本、劳动、技术这些生产要素而言，精神是最本质、最长久、最基础的。在广东商人的意识中，机不可失的观念特别强。全球经济一体化进程加快，网络信息化日新月异，企业融入一体化、网络化已经是别无选择，要么商务，要么无商可务。为此，企业不仅要紧跟潮流，更要引导潮流，否则，难以适应未来全球竞争的挑战。志高空调董事长李兴浩原是卖冰棍起家，后来创业涉及制衣、塑料、金融投资、医疗器械、电子电器、五金、移动多媒体等领域。东莞粤晖园庾炳桂董事长以他40多年丰富的建筑经验，鼎力回报家乡，造福乡里，建成的具有岭南特色的粤晖园，进一步加快了地方旅游产业的发展，其也连续三年荣登福布斯富豪榜。

③勇于创新

有胆有识，勇于开拓，大胆创新，这是历史商业文化的基因，这也是岭南特有文化的一种表现。地方文化对商业精神具有潜在的影响。讲求平等，等价交换渗透岭南社会的各个层面。强调实干精神是粤商的传统之一，天道酬勤，他们踏踏实实、勤勤恳恳地做好每一项工作，不断地为客户创造价值，持续进行商业模式创新。信息技术革命带来了无穷尽的商业机会，要对人的创意和人的潜能进行有效激发。互联网经济背景下，新粤商精神应该是创新。创新是新智能时代的竞争法宝。

④新粤商精神

随着时代的发展，广东商人要与时俱进，为此，要大力弘扬新粤商精神。要传承本来，吸收外来，展望未来，是新粤商持续发展的保障。为此，吸收传统精华，融合时代精神，是支撑粤商进一步发展的精神支柱。诚信，是粤商一如既往的本质。效率，是粤商快速稳定发展的法宝。机不可失、时不我待的观念在商场激烈的竞争中占有一席之地，新粤商抢抓机遇，不断创新是他们的精神品质。只有通过创新，向产业链的上下游不断延伸，才能全面推动粗放型经济增长向集约型经济增长转变，以实现质的飞跃。

## 4.2 关于商道的文献研究——基于中国知网的分析

### 4.2.1 概念释义

（1）中国企业

按照我国的法律，凡是在中国注册的企业，都是“中国企业”，包括本土企业、三资企业、港澳台企业。据此，所有中资企业在境外的分支机构，也当然属于“中国企业”。按照政治标准，港澳台企业也是“中国企业”。资本是可以无国界的，企业也可以无国界，为此，按照企业本位论，企业是资本属地化的表现形式。资本是流动的，一些企业很难说属于哪一个国家。比如，欧美国家中有很多企业都是跨国企业，从企业自身角度出发，它不想被国家归属所束缚（知乎）。

（2）道的释义

运动是物质的运动，运动是绝对的，是可知的，是有规律的运动。万事万物运行的内在规律就是道，道法自然，自然即道。

“老君曰：大道无形，生育天地；大道无情，运行日月；大道无名，长养万物；吾不知其名，强名曰道。”宇宙运行有规律，这些规律不受时空的限制。道是宇宙最根本的力，它无时无处不在。它超越时空，既在变又不变。如果说一定有规律，则“大道至简”。人脑是意识的器官，对客观世界具有能动的反应，大千世界的规律需要人类去探索，去认知。“道”具有隐蔽性、无限性。“道”是宇宙万物的始基，是万物之母，是天地之始。它不能被言说，也不可被命名。“道可道，非常道；名可名，非常名。无名天地之始，有名万物之母。”（李聃，2018）简而言之，道的本质是天地自然之理。老子把道作为产生并决定世界万物的最高实在，“道生一，一生二，二生三，三生万物”（李聃，2018）。除了自然之道外，老子之道还在分析人生、获取知识方面给出了基本原则与方法。

“推天道以明人事”（宋锡同和胡东东，2011），为人有“处世之道”，生活有“养生之道”，企业有管理之道，经商有生财之道。可见，“道”与人生关系之密切。生活之道，无处不在，犹如鱼在水中，而不知水之存在一样。宇宙、万物、人类之“大道”无所不在。客观实在的人应当明道、守道、得道，得道不失，生活事业方可“长存”。

（3）商道的内涵及其相关研究

“商道”是经商之方法，是经商之学问，是经商之道义。今天的商业远远超过古人的认知，所有生产经营活动统称为商业活动。

有人认为，商道即人道，是选人、育人、用人、成人之美。

可见，商道既是人道、“道义”，又是技巧，即“道”与“术”之统一。

侯隽（2018）在《企业家缅怀金庸：侠道亦商道》一文中指出：“道的方面包括：侠客精神；企业家精神；利他、冒险、信守承诺；说真话；公正与善良；忧国奉公的民族情怀。术的方面主要包括：通过妙笔生花与曲折离奇的写作来赚钱与谋生。”

王雷（2018）在《从“康百万”与〈商道〉论中韩士商内在精神的同质性》一文中指出：“道的方面包括：造物忌盈的家族精神；加强道德自律；‘留余’传家；商道济世、乐善好施；勇担社会责任；诚信为本；义利并举。术的方面包括：构建融洽的官商关系，互通商品信息有无，捕捉漕运等商机，以贸易获取利润。”

王运启（2018）认为：“商圣白圭的商道可以概括为：节衣缩食，同甘共苦，关心下属，重视团队。商人要具有的素质包括：‘智、勇、仁、强’，要有魄力、有智慧，讲道德，能坚持，有不服输的精神。术的方面主要包括：乐观时变、兵贵神速，人弃我取，人取我予，先‘待乏’后出售，薄利多销，积累长远。”

黎红雷（2017）认为：“儒家商道是：教以人伦，天下一家，实施德治方有五福，即好德、康宁、富贵、长寿、善终。儒家奉行以‘利他主义’为基础的义利观，诚信为本，正己正人，树立善行天下的企业责任意识。术的方面是实施教化，培养与时俱进的企业战略思维。”

兰宗荣（2018）认为：“商道是经商之道，包含经商的原则、方法、规律、道义、经验和艺术等。经商增殖财富是天经地义之举，应以义制利，用道德伦理规范商人的行为，避免不择手段的逐利行为，以市场杠杆平抑物价，奉行质价相符的诚信理念，重视货币流通，保护商贾，政府要营造良好的营商环境，不要与民争利。”

崔伟等（2014）对计然的“贵流通”“尚平均”“戒滞停”等七策进行了阐述，并用需求决定与经济周期论、价格调控论、实物价值论、物极必反论和资金周转论等来解释。

王雪艳（2017）在《论成语里的商道》一文中指出：“反映经营之道的成语有审时度势、捷足先登、当机立断、出奇制胜、舍金求玉、本小利微、本大利宽、借鸡生蛋、开源节流、借冕播誉等。反映为人之道的成语有和睦相处；和衷共济；以义制利、童叟无欺、市不二价、货真价实、乐善好施等。”

伊凯（2007）认为，乔致庸讲究“忠、信、礼、孝”，以儒家文化为家学并将其贯彻在他的经商理念之中。他首要的主张是重信，其次是重义，最后才重利，而且认为经商要戒骄、戒贪、戒懒，应修身养德、与人为善、乐善好施。其经营之道是“货通天下、汇通天下”。

阳戴遥（2007）认为：“商道即人道。营销的实质就是需求管理，就是围绕人来做文章，圈人、维人、为人为三个层次。为人强调自己的原则、道德底线，就是什么能做，什么不能做，一定要恪守自己的原则，砥砺自己的品行。”

刘成顺（2008）认为：“人道是决定成功的主要因素，是决定人际关系的关键因素。商道即人道，人道决定商道。商人做人，就是要做遵守商业规则的人，在商言商；做事，就是做人事。成功的商人要知道回报社会，优秀的境界是成功人士的道德水准。成功的公式是：成功=85%的人际关系+15%的专业技能。”

李幼杰（2014）以江苏扬安集团有限公司为例，阐述了如何打造儒商型企业。他提出，应该从传统儒家文化中汲取有益的内容，并将其与具体的经营结合起来，进而逐渐形成特有的企业文化。其主要内容是：其一，舍义取利的财富观：保护好广大职工的根本利益；勇于担当社会责任；自觉接受公共道德和社会规范的约束。其二，以和为贵的管理观：需要兼顾各方利益；需要强化职工的归属感；广泛吸引外部人才。其三，奋发有为的事业观：提倡仁者爱人、宽容忠恕，做人要积极进取。

下面从“道”和“术”两个方面整理中国知网关于中国商道研究的部分文章，见表4-1。

表4-1　中国知网中关于商道研究部分文章的分析表

| 作者及作品 | 道 | 术 | 备注 |
| --- | --- | --- | --- |
| 侯隽. 企业家缅怀金庸：侠道亦商道［J］. 中国经济周刊，2018（11）：46-48 | 侠客精神<br>企业家精神<br>精神导师<br>利他、冒险、信守承诺<br>说真话<br>公正与善良<br>爱国奉公的民族情怀 | 赚钱与谋生<br>妙笔生花（写作赚钱）<br>曲折离奇 | 侠道亦商道 |
| 王雷. 从“康百万”与《商道》论中韩士商内在精神的同质性［J］. 三峡大学学报（人文社会科学版），2018（7）：103-105 | 家族精神<br>“留余匾”，匾文如下：留耕道人的《四留铭》云：“留有余，不尽之巧以还造化；留有余，不尽之禄以还朝廷；留有余，不尽之财以还百姓；留有余，不尽之福以还子孙。”<br>造物忌盈<br>道德自律<br>“留余”传家<br>商道济世、乐善好施<br>勇担社会责任<br>诚信为本、义利并举 | 商品互通有无的信息<br>捕捉到了商机<br>人脉关系网<br>贸易往来均有利润<br>漕运的商机<br>“跑得稳，装得多”，因而被称作“太平船”。每次通过“太平船”运回康家的银子都以万两来计，“康百万”的名号也由此而得<br>军需供应权 | 林尚沃用一生的从商之道告诫后人：“商道即人道”，并且道出了“财上平如水，人中直似衡”的感悟。这句话的意思是说：“对待财物要公平如水，做人要正直如秤。也就是说，在商务活动中要放弃贪婪之欲，奉行正直之德，也就是商道。”造物忌盈其实是参与商业主体之利益平衡，不仅要考虑当下，也要考虑未来，以求可持续发展 |
| 王运启. “商圣白圭”的商道智慧［J］. 农经，2018（2）：72-75 | “能薄饮食，忍嗜欲，节衣服，与用事僮仆同苦乐”<br>关心下属，重视团队<br>商人素质：“智、勇、仁、强”，要有智慧、有魄力，讲道德，能坚持，有不服输的精神 | 乐观时变、兵贵神速<br>人弃我取，人取我予<br>先“待乏”后出售<br>薄利多销，积累长远 | 宋真宗曾封白圭为“商圣”。战国时期，社会经济制度改革进一步深入，社会发生了巨大的变化，新兴的封建地主制先后在各国确立。由于生产力的迅速提高，商品数量增加，人们的消费能力也迅速提升。同时，战争改变了交通阻塞、市场分割的情况。这些因素都促进了商业的发展，大批巨商出现，白圭就是其中最为著名的一个。白圭并非纸上谈兵之人，他有相对比较完整的商业理论体系 |

续表

| 作者及作品 | 道 | 术 | 备注 |
|---|---|---|---|
| 黎红雷. 儒家商道与当代企业儒学的开拓［J］. 齐鲁学刊，2017（11）：12-16 | 天下一家<br>教以人伦<br>中国传统文化以“五福”（长寿、富贵、康宁、好德、善终）作为人生圆满的最高追求。而“五福”里面最重要的一点就是“好德”，德行是因，长寿、富贵、康宁、善终都是果，有因才有果<br>“德治”是儒家管理哲学的基本原则<br>服膺儒学的当代中国企业家，基于儒家的义利观，以“利他主义”为基础，形成了自己的经营哲学<br>诚信为本的企业品牌观念<br>正己正人的企业领导方式<br>善行天下的企业责任意识 | 教化<br>与时俱进的企业战略思维 | |
| 兰宗荣. 朱子商道及其对闽商的影响［J］. 福建江夏学院学报，2018（6）：67-72 | 经商增值财富是天经地义之举<br>经济之学，以义制利，用道德伦理规范商人的行为，避免不择手段的逐利行为<br>以市场杠杆平抑物价，奉行质价相符的诚信理念，重视货币流通，保护商贾。政府要营造良好的营商环境，不要与民争利<br>闽商崇尚儒德、敢于拼搏 | 经营“文字钱”，重视版权和图书出版质量，并主张用商业手段办社仓<br>刻书公私分明。虽在多地任过要职，但其刻书经费均出于己资 | 所谓文字钱，是朱子为人撰文所得酬劳金和刻书售书之利润，相当于现在的撰稿费、润笔资、稿酬、书款，是朱子经济收入的来源之一 |
| 崔伟，郑学超，张世超. 从“计然之策”透出的商道［J］. 商业文化，2014（9）：74 | | 对计然“贵流通”“尚平均”“戒滞停”等七策进行了阐述，并用需求决定与经济周期论、价格调控论、实物价值论、物极必反论和资金周转论等来解释 | |
| 王雪艳. 论成语里的商道［J］. 现代商业，2017（3）：156-157 | 为人之道：和睦相处、和衷共济、以义制利、童叟无欺、市不二价、货真价实、乐善好施 | 经营之道：审时度势、捷足先登、当机立断、出奇制胜、舍金求玉、本小利微、本大利宽、借鸡生蛋、开源节流、借冕播誉 | |

续表

| 作者及作品 | 道 | 术 | 备注 |
|---|---|---|---|
| 阳戴遥．浅析商道即人道的三种境界［J］．企业家天地，2007（10）：157 | 商道即人道<br>营销的实质就是需求管理，就是围绕人来做文章<br>圈人、维人、为人。所谓维人，即建立一种基本长期稳定的关系，不是简单的买卖关系或朋友、伙伴关系等。通过这种内在吸引力，吸引客户竞相与其合作，真正实现共存共荣、和谐双赢。这种“维人”境界讲的不仅仅是成功推销产品，更重要的是成功地推销自己<br>“为人”强调自己的原则、道德底线，就是什么能做，什么不能做，一定要恪守自己的原则，砥砺自己的品行 | “圈一个，宰一个”的销售学，是一种营销近视 | |
| 伊凯．乔致庸的家学与商道［J］．中国检验检疫，2007（11）：60 | 乔致庸以儒家文化为家学，讲究“忠、信、礼、孝”，并将其贯彻在他的经商理念之中。他首要的主张是重信，其次是重义，最后才是重利，而且认为经商还要戒懒、戒骄、戒贪；要修身养德、与人为善、乐善好施 | “货通天下、汇通天下”的经营之道 | |
| 刘成顺．人道决定商道［J］．招商周刊，2008（2）：49 | 人道是决定人际关系的主要因素，是决定能否成功的主要因素<br>商道即人道，人道决定商道。企业老板可以分成几个层次：生意人、商人、企业家。商人走过的道路以及由这条道路所衍生出的轨迹，被称为商道。“道”不仅是道路本身，更是在走这条道时所发生的一切演变、沉淀、规则等。在商言商，商人做人，要做遵守商业规则的人；做事，要做人事 | | 成功公式：成功=85%的人际关系+15%的专业技能 |
| 李幼杰．商道亦儒——打造儒商型企业道路上的体会［J］．安装，2014（10）：12-15 | “舍义取利”的财富观<br>“以和为贵”的管理观<br>“奋发有为”的事业观 | 首先，要维护广大职工的根本利益。其次，企业之“义”表现为对社会责任的担当。最后，企业守“义”表现为自觉接受公共道德和社会规范的约束<br>企业之和主要源自三个方面：一是班子团结；二是相信群众；三是始终保持感恩之心<br>儒家文化提倡仁者爱人、宽容忠恕；同时儒家文化也告诉我们，做人要积极进取 | 从儒家文化的传统中汲取养分，并逐步形成特有的企业文化 |

通过内容分析与词频统计，以上文献统计表中有关“道”的词频统计如下：人29个，商21个，道21个，利12个，德11个，义9个，信6个，和4个，诚3个（如图4-1所示）。

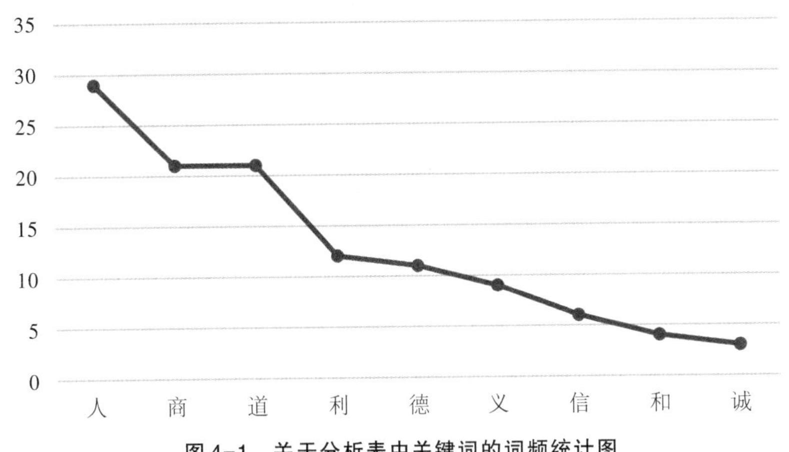


**图4-1　关于分析表中关键词的词频统计图**

通过语义分析，可以归纳得出：“责任6个，诚信6个，伦理5个，义利5个，人道5个，善行4个，和睦4个，勤毅4个，利益平衡3个。”

可见，企业要尽到社会责任，诚信经营，注重弘扬中华优秀传统文化；做生意就是做人，要以义制利，以和为贵，与人为善，坚持勤俭持家，毅以处事，处理好国家、社会、客户与企业之间的利益关系。

总结：通过语义分析商道之术，密切注意市场的变化，收集信息，捕捉商机，当机立断，灵活处理，奇正结合，培养忠诚客户。

## 4.3　关于商道的文献研究——基于22本专著的内容分析

### 4.3.1　关于“商道”内涵及其释义的简述

在全国图书馆参考咨询联盟（http：//www.ucdrs.superlib.net/）中输入书名“商道”，按照“中文搜索”来检索，共找到与商道相关的中文图书347种（2021年12月15日），排在前面的书籍，与商道内容的匹配度高。通览摘要后，筛选出与中国企业商道精神或中国情境下的商道精神研究内容相关度高的专著或著作22本。为了更好地对这些作品进行研究，我们采取了扎根理论的研究方法，力图探求中国商道中“道”与“术”的基本内容。同时，我们采用了比较分析、统计分析等文献研究的分析技术，通过对资料的整理与分析，采取归纳法，试图归纳出中国企业或中国情境下商道精神的基本内容，为研究中国企业商业模式创新的“道”与“术”做铺垫。

商，是商业、经商的意思。商业是指“以买卖方式使商品流通的经济活动”，包括线上与线下。商业亦指“以营利为目的，以独资或合伙方式经营的事业”。可见，狭义的商业是指从事商品流通活动，广义的商业是指生产经营活动。本书采取广义的商业概念，既包括商贸流通业，也包括制造业等经济领域。

道，是根本、本原、宗旨的意思。“商”“道”连起来就是经商的本原、根本、宗旨。要探求这一根本，还要知道事物的始终，要分析商业利润产生的事理逻辑。所谓逻辑，《中国大百科全书·哲学卷》（《中国大百科全书》编委会编，2015）的定义是，“一门以推理形式为主要研究对象的科学”。从字面上理解，商道逻辑就是经商本质的推理，商道的本原是为客户创造价值，而不是企业利润，更不是以利润大小为唯一准则。因此，商道逻辑就是客户价值实现的逻辑。

德鲁克（Drucker）指出，企业为客户提供产品或服务，为客户创造价值，而不仅仅是为了利润最大化。当然，这也不意味着利润和盈利能力不重要。盈利能力是企业经营活动的一个限制因素，是企业存续的必要条件。从这个意义上讲，不断为客户创造价值是企业生存的唯一理由，所以，企业可持续发展源于对客户价值的不懈追求。由于客户的需求总是比企业给予的更多，且这种需求还在随时变化，因此，企业所能满足的客户需求总是有限的，所能实现的客户价值也是有限的。在供过于求、同质化竞争激烈的当代，追求客户价值最大化才是企业摆脱同质化竞争的唯一法门。“最大化”不是绝对的，而是相对的，因此，企业追求客户价值最大化是一种永不停止的行为。商道逻辑是解决企业所有问题的纲，纲举才能目张。企业经营有“道、法、术、器”四个层面。客户价值就是“道”，是企业经营的最高境界。如果企业局限于“法、术、器”的小圈子里，就会像迷失的羔羊，很难找到出路。企业只有站在“道”的高度才会豁然发现，认知高度决定思路，思路决定出路。

只有找到思路，学会解决问题的方法，所学的知识才有价值。让我们放弃对“法、术、器”的孜孜追求，重新恢复对客户、对消费者的敬畏之心，把企业的成长之根深深地植于客户价值之中。只有这样，我们的企业才能根深叶茂、基业长青。（李振勇，2009）

中国有自己独特的地域特征、文化特征与人文特征，这就必然使经商具有文化、地域特色。中国的企业经营、管理存在着鲜明的地域、民族和文化特色。无数的事实证明，企业经营只有和当地的风土人情结合在一起，其效力才能长久，毕竟合适的才是最好的。（都明明，2006）

商道是一种精神，是一种文化艺术享受，是一种哲学。李嘉诚说：“我首先是人，然后才是商人。”经济学家茅于轼说：“财富并不是我们追求的最终目标，快乐或者幸福才是最终目标，财富只不过是得到快乐的渠道之一。况且有时财富不仅没有使人快乐，反而使人陷入痛苦……”人道最集中的体现就是人文关怀和社会责任感，人道也是商场如战场的当今市场经济大潮中最温情脉脉的一面，是在残酷的竞争及冰冷的思索中最温暖、最人性的一笔。为此，商道中的人道思想提倡的是以义取利、以利济世、以和为贵、以儒兴商的精神；塑造的是仁爱立人、见利思义、讲信修睦、乐于施善的人格；品味的是博学儒雅、亦文亦商、以商养儒、以儒促商的生活；奉行的是重守诚信、谋利有度、宽厚圆融、内圣外王的经商之道。

商道与人道是一致的，经营企业与经营人生能够合二为一当为至高境界。经营人生，就是要珍惜生命的每一分钟，负责任地投入，并且觉得投入是值得的。同时，提高生命的品质，证明人生的意义，把人生当作最高事业来经营，把奉献当作最高价值来实践。商道也体现了一种顽强不息、孜孜以求的精神。如晋商万里漂泊、艰苦创业，还有固守贾儒结合、骆驼和牛精神的徽商，以及从小事做起的粤商……他们是中华商

业博大精深的人文内涵的体现，也让所有的人明白了对生活积淀的感悟才是商文化的重要内涵。(洪钊，2009)

“道”在中国传统哲学范畴系统中是一个核心，可以被认为是一个普遍联系的信息系统，或是一个场，具有多层次的整体结构。我们可以用多学科立体透视的方法来探索“道”：从科学角度看，道是宇宙大爆炸从无生有的创造过程，道与宇宙的真空量子场是比较接近的概念；从文学角度看，道是中华民族的最高文化精神；从宗教学角度看，道是自然性的神。著名哲学家张岱年教授说：“中国古典哲学的最高范畴是‘道’，为天地万物的本体，这是理论思维的一次巨大的跃进。”德国哲学家黑格尔说：“明白道的本原就掌握了全部的普遍科学、普遍的良药，以及道德。”鲁迅先生说：“中国根柢全在道教……不读《道德经》就不懂中国文化。”武汉大学宫哲兵教授认为：道是“天地之始、万物之母，即宇宙本根”。老子哲学不是唯物论，也不是唯心论，是“唯道是从”的唯道论。其认为道唯一，道最高，道高于天，道先于帝。万有唯道所生，万有唯道所成，道在万有之中，万有唯道所主。中国道教协会原会长任法融讲：“道既不是物质，也不是思虑的精神，更不是理性的规律，而是造成这一切的无形无象、至虚至灵的宇宙本根。物质、精神、规律皆是道的派生物。”可见，道可道，非常道。道是一个蕴含很深的范畴。从根本上讲，道是宇宙生命的本体和根源，是万物生化的动力和规律，是永恒终极的存在。从某种意义上讲，道是语言所不能确切表达的客观实在，是可知而难以言说的，体之于身而知道，修之于身而明德，进行悟道和修行，才能体悟“道”的真实本意。简言之，道不仅是宇宙万物生成的本源，同时还是宇宙万物运行的总规律。(宋吴臻，2011)

作为一名优秀的企业领导者，应该深谙如何将西方管理工具与中国传统文化有机结合，形成中国本土的管理模式。曾明彬（2011）认为，用学术的语言来说，“道”（理念、文化、智慧、艺术等）与“术”（规章、制度、流程、模型、工具等）的结合，方是企业善治之道；领导者只有有效地将“道”与“术”进行有机平衡，方能实现从“优秀走向卓越”。

一阴一阳之谓道，这是对经商之道、为人处世之道、齐家治国之道最玄的解释，真可谓一切皆有道。道就是方式、方法、技巧、世界观。道是一种艺术。经商之道就是变化、创新。什么是易道?《周易》、《易传》和易学的核心就是易道。易道就是变化之道。学道，靠悟。万物皆变，唯变不变!《周易》认为一切皆有道，道无所不在，你要用眼看、用手做、用心悟，才有所得。《周易》认为世有太极之道，有天、地、人三才之道，有四象六合之道，有五行之道，有八宫六十四卦之道。总之，道无所不包。(刘有为和谭志浩，2014)

商道就是要注重做人，生意网络结构中需要通过关系管理来强化自组织。"自组织、网络结构以及关系管理是解开中国管理本质之谜最主要的钥匙。而这把钥匙可以追本溯源到中庸之道。人的七情六欲未发之时就无所偏倚，谓之中，是道之本；人情发出去时又不离天理，谓之和；是道之用，能把中和推于极致，则天地万物各安其分，生生不息。"(罗家德，2011)

老子以水比喻圣人之道，认为圣人的最高德性应如水一样，只要能做到"善利万物而不争，处众人之所恶"，就可以达到"几（接近）于道"的圣人境界。中国商人的理想境界应是"首重信，次讲义，第三才是利"(葛荣晋，2011)。

"刻苦、努力、节俭。王永庆的发迹过程，正是这六个字的最佳见证。"(郭泰，2003) 当然，这六个字还不能完全涵盖王永庆的商道，因为一个成功商人的商道，既有道德品质的内容，也有经商技巧方面的内容。

### 4.3.2 关于中国商道的内容分析

对于22本有关中国商道的图书，可以从宏观、中观及微观的角度进行划分，划分的依据是书目所涉及的范畴。从区域看，如果从整体区域来分析，视为宏观，如写中国十大商帮的图书；如果分别从东、中、西部来分析，视为中观，如写中国部分商帮的图书；如果从商人个体的角度来写，视为微观。具体到一个成功的商人，关于道德素质、心理素质等软实力的称为"道"，而涉及经营、管理、营销、理财等硬技术的称为“术”，如营销中的市场细分、目标市场选择、竞争战略的选择、人力资源的管理等。依此划分，便于总结、提炼一个成功企业或成功企业家、成功商人的素质层面及技术层面的核心要素。当然，也可以把软实力的“道”和硬技术的“术”统称为“道”，为了研究方便，本研究把“道”和“术”加以区别。详见表4-2。

表4-2 关于22本图书的中国商道内容分析统计表

| 书目及序号 | 宏观 | 中观 | 微观 | 道 | 术 |
| --- | --- | --- | --- | --- | --- |
| 1.曾明彬.平衡：中国商道的奥秘[M].广州：广东经济出版社，2011 | 提出了“阴阳与动态——平衡领导思维”的概念和理论，并从“权威与影响力——领导权力的平衡”“科学管理与人本领导——领导艺术的平衡”“忠诚与贤能——领导用人的平衡”“需求与激励——领导智慧的平衡”“中国组织中特有现象——领导平衡之道”五个方面阐述了中国人的平衡领导艺术 | | 从中庸、守中的视角进行分析，比较独特 | 理念、文化、智慧、艺术<br>做生意前先做人，以义取利 | 规章、制度、流程、模型、工具等 |

续表

| 书目及序号 | 宏观 | 中观 | 微观 | 道 | 术 |
| --- | --- | --- | --- | --- | --- |
| 2.张弛．胡雪岩商道[M]．北京：中国商业出版社，2014 | | | 胡雪岩之所以能成功，是因为他有独特的成事之道，有很多独特的成功方法：务实做事，注重用人，精于取舍，巧借外力，敢于冒险……在胡雪岩的身上，彰显的都是人生智慧的精华和打拼事业的制胜招法。当我们初涉职场时，一定要掌握打拼事业的智慧，运用胡雪岩给我们留下的成事招法。在做事时，要懂得谋划，懂得变通，懂得用策略……这样，在成功的道路上，我们就能多一把利器，轻松拥有事业与财富。我们要从心性、借势、用人、协作、冒险、胆识、处世等多角度，对胡雪岩成事之道的智慧做详尽的总结和剖析 | 成事之道<br>务实<br>人生智慧<br>心性<br>为人 | 成功方法<br>用人<br>巧用外力<br>敢于冒险<br>打拼<br>谋划<br>变通 |

续表

| 书目及序号 | 宏观 | 中观 | 微观 | 道 | 术 |
|---|---|---|---|---|---|
| 3. 陈海涛. 新商道：引爆生意的七种武器［M］. 天津：天津社会科学院出版社，2011 | “生意”并不局限于这两个字本身，它既包括企业的经营，也包括个人的成功运作。实证案例论述了如何在创业道路上获得成功，如何在各领域中立于不败之地<br>第一部分模式创新——发现生意上的蓝海<br>第二部分借鸡生蛋——生意的最高境界<br>第三部分四两拨千斤——高超的“轻资产”化运作<br>第四部分灵光闪现——让创意照亮生意<br>第五部分逆流而动——做一条向反方向游的鱼<br>第六部分只有偏执狂才能生存——做一个狂热而偏执的挑战者<br>第七部分精耕细作——做生意需要一种死磕 | | | “死磕”的精神 | 一个成功的商业模式不一定是技术上的突破，有可能是对某一个环节的改造，或是对原有模式的重组创新，甚至是对整个游戏规则的颠覆。商业模式的核心原则是指商业模式的内涵、特性，是对商业模式的延伸和丰富，是成功商业模式必须具备的属性。它包括八大原则：客户价值最大化原则、持续盈利原则、资源整合原则、融资有效性原则、组织管理高效率原则、创新原则、风险控制原则和合理避税原则<br>“轻资产”化运作创意打破常规 |

续表

| 书目及序号 | 宏观 | 中观 | 微观 | 道 | 术 |
|---|---|---|---|---|---|
| 4. 都明明．中国式商道：中国商人要学会用中国人自己的方式做生意［M］．南昌：江西人民出版社，2006 | | | 精选了从管理理念到经营细节的44条商道，并用通俗易懂的语言进行了深刻的论述 | 做生意本质上就是研究人的商道，即人道，欣赏别人<br>忠诚有时胜于能力<br>用好自己的核心班子<br>大成功靠团队<br>投资于人<br>利益均沾<br>外圆内方<br>良好的信誉<br>给对方足够面子<br>宰相肚里能撑船<br>冷静<br>谨慎行事 | 与时局共进<br>适应环境<br>生意机会<br>把握关键性细节<br>机不可失<br>盛时需警醒<br>优胜劣汰<br>眼光<br>供求关系<br>薄利多销<br>节省<br>宾至如归<br>竞争<br>舍弃<br>现金流<br>广告<br>品牌<br>经营模式要简单 |
| 5. 葛荣晋．老子的商道［M］．沈阳：辽宁人民出版社，2011 | | “天下熙熙皆为利来，天下攘攘皆为利往。”商人有精明的，也有狡猾的。聪明的商人开始从中国古典文化中寻找商业的意义。这是商业哲学的开始，是商人在探寻“商道” | | 上善若水<br>德性如水<br>“首重信，次讲义，第三才是利”<br>仁商<br>诚信<br>无为而“治”<br>光而不耀<br>低调做人<br>高调做事<br>宽容他人<br>自知<br>道法自然<br>乐善好施<br>厚道<br>方圆之道<br>大智若愚<br>难得糊涂<br>管理好自己<br>不言之教<br>顺其自然<br>儒商<br>道商<br>创新精神<br>道家智慧<br>圣人之道 | 知变则胜<br>在逆境中寻找生机<br>舍得之道<br>高调做事<br>办事灵活<br>示弱谋略<br>机智<br>在大事上有所为，小事上有所不为<br>在求贤上有所为，用贤上有所不为<br>用人之道，在于“处其位，得其宜”<br>竞争之妙即在“不争”之中创造 |

续表

| 书目及序号 | 宏观 | 中观 | 微观 | 道 | 术 |
| --- | --- | --- | --- | --- | --- |
| 6.郭泰．商道：中国经营之神王永庆商战实录（世纪版）[M]．北京：社会科学文献出版社，2003 | | | 从王永庆一生经商的经历来阐述他的经商之道。其记述了王永庆的生平事迹，介绍了他的成长历程、成功要素、教育子女的经验、对社会的回报，以及经营理念等，并收录了其答问录 | 读书有用<br>刻苦耐劳<br>勤劳是最重要的成功因素<br>先苦后甘<br>认清“辛苦”<br>毅力惊人<br>信守承诺<br>强大的气魄与力量<br>念旧不忘本<br>不算命、不打牌<br>孤单寂寞<br>率直犀利<br>坦诚得可爱<br>事必躬亲、一丝不苟<br>节俭朴实<br>身教最有效<br>回报社会 | 成本分析<br>唯效率是图<br>激发员工<br>经验<br>自己的力量<br>“秘诀”是骗人的东西<br>培养人才要靠人 |
| 7.洪钊．商道：中国商人哲学读本[M]．哈尔滨：哈尔滨出版社，2009 | 内容包括：拥有财富也需要境界——商人生存法则；用心来赚钱——激发经商的悟性；条条大路通罗马——跳出常规的经商路子等。其从哲学角度来分析中国商人的经商之道 | | | 商道精神本质上是一种人道精神<br>积累信誉、积累人心<br>快乐或者幸福才是最终目标<br>人道最集中的体现就是人文关怀和社会责任感<br>顽强不息、孜孜以求的精神<br>商人文化<br>人脉<br>左右逢源<br>创业精神<br>家族文化<br>继承者的品性<br>自强 | 生存是硬道理：商人的起源<br>金钱与情义同等重要<br>大事不糊涂<br>跳出常规<br>雄霸商界靠底蕴<br>机会就在身边<br>标新立异<br>在风险中淘金<br>用好社会资源<br>抓住机遇<br>把握时机<br>巧用广告<br>发展 |

续表

| 书目及序号 | 宏观 | 中观 | 微观 | 道 | 术 |
| --- | --- | --- | --- | --- | --- |
| 8. 胡雪岩，等. 中国商道：红顶商人胡雪岩经营处世谋略（经典珍藏版）[M]. 王秋平，评释. 北京：当代世界出版社，2005 | | | 这是一部研究经商处世谋略的书，其中有许多古人的经验之谈，为我们后人留下了非常宝贵的财富 | 做好生意必须先做好人<br>胡雪岩办义渡以仁立业<br>经营生意就是经营民心<br>君子爱财，取之有道<br>善的循环力量<br>诚实信义<br>善能养生<br>慧能致福 | “贱买贵卖”<br>“奇货可居”<br>“待价而沽”<br>“人弃我取，人取我与”<br>先发制人，抓住机遇<br>及时出手，反其道而行之<br>以退为进<br>以柔克刚<br>不拘一格选人才<br>用人不疑<br>竭力尽能<br>以情感人<br>人情练达<br>胸怀宽广<br>锲而不舍<br>精益求精 |
| 9. 黄绍筠. 商道流芳录：中国商业文化百例[M]. 杭州：浙江工商大学出版社，2013 | | | 通过100则充满传奇色彩的商人人生故事，大体反映了我国从西周至民国近3 000年的商业文化概貌，从中总结出商人从商应该具备的诚信、有社会责任感及勤俭苦干、不怕牺牲、团结群众、虚心好学等良好品德，倡导古代义商的道德风范，追求高尚的思想境界 | 救国<br>合伙传佳话<br>儒商功业<br>从商立德<br>商道仁术<br>兴国策略<br>捐家产<br>家训、名联<br>社会公益活动<br>为国货而奋斗 | 商业智谋<br>奇货可居<br>敢为人先<br>突破抑商禁令<br>改革官商体制<br>打通西域商路<br>商业情报网<br>抓商机<br>首创纸币“交子”<br>开拓海外商路<br>“六必居”创名牌<br>知识产权保护<br>首创中国金融票号 |

续表

| 书目及序号 | 宏观 | 中观 | 微观 | 道 | 术 |
|---|---|---|---|---|---|
| 10.李伯钦.中国商道：名商巨贾卷[M]. 沈阳：万卷出版公司，2005 | | | 选取了计然、范蠡、吕不韦、沈万三、乔致庸、雷履泰、胡雪岩等代表人物，对其经商之道进行分析 | 国家复兴<br>诚信行商<br>名商的风范<br>人格魅力<br>淡泊功名利禄<br>奋力博争<br>苦心经营<br>崇高威望和显赫地位<br>坚持不懈地经营实业 | 经营智慧<br>经商能力<br>醉心于实业和文化教育事业<br>利用政权谋取商业利益<br>银行缔造者 |
| 11.李伯钦.中国商道：商战奇谋卷[M]. 沈阳：万卷出版公司，2005 | | 第一章统筹全局<br>第二章广而告之<br>第三章巧定价格<br>第四章道德信誉<br>第五章情报信息，决策所依<br>第六章货源购入，商战基础<br>第七章妙术促销，无往不利<br>第八章得人者昌，失人者亡<br>第九章高屋建瓴，驾驭全局<br>第十章顺应潮流，多方造势 | | 道德信誉<br>重义轻利<br>商德至上<br>诚信为本<br>实现双赢<br>得人者昌，失人者亡<br>知人善任，礼贤下士 | 胸怀全局<br>目光远大<br>驾驭全局<br>宏观调控<br>慧眼独具，洞烛机先<br>看准时机，人弃我取<br>广而告之<br>定价之妙<br>信息决策<br>货源<br>妙术促销<br>品质出众<br>责任明确<br>赏罚有度 |

续表

| 书目及序号 | 宏观 | 中观 | 微观 | 道 | 术 |
| --- | --- | --- | --- | --- | --- |
| 12. 李文魁. 冯仑如是说：中国顶级 CEO 的商道真经［M］. 北京：中国经济出版社，2009 | | | 翔实记录并深入剖析了中国顶级企业家创业、创新的过程。他们的胆识、眼光和境界能成为后来者的榜样；他们所遇到的困境、遭遇过的坎坷、付出的代价能成为后来者的经验借鉴 | 创业者的毅力、品质、价值观<br>大道理是高瞻远瞩、任劳任怨、敢于负责任<br>整个过程没有一件快乐的事情<br>第一，看别人看不见的地方；第二，算别人算不清的账；第三，做别人不做的事情 | 改变民营企业家的“江湖习气”和“家族作风”<br>公司死了，管理还活着<br>管理的道理不是全部都能讲清楚<br>企业战略、价值观、文化、人才……这些事我来做<br>不要相信我，要相信制度<br>人人都是人才<br>创新才是决胜的关键<br>品牌是结果而不是原因<br>学先进，是为了自己成为先进 |
| 13. 李玉舒. 李嘉诚如是说：中国教父级企业家的商道智慧与管理真经［M］. 北京：中国经济出版社，2010 | | | 只有少数企业家能够从艰苦的童年开始，克服种种挑战而成功<br>李嘉诚，华人商界最响亮的名字，是我们这个时代最具神话色彩的财富巨人 | 不断挑战自我，永不放弃学习<br>人生韬略<br>待人诚恳，对自己的名声也十分看重<br>个人品行<br>奋斗精神<br>不断创造新纪录<br>勤奋、节俭、有毅力、肯求知，善于建立良好的人际关系<br>利润大家分享<br>最好的担保人就是自己<br>信誉：价值无限的资产<br>以“诚”待人<br>谦虚是知识之源<br>顾及对方的利益<br>止惰和守勤 | 经商哲学<br>多元化投资的目的是避险<br>用人要看他的忠诚度和可靠程度<br>知人善任<br>自我管理是一项重大责任<br>在稳健与进取中取得平衡<br>低潮时做重大投资<br>没有傲心但有傲骨的团队<br>将新思维与传统中和<br>给孩子磨砺的机会<br>稳健才是李嘉诚成功的法宝 |

续表

| 书目及序号 | 宏观 | 中观 | 微观 | 道 | 术 |
| --- | --- | --- | --- | --- | --- |
| 14. 李振勇. 商道逻辑：成功商业模式设计指南[M]. 北京：中国水利水电出版社，2009 | 只有把能使企业运行的内外各要素整合起来，才能形成一个完整的、利益相关的、高效率的、具有独特核心竞争力的逻辑运行系统，并通过最优化的实现形式满足客户的需求<br>商业模式——客户价值实现与创造的逻辑<br>商业模式创新<br>商业模式诊断<br>商业模式创新与设计五步法则 | | | | 客户价值实现与创造<br>商道与客户价值<br>商道逻辑与利他原则<br>客户需求洞察<br>企业的价值主张<br>建立盈利模型<br>价值整合形成核心竞争力<br>商业模式价值创造与实现路径 |
| 15. 谭志浩. 周易商道（第3版修订本）[M]. 广州：广东经济出版社，2014 | 从管理的角度重新审视中国最神秘的经书——《周易》，以现代人的新思维和价值观重新发掘书中的商业内涵。大量引用西方管理名言，并辅之以经典案例，以自由开放的形式读经，尽量做到古为今用、西为中用、一切为我所用，具有实用性与实操性 | | | 团队<br>谦和<br>节俭<br>颐养<br>爱与情感 | 不学易，不可为将相<br>运用之妙，存乎一心<br>易道与商道<br>天人合一<br>人企合一<br>得人才者得天下<br>企业家的境界<br>共同的目标<br>竞争与合作<br>知己知彼<br>避实击虚<br>道就是方式、方法、技巧、世界观<br>道是一种艺术 |

续表

| 书目及序号 | 宏观 | 中观 | 微观 | 道 | 术 |
|---|---|---|---|---|---|
| 16.罗家德.中国商道：社会网与中国管理本质[M].北京：社会科学文献出版社，2011 | | 自组织是解释中国人组织行为的关键，自组织会相互结成组织网络，互为联盟或上下游，所以中国的组织总以网络结构为主。正视自组织、善用自组织、学习管理自组织，正是中国这些管理智慧的根源 | | 做生意前先做人<br>诚意、正心、修身、齐家<br>“人情社会”或“关系社会”<br>中庸<br>市场、政府和自组织间的平衡<br>至诚<br>化育万民<br>德化天下 | 要懂得分享成果<br>组织的网络结构为主<br>自组织<br>关系管理<br>礼法并治<br>恩、威、德并济的家长式领导<br>中庸<br>自我组织，自我管理，我无为而天下治 |
| 17.宁一.中国商道：晋商徽商浙商货通天下商经[M].北京：地震出版社，2006 | | 解读晋商、徽商为何衰落，浙商又因何崛起。阐述中国商道之精髓，剖析其经营思想，细辨其成败得失，其中蕴含中国商人特有的经商之道和致富秘诀。说史自省，读古明今 | | 儒道<br>靠文化提升商业素养<br>以德治商<br>以信接物<br>勇于开拓<br>崇商敬贾，以富为荣<br>忍辱负重<br>坚守梦想<br>草根精神<br>灵活善变<br>诚信至上<br>敢为人先<br>低调内敛<br>务实求效<br>和谐共生境界 | 深谋远虑，运筹帷幄<br>以学保商<br>质优价廉，薄利多销<br>人弃我取，独辟蹊径<br>思维创新，打破陈规<br>用商誉塑造品牌<br>正道取财<br>质量过硬<br>趋时观变，抓住机遇<br>经营项目广泛，涉足各行各业<br>顺应时势<br>稳扎稳打<br>经商方式多样，资本运用灵活<br>敏于商机<br>行动快速 |

续表

| 书目及序号 | 宏观 | 中观 | 微观 | 道 | 术 |
|---|---|---|---|---|---|
| 18. 欧阳逸飞. 中国商道［M］. 北京：中国华侨出版社，2011 | | 此书是全国各地商人的成功经验汇总，他们的商道智慧将为每一位有志于商海搏击的人提供精神动力和智力支持。中国的商业文化底蕴厚重，徽商、晋商、浙商、粤商、闽商、鲁商、川商等以自身别具地域特征的商业理念傲然屹立于世。其展现了中国商业文化的悠久历史以及灿烂辉煌且曲折的历程，综观中国商人新势力的发展与变迁，多角度分析新商帮的商业智慧，全景记录商帮新势力的崛起与蜕变、历练与跃迁 | | 别具地域特征的商业理念<br>商业文化<br>精神动力和智力支持<br>百折不挠<br>自强不息<br>诚信经营，信誉至上<br>睡得了地板<br>共赢<br>以儒治商<br>崇德尚义<br>以义制利<br>贾而好儒<br>吃苦耐劳<br>以德为本<br>敢于冒险<br>勇于拼搏<br>天生勤劳，能吃苦<br>心态稳定<br>冒险<br>意识超前<br>诚信：做人之本 | 灵活善变，捕捉商机<br>人情投资<br>慧眼识才<br>善于用人<br>预测分析、经营谋略、业务作风等较为完善的经营之道<br>精干、精练、精细、精致、精微<br>方法稳妥 |
| 19. 宋长琨，沈忠秀. 儒商商道概论［M］. 武汉：武汉大学出版社，2013 | 此书分为修养初阶、发展要诀两篇，主要内容包括：勤、俭、廉、敬、智、信、义、勇。前四个字为儒商的修养初阶，后四个字为儒商的发展要诀。故本书分成上下两篇，共八章 | | | 勤、俭、廉、敬 | 智、信、义、勇 |

续表

| 书目及序号 | 宏观 | 中观 | 微观 | 道 | 术 |
| --- | --- | --- | --- | --- | --- |
| 20. 谭志浩. 论语商道[M]. 广州：广东经济出版社，2014 | 此书共分为13个专题，内容包括孔子说商道原理，孔子说信的力量，孔子说信任与分权，孔子说忠与恕等方面。中国人的商道，重点不在项目、战略、流程、规章，而在做人、做事的道理。学会做人的道理，是中国商道智慧的起点。“半部《论语》治天下”，儒家经典著作《论语》中所包含的正是中国人做人、处事的道理。其主要包括：商道原理、信的力量、忠与恕、自我管理、中庸智慧、学习之道等 | | | 做人是首要之务<br>修身就是做人<br>文化、道德、领导力、信任<br>商道就是人道<br>言必信，行必果<br>仁就是一种社会责任<br>见贤思齐<br>自我管理<br>礼的重要性<br>做生意一定要懂政治 | 中庸智慧<br>学习之道<br>沟通之道<br>人才之道 |

续表

| 书目及序号 | 宏观 | 中观 | 微观 | 道 | 术 |
| --- | --- | --- | --- | --- | --- |
| 21.王行健.中国商道：从胡雪岩到李嘉诚［M］.北京：新世界出版社，2006 | | | 本书选取不同时代、地域的中国商人的经营管理故事，从选人用人、诚信经营、不断进取和经营理念等方面阐释最适合中国人的经营管理方法和谋略 | 以诚相待<br>诚信为本 | 用人篇<br>知人善任，用人不疑，充分授权<br>以诚待人，充分信任和依靠<br>使手下的人愿意和能够充分发挥才能<br>压力与激励并用<br>独辟蹊径<br>扩大产品的影响面<br>价格策略<br>进取篇 |
| 22.余长保.他们如是说：9位中国顶级CEO的商道取舍艺术［M］.北京：中国纺织出版社，2009 | | | 成功者自有其独到之处，在商业领域也是如此。那些站在风口浪尖上、取得耀眼业绩的商业领袖们有许多独到的创业感悟和管理经验。本书对牛根生、史玉柱、任正非、俞敏洪、马化腾、王石、陈天桥、马云、唐骏9位商界成功人士的经商经历进行了研究，对他们的经商智慧进行了概括 | 责任和使命<br>经营人心<br>诚信<br>勤奋<br>效益<br>诚信是成功和幸福的根基<br>一心一意<br>社会责任<br>要成功就必然要专注<br>成功的核心就是有个好的性格 | 口号文化<br>合适的就是最好的<br>企业文化就是你的基因<br>起点高<br>学习<br>守住法律的底线<br>渠道的创新<br>学会放权<br>服务比技术更重要<br>创新<br>从用户的需求出发<br>蓝海式创新 |

### 4.3.3 基于扎根理论分析方法的商道内容分析

扎根理论是一种定性研究方法，其主要理论基础是理论要来源于实际的原始资料，对这些原始资料进行归纳提炼，可以上升为系统的理论。这是一种从下向上构建实质理论的方法，其基本思路是：知识是累积形成的，不断从事实到实质理论，然后再到形式理论，这是一个循序渐进的过程。因为，从原始资料直接过渡到形式理论的跳跃性太大，会产生许多疏漏，所以，该方法从原始资料出发，对许多概念和观点进行整合、浓缩、提炼，生成一个整体。不过，在构建理论的过程中要保持敏感，注重捕捉新的理论产生的线索。其次，要注意不断比较，从概念到类属，到整合，再梳理它们之间的关系，勾勒初步理论，回到原始资料验证，最后进行理论阐述。

其实，这个过程符合认知事理的一般规律，是从感性认识到理性认识再到感性认识，构成循环往复的逻辑过程。在此过程中，也必须处理原始资料、前人研究成果与个人理解之间的关系，这三者之间是互动关系。操作程序为：一级编码。以开放心态，抛弃个人选择性理解与过去理论的约束，将所有材料按照其本身呈现状态进行登录。目的是从资料中发现概念类属，并加以命名。二级编码。该阶段的主要目的是发现与建立概念类属之间的关系，围绕这一类属寻找相互关系，故又称为“轴心登录”。三级编码。对已经发现的类属进行梳理，选择一个“核心类属”，分析不断地集中到与核心类属有关的码号上，核心类属起到提纲挈领的作用。对核心类属深入分析，理论便会自然而然地往前发展。基于以上思路，本文献分析借鉴此思路。

小写的“d”表示“道”的概念提炼，大写的“D”表示概念聚类后的范畴化。小写的“s”表示“术”的概念提炼，大写的“S”表示概念聚类后的范畴化。详见表4-3。

表4-3　基于扎根理论分析方法的22本图书的商道内容分析表

| 原始资料语句 | 概念化 | 范畴化 | 范畴的性质 |
| --- | --- | --- | --- |
| **R1**<br>理念、文化、智慧、艺术<br>做生意前先做人，以义制利 | d1 文化<br>d2 人文<br>d3 做人<br>d4 义利观 | **以下关于“道”的范畴化：**<br>d3 做人<br>d22 做人之道<br>d43 做人为先<br>d80 学做人<br>d103 做人之本<br>d108 修身即做人<br>d2 人文<br>d8 人生智慧<br>d10 人性分析<br>d36 人道精神<br>d38 人文关怀<br>d46 与人为善<br>d55 人格<br>d64 宽以待人<br>d72 人和<br>d74 人情练达<br>d94 低调内敛<br>d103 做人之本<br>d115 经营人心<br>d25 方圆之道<br>d109 软实力<br>**范畴化为 D1** | **D1 商道即人道**<br>商道既有做人之道，又有做事之道，但是，根本之道是做人。无数成功的商人、企业家无不证明了这一道理，它也将被以后的商业实践所证明<br>关键是如何做人？与人为善、宽以待人、和睦左右、低调内敛是人生智慧，心中有杆秤，有方正，有尺度，有别人，才是做人的准则 |
| 规章、制度、流程、模型、工具等<br>阴阳与动态——平衡领导思维<br>权威与影响力——领导权力的平衡<br>科学管理与人本领导——领导艺术的平衡<br>忠诚与贤能——领导用人的平衡<br>需求与激励——领导智慧的平衡 | s1 制度管理<br>s2 流程优化<br>s3 平衡之术<br>s4 领导艺术<br>s5 驭人之术<br>s6 人情关系<br>s7 派系 | | |
| **R2**<br>打拼<br>敢于冒险<br>务实<br>人生智慧<br>心性<br>为人 | d5 百折不挠<br>d6 敢为人先<br>d7 创新精神<br>d8 人生智慧<br>d9 修身 | | |

续表

| 原始资料语句 | 概念化 | 范畴化 | 范畴的性质 |
| --- | --- | --- | --- |
| 成功方法<br>成事之道<br>用人<br>巧用外力<br>谋划<br>变通 | s8 做事之道<br>s5 驭人之术<br>s9 资源整合<br>s10 计划<br>s11 权变 | d50 德商<br>d58 道德<br>d69 品德修养<br>d85 德化天下<br>d87 德治<br>d99 崇德尚义<br>d9 修身<br>d12 口碑<br>d24 身正为范<br>d106 礼敬<br>**范畴化为 D2** | **D2 以德为先**<br>做人是内在素养的自然外显。古人云，德高为范，就是告诫世人时时刻刻以德为先，强化修养，充内形外，不断加强内在涵养的同时礼仪天下 |
| **R3**<br>一个成功的商业模式不一定是在技术上的突破，有可能是对某一个环节的改造，或是对原有模式的重组创新，甚至是对整个游戏规则的颠覆。商业模式的核心原则是指商业模式的内涵、特性，是对商业模式的延伸和丰富，是成功商业模式必须具备的属性。它包括：客户价值最大化原则、持续盈利原则、资源整合原则、融资有效性原则、组织管理高效率原则、创新原则、风险控制原则和合理避税原则八大原则。模式创新风险投资“轻资产”化运作创意打破常规 | s12 技术创新<br>s2 流程优化<br>s13 颠覆创新<br>s14 客户价值最大化<br>s9 资源整合<br>s15 “轻资产”化运作 | d11 忠诚<br>d14 好信誉<br>d20 诚信<br>d29 守信<br>d47 诚实<br>d89 诚信为本<br>d97 诚信经营<br>d107 信义<br>d113 以诚相待<br>d117 效益<br>d118 成功基础<br>**范畴化为 D3** | **D3 诚信是商之本**<br>诚信是做人之本，更是商人的立业之基。诚实待客，童叟无欺，真无二价，货真价实，信得过产品，免检产品，百年老字号等都是诚信经营的生动写照。人无信不立，同样，产品无信将不会成为品牌，更不要说名牌 |

续表

| 原始资料语句 | 概念化 | 范畴化 | 范畴的性质 |
|---|---|---|---|
| **R4**<br>做生意本质上就是研究人<br>商道即人道<br>投资于人<br>忠诚有时胜于能力<br>良好的信誉<br>外圆内方<br>欣赏别人<br>尊重对方<br>宰相肚里能撑船<br>盛时需警醒<br>遇事要冷静 | d10 人性分析<br>d11 忠诚<br>d12 口碑<br>d13 利益平衡<br>d14 好信誉<br>d15 宽厚<br>d16 恕<br>d17 情商 | d19 仁爱<br>d4 义利观<br>d59 重义轻利<br>d99 崇德尚义<br>d107 信义<br>d54 报国之志<br>d31 不忘本<br>d48 爱国<br>d111 仁爱责任<br>d61 选贤任能<br>**范畴化为 D4** | **D4 以义制利**<br>“君子喻于义，小人喻于利”，君子看重的是道义，小人看重的是利益。何为“义”？公正合宜的道理、合乎公益的义举和珍贵的情谊都是“义”。爱国、爱家与珍爱纯真的友情，都是值得称赞的 |
| 与时局共进<br>适应环境<br>生意机会<br>大成功靠团队<br>用好自己的核心班子<br>把握关键性细节<br>机不可失<br>谨慎行事<br>优胜劣汰<br>眼光决定事业大小<br>供求关系<br>薄利才能多销<br>节省每一个铜板<br>宾至如归<br>竞争<br>舍弃<br>现金流<br>广告<br>品牌<br>经营模式越简单越好 | s16 适应环境<br>s17 洞察商机<br>s18 团队建设<br>s19 细节管理<br>s20 竞争<br>s21 价格策略<br>s22 广告<br>s23 客户管理<br>s24 薄利多销<br>s25 模式创新 | d13 利益平衡<br>d49 儒商<br>d51 仁<br>d52 立功<br>d57 实业<br>d60 利益平衡<br>d21 回馈社会<br>d39 社会责任<br>d44 回报社会<br>d73 利益共享<br>d81 儒家智慧<br>d82 关系管理<br>d83 中庸之道<br>d84 利益平衡<br>d86 儒道<br>d112 官商关系<br>d114 使命<br>**范畴化为 D5** | **D5 社会责任**<br>企业是社会组织，不是单纯的“营利性的经济组织”，利润最大化不是其存在的唯一目的。古代还没有企业的概念，但作为一个社会组织，不论是店铺还是作坊，其存在与发展的动力之源是尽社会责任，这是责无旁贷的，也是获得社会方方面面利益相关者认同的关键。没有客户、没有上下游协作者的支持，没有政府及百姓的认可，企业将难以为继 |

续表

| 原始资料语句 | 概念化 | 范畴化 | 范畴的性质 |
| --- | --- | --- | --- |
| R5<br>无为而“治”；上善若水；圣人之道；德性如水；低调做人；光而不耀；道法自然；道家智慧<br>仁商；宽容他人<br>中国商人的理想境界应是“首重信，次讲义，第三才是利”。诚信是最好的政策；自知<br>乐善好施；厚道；方圆之道<br>大智若愚；难得糊涂<br>管理好自己；不言之教；顺其自然；<br>儒商；道商<br>创新精神；创造 | d18道家智慧<br>d19 仁爱<br>d20 诚信<br>d21 回馈社会<br>d22 做人之道<br>d23 自我管理<br>d24 身正为范<br>d25 方圆之道 | d1 文化<br>d2 人文<br>d38 人文关怀<br>d42 家族文化<br>d53 家文化<br>d88 文化底蕴<br>d96 文化支撑<br>d101 文化基因<br>d26 读书<br>d75 价值观<br>**范畴化为 D6** | **D6 以文化人**<br>文化对人或组织的影响具有持久性、基础性与根本性。文化是人创造的，是果，但文化也是因，传承的文化基因将从源头上影响着一个人。从父母的养育到家族的熏陶，社区文化、地方文化、民族文化无时无刻不在浸润着一个人，似春风化雨，滋润心田。经商立业之魂魄就是文化 |
| 高调做事，低调做人<br>知变则胜；在逆境中寻找生机<br>舍得之道<br>办事灵活<br>示弱谋略<br>机智<br>在大事上有所为，小事上有所不为；在求贤上有所为，用贤上有所不为<br>用人之道，在于“处其位，得其宜”<br>竞争之妙即在“不争”之中 | s26 变通<br>s27 自强不息<br>s28 灵活<br>s29 取舍<br>s30 人岗匹配<br>s31 竞争艺术 | d27 勤奋<br>d71 勤毅<br>d104 勤俭<br>d5 百折不挠<br>d28 毅力<br>d30 自强<br>d40 坚韧<br>d56 拼搏<br>d65 任劳任怨<br>d67 学无止境<br>d91 矢志不渝<br>d98 坚韧不拔<br>d100吃苦耐劳<br>d34 认真<br>**范畴化为 D7** | **D7 勤奋拼搏**<br>“以勤治事”，立功立德立言三不朽，均需要一个勤，要做到身勤、眼勤、手勤、口勤、心勤。勤劳致富也是妇孺皆知的道理，商人尤其古代行商更是风餐露宿、披荆斩棘、筚路蓝缕。爱拼才能赢，已经是成就事业的法宝。商场如战场，需要斗智斗勇，需要自强不息、矢志不渝的精神 |

续表

| 原始资料语句 | 概念化 | 范畴化 | 范畴的性质 |
| --- | --- | --- | --- |
| **R6**<br>读书有用<br>刻苦耐劳；先苦后甘；认清“辛苦”<br>毅力惊人；信守承诺<br>坚强的气魄与力量<br>念旧不忘本；不算命不打牌<br>率直犀利；坦诚；事必躬亲；一丝不苟<br>节俭朴实；身教最有效；回报社会 | d26 读书<br>d27 勤奋<br>d28 毅力<br>d29 守信<br>d30 自强<br>d31 不忘本<br>d32 自律<br>d33 朴实<br>d34 认真<br>d35 节俭 | d35 节俭<br>d104 勤俭<br>d33 朴实<br>d105 廉洁<br>**范畴化为 D8** | **D8 节俭朴实**<br>静以修身，俭以养德<br>俭朴是中华美德 |
| 成本分析<br>唯效率是图<br>激发员工<br>经验；自己的力量<br>培养人才要靠人<br>勤劳是最重要的成功因素 | s32 成本管理<br>s33 效益<br>s34 激励<br>s35 因事制宜 | d15 宽厚<br>d16 恕<br>d17 情商<br>d23 自我管理<br>d32 自律<br>d62 素质<br>d63 严以律己<br>d76 谦和<br>d77 情感<br>d110 言行一致<br>d116 幸福根基<br>d37 幸福<br>**范畴化为 D9** | **D9 情商是成功的关键**<br>没有取得成功的商人，情商不一定高，但成功商人的情商一定很高。情商是领导力的重要构成部分，需要自我控制，严格自律，理解他人，善解人意，言行一致，持之以恒。将这些做法升华为内心的体验，并自我认同，就会不断强化，进而提升幸福感 |
| **R7**<br>商道精神本质上是一种人道精神<br>积累信誉、积累人心<br>快乐或者幸福才是最终目标<br>人道最集中的体现就是人文关怀和社会责任感<br>顽强不息、孜孜以求的精神<br>商人文化；创业精神<br>家族文化；继承者的品性 | d36 人道精神<br>d37 幸福<br>d38 人文关怀<br>d39 社会责任<br>d40 坚韧<br>d41 创业精神<br>d42 家族文化 | d7 创新精神<br>d41 创业精神<br>d70 创新创造<br>d6 敢为人先<br>d66 敢于担当<br>d68 挑战自我<br>d90 勇于开拓<br>d102 意识超前<br>**范畴化为 D10** | **D10 创新创业精神**<br>为客户创造出新的价值，就是创新。成功商人总是有目的、有计划地进行着敢为人先的探索，他们意识超前，挑战自我，勇于开拓，砥砺前行 |

续表

| 原始资料语句 | 概念化 | 范畴化 | 范畴的性质 |
| --- | --- | --- | --- |
| 拥有财富也需要境界——商人生存法则；雄霸商界靠底蕴<br>生存是硬道理：商人的起源<br>情义与金钱同等重要；大事不糊涂；跳出常规；标新立异<br>机会就在身边；在风险中淘金<br>用好社会资源；抓住机遇；把握时机；巧用广告 | s36 积累人脉<br>s37 内涵修养<br>s38 风险管理<br>s39 情商管理<br>s40 借助外物 | d18 道家智慧<br>d78 颐养<br>d79 境界<br>d94 低调内敛<br>d95 和谐谦恭<br>**范畴化为 D11** | **D11 道家思想**<br>“天地所以能长且久者，以其不自生，故能长生”，这是多么高的境界，多么高的智慧。“上善若水，水善利万物而不争”“圣人之道，为而不争”。低调内敛，谦恭和谐 |
| **R8**<br>做好生意必须先做好人；名归实至，千金散尽还复来。胡雪岩办义渡以仁立业；曾宪梓爱国如家，爱乡如命<br>经营生意就是经营民心，善的循环力量<br>诚实信义；善能养生；慧能致福 | d43 做人为先<br>d44 回报社会<br>d45 家国情怀<br>d46 与人为善<br>d47 诚实 | **以下关于“术”的范畴化：**<br><br>s91 审时度势<br>s16 适应环境<br>s57 战略思维<br>s8 做事之道<br>s10 计划<br>s61 眼光<br>**范畴化为 S1** | **S1 审时度势**<br>识时务者为俊杰，成功的商人善于审时度势。从战略管理角度看，就是分析宏观环境，对政治、经济、文化、法律、技术、自然等方面进行洞悉，以研判对企业或个人是否有利，是否有机会，进而决定是否出手 |
| “贱买贵卖”“奇货可居”“待价而沽”“人弃我取，人取我与”。君子爱财，取之有道<br>把握市场，先发制人，抓住机遇，及时出手；反其道而行之；以退为进；以柔克刚；不拘一格选人才；用人不疑；竭力尽能；以情感人；人情练达；人脉网广<br>胸怀宽广；锲而不舍；精益求精 | s41 奇货可居<br>s42 待价而沽<br>s43 人弃我取，人取我与<br>s44 信息<br>s45 人力资源管理<br>s46 精益求精 | | |

续表

| 原始资料语句 | 概念化 | 范畴化 | 范畴的性质 |
|---|---|---|---|
| R9<br>救国；兴国策略；捐家产；为国货而奋斗；社会公益活动<br>合伙传佳话<br>儒商功业<br>从商立德<br>商道仁术<br>家训名联 | d48 爱国<br>d49 儒商<br>d50 德商<br>d51 仁<br>d52 立功<br>d53 家文化 | s44 信息<br>s49 情报<br>s17 洞察商机<br>s58 发现市场<br>s96 市场响应<br>**范畴化为 S2** | **S2 捕捉商机**<br>审时度势是对环境大趋势的研判，总体上决定是否介入，而捕捉商机则需要有敏锐的眼光，既需要直觉，更需要科学分析，这要建立在信息收集、整理与分析的基础上，特别是大数据时代，更需要从海量数据中探求商机 |
| 商业智谋；奇货可居；敢为人先<br>突破抑商禁令<br>改革官商体制<br>打通西域商路；开拓海外商路<br>商业情报网；抓商机；首创纸币“交子”；首创中国金融票号<br>“六必居”创名牌；知识产权保护 | s47 改革<br>s48 开拓市场<br>s49 情报<br>s50 首创<br>s51 创品牌<br>s52 产权保护 | s65 战略管理<br>s68 多元化<br>s94 政治垄断<br>s40 借助外物<br>s55 善用政权<br>s15 “轻资产”化运作<br>**范畴化为 S3** | **S3 做正确的事**<br>一个成功的商人一辈子可以犯几个错误，但是战略失误则是致命的，是犯不起的，所以做正确的事至关重要。中国古代不少成功的商人依靠构建官商关系来获取垄断经营权，某种意义上讲，这也是战略投资，的确也辉煌过一时，但是毕竟难以久长，胡雪岩就是一个例子 |
| R10<br>国家复兴；经营国家；苦心经营<br>诚信行商；名商的风范<br>人格魅力<br>淡泊功名利禄；奋力博争<br>崇高威望和显赫地位；坚持不懈地从事实业 | d54 报国之志<br>d55 人格<br>d56 拼搏<br>d57 实业 | | |

续表

| 原始资料语句 | 概念化 | 范畴化 | 范畴的性质 |
| --- | --- | --- | --- |
| 经营智慧；经商能力<br>醉心于实业和文化教育事业<br>利用政权谋取商业利益<br>银行缔造者 | s53 商业智慧<br>s54 文教事业<br>s55 善用政权<br>s56 首创精神 | s20 竞争<br>s31 竞争艺术<br>s84 竞合<br>s85 共享<br>S4 竞合双赢<br>s78 客户需求<br>s79 价值主张<br>s23 客户管理<br>s95 价值让渡<br>s14 客户价值最大化<br>s36 积累人脉<br>s6 人情关系<br>s39 情商管理<br>s87 人脉管理<br>s77 利他<br>**范畴化为S5** | **S5 构建价值网**<br>顾客是上帝，为客户创造价值，进而实现企业价值，是企业可持续发展的基础。一个企业可以短期不盈利，但是长期一定要盈利。如何保持可持续盈利，这是一个难题。精明的商人都注重积累人脉，客户是人脉，利益相关者也是人脉，协调好这些关系，并考虑到方方面面的利益关系，是企业基业长青的关键 |
| R11<br>道德信誉；商德至上；诚信为本<br>重义轻利；实现双赢<br>得人者昌，失人者亡<br>知人善任，礼贤下士 | d58 道德<br>d59重义轻利<br>d60 利益平衡<br>d61 选贤任能 | | |
| 胸怀全局，目光远大；驾驭全局<br>宏观调控<br>慧眼独具，洞烛先机；看准时机，人弃我取<br>广而告之；定价之妙；信息决策<br>货源；妙术促销；品质出众<br>责任明确；赏罚有度 | s57 战略思维<br>s58慧眼独具<br>s59 营销组合策略<br>s60 制度管人 | s53 商业智慧<br>s54 文教事业<br>s62 科学管理<br>s86 兵法<br>s88 礼法并治<br>s89 刚柔结合<br>s90 无为而治<br>s11 权变<br>s81 易经智慧<br>s73 中庸<br>s26 变通<br>**范畴化为S6** | **S6 “智”理企业**<br>小胜靠智，大胜靠德，其实是辩证的。德是由无数个小的成功累积的，如果没有这些“功”立，哪有“德”成。企业管理、商业成功需要博采众长，吸收百家智慧，礼法并治，刚柔相济。道家、法家、儒家、墨家等，在不同场景下，均能找到其思想精华的存在，所以，企业需要科学管理，需要智者来贡献智慧 |
| R12<br>创业者的毅力、品质、价值观；<br>普通人都是把大道理留给别人，把小道理留给自己。小道理就是吃喝玩乐；大道理则是高瞻远瞩、任劳任怨，敢于负责任，整个过程都比较痛苦，因为没有一件快乐的事情 | d62 素质<br>d63 严以律己<br>d64 宽以待人<br>d65 任劳任怨<br>d66 敢于担当 | | |

续表

| 原始资料语句 | 概念化 | 范畴化 | 范畴的性质 |
|---|---|---|---|
| 第一，看别人看不见的地方；第二，算别人算不清的账；第三，做别人不做的事情<br>改变民营企业的“江湖习气”和“家族作风”<br>公司死了，管理还活着。管理和爱情一样，都清楚又都不清楚，都有道理又都没道理。企业战略、价值观、文化、人才……这些事，我来做。不要相信我，要相信制度，人人都是人才。创新才是万通决胜的关键，品牌是结果而不是原因，学先进为了自己成为先进 | s61 眼光<br>s62 科学管理<br>s63 人才管理<br>s64 创新管理<br>s65 战略管理<br>s66 品牌管理<br>s67 标杆管理 | s18 团队建设<br>s30 人岗匹配<br>s45 人力资源管理<br>s63 人才管理<br>s69 知人善任<br>s70 自我管理<br>s72 团队<br>**范畴化为 S7** | **S7 以人为本**<br>成功的商人、企业家无不知晓人才的重要性和团队建设的重要性。关于人才的使用、管理也要刚柔并济，既要有刚性的制度，也要有人文的关怀，既要讲究人才的才华，也要讲究人岗匹配。真正做到以人为本是难的，但是，成功的商人一定是此方面的能手 |
| R13<br>不断挑战自我，永不放弃学习<br>人生韬略，待人诚恳，对自己的名声十分看重，个人品行，奋斗精神<br>不断创造新纪录<br>因为我勤奋、我节俭，有毅力，肯求知，善于建立良好的人际关系<br>利润大家分享；最好的担保人就是自己；世情才是大学问；价值无限的资产。以“诚”待人，谦虚的心是知识之源，顾及对方的利益，止惰和守勤是经商哲学 | d67 学无止境<br>d68 挑战自我<br>d69 品德修养<br>d70 创新创造<br>d71 勤毅<br>d72 人和<br>d73 利益共享<br>d74 人情练达 | | |

续表

| 原始资料语句 | 概念化 | 范畴化 | 范畴的性质 |
|---|---|---|---|
| 多元化投资的目的是避险<br>用人要看他的忠诚度和可靠程度<br>知人善任<br>自我管理是一项重大责任<br>稳健与进取中取得平衡<br>低潮时做重大投资<br>没有傲心但有傲骨的团队<br>将新思维与传统中和<br>给孩子磨砺的机会<br>稳健才是李嘉诚成功的法宝 | s68 多元化<br>s69 知人善任<br>s70 自我管理<br>s71 稳健经营<br>s72 团队<br>s73 中庸<br>s74 磨砺 | s4 领导艺术<br>s5 驭人之术<br>s7 派系<br>s3 平衡之术<br>s34 激励<br>**范畴化为 S8** | **S8 驭人有术**<br>管理是一门科学，更是艺术，尤其涉及管人，就更显其艺术性。性格、品行、需求、渴望等，因人而异，即使是同一个人，也有反复无常的情况，故驾驭人需要知识，更需要技巧 |
| R14<br>客户价值实现与创造<br>商道与客户价值<br>商道逻辑与利他原则<br>客户需求洞察<br>企业的价值主张<br>建立营利模型<br>价值整合形成核心竞争力<br>商业模式价值创造与实现路径 | <br>s75 价值创造<br>s76 价值实现<br>s77 利他<br>s78 客户需求<br>s79 价值主张<br>s80 核心竞争力 | s24 薄利多销<br>s32 成本管理<br>s33 效益<br>s38 风险管理<br>s35 因事制宜<br>s71 稳健经营<br>**范畴化为 S9** | **S9 稳健求利**<br>企业经营很多事情是常规工作，不要日日创新，即使创新，也要评估风险，计算收益值，而不是一味冒险。胆识是重要的，需要大胆假设，小心求证；稳健经营是企业可持续发展的保障 |
| R15<br>道就是方式、方法、技巧、世界观，道是一种艺术<br>团队；谦和；节俭；颐养<br>爱与情感 | <br>d75 价值观<br>d76 谦和<br>d77 情感<br>d78 颐养<br>d79 境界 | s93 思维创新<br>s64 创新管理<br>s2 流程优化<br>s12 技术创新<br>s13 颠覆创新<br>s25 模式创新<br>s47 改革<br>s48 开拓市场<br>s50 首创<br>s51 创品牌<br>s52 产权保护<br>s56 首创精神<br>**范畴化为 S10** | **S10 创新为王**<br>企业基业长青的关键是创新力，一次创新是不够的，或许是偶然，或许是运气。要想在竞争中立于不败之地，只有持续进行创新；要不断研究客户，发掘痛点，提供合适的产品，研究商业模式创新路径，不断创造差异化竞争优势 |

续表

| 原始资料语句 | 概念化 | 范畴化 | 范畴的性质 |
| --- | --- | --- | --- |
| 不学易，不可为将相<br>运用之妙，存乎一心<br>易道与商道<br>天人合一；人企合一<br>得人才者得天下<br>企业家的境界；共同的目标<br>竞争与合作<br>知己知彼；避实击虚 | s81 易经智慧<br>s82 专注<br>s83 天人合一<br>s84 竞合<br>s85 共享<br>s86 兵法 | s59 营销组合策略<br>s66 品牌管理<br>s21 价格策略<br>s22 广告<br>s41 奇货可居<br>s42 待价而沽<br>s43 人弃我取，人取我与<br>s75 价值创造<br>s76 价值实现<br>s80 核心竞争力<br>**范畴化为 S11** | **S11 优化营销组合**<br>幸福的家庭总是相似的，同样，成功的商人总是在不断创新营销策略。产品策略、价格策略、渠道策略、促销策略不断推陈出新，不是为了秀给别人看，而是追求利润的内驱力与外在压力，不得不优化营销策略组合，否则，就会被市场淘汰 |
| **R16**<br>做生意前先做人；诚意、正心、修身、齐家；“人情社会”或“关系社会”<br>市场、政府和自组织间的平衡；要用一群人的力量，也要懂得与这群人分享成果<br>中国的管理哲学——中庸；至诚；化育万民；德化天下 | d80 学做人<br>d81 儒家智慧<br>d82 关系管理<br>d83 中庸之道<br>d84 利益平衡<br>d85 德化天下 | | |
| 人脉的广度与深度<br>中国的组织总以网络结构为主。关系管理；自组织；礼法并治；恩、威、德并济的家长式领导<br>自我组织，自我管理，我无为而天下治 | s87 人脉管理<br>s88 礼法并治<br>s89 刚柔结合<br>s90 无为而治 | s1 制度管理<br>s19 细节管理<br>s27 自强不息<br>s28 灵活<br>s29 取舍<br>s37 内涵修养<br>s46 精益求精<br>s60 制度管人<br>s67 标杆管理<br>s74 磨砺<br>s82 专注<br>s83 天人合一<br>s92 以学促商<br>**范畴化为 S12** | **S12 重视企业文化建设**<br>有人说：一流企业卖文化；二流企业卖品牌；三流企业卖产品。如果理解为一流企业仅仅卖文化就错了，一个优秀的企业需要经过长期累积，经过产品竞争，打造品牌，在此过程中要进行制度建设、细节管理、杠杆管理等等，不断实践，不断磨砺，才能慢慢得到员工认可，最后才有可能升华为文化，这才是文化制胜的含义 |
| **R17**<br>儒道；靠文化提升商业素养<br>以德治商<br>以信接物；诚信至上<br>忍辱负重，勇于开拓；敢为人先；坚守梦想；草根精神<br>崇商敬贾，以富为荣<br>灵活善变；稳扎稳打；务实求效<br>低调内敛；和谐共生；人的境界 | d86 儒道<br>d87 德治<br>d88 文化底蕴<br>d89 诚信为本<br>d90 勇于开拓<br>d91 矢志不渝<br>d92 以富为荣<br>d93 稳扎稳打<br>d94 低调内敛<br>d95 和谐谦恭 | | |

续表

| 原始资料语句 | 概念化 | 范畴化 | 范畴的性质 |
| --- | --- | --- | --- |
| 深谋远虑，运筹帷幄；趋时观变；抓住机遇<br>以学保商；思维创新，打破陈规<br>借助政治垄断经营<br>用商誉塑造品牌；正道取财；质量过硬<br>质优价廉，薄利多销；人弃我取，独辟蹊径；经营项目广泛，涉足各行各业<br>顺应时势；经商方式多样，资本运用灵活；敏于商机；行动快速 | s91 审时度势<br>s92 以学促商<br>s93 思维创新<br>s94 政治垄断<br>s95 价值让渡<br>s96 市场响应 | | |
| R18<br>贾而好儒；以儒治商；别具地域特征的商业理念；商业文化；精神的动力和智力的支持<br>百折不挠；自强不息；诚信经营，信誉至上；以义取利；以德为本<br>共赢；崇德尚义；以义制利<br>睡得地板；吃苦耐劳；敢于冒险；<br>勇于拼搏；天生勤劳，能吃苦<br>心态稳定；冒险；意识超前<br>诚信：做人之本 | d96 文化支撑<br>d97 诚信经营<br>d98 坚韧不拔<br>d99 崇德尚义<br>d100 吃苦耐劳<br>d101 文化基因<br>d102 意识超前<br>d103 做人之本 | | |
| 灵活善变，捕捉商机；预测分析、经营谋略、业务作风等较为完善的经营之道<br>人情投资；慧眼识才；善于用人<br>精干、精练、精细、精致、精微<br>方法稳妥 | s97 发现市场<br>s98 识人用人<br>s99 方法科学<br>s100 追求卓越 | | |
| R19<br>勤、俭、廉、敬、<br>信、义、智、勇 | d104 勤俭<br>d105 廉洁<br>d106 礼敬<br>d107 信义 | | |

续表

| 原始资料语句 | 概念化 | 范畴化 | 范畴的性质 |
| --- | --- | --- | --- |
| R20 | | | |
| 做人是首要之务<br>修身就是做人<br>文化、道德、领导力、信任<br>商道就是人道<br>言必信，行必果；仁就是一种社会责任<br>礼的重要性；做生意一定要懂政治 | d108修身即做人<br>d109软实力<br>d110言行一致<br>d111仁爱责任<br>d112官商关系 | | |
| 见贤思齐；自我管理<br>中庸智慧<br>学习之道<br>沟通之道<br>人才之道 | s101智勇<br>s102学习榜样<br>s103中庸智慧<br>s104学会沟通<br>s105人才策略 | | |
| R21 | | | |
| 以诚相待；诚信为本 | d113以诚相待 | | |
| 人脉篇；用人篇；知人善任，用人不疑，充分授权；以诚待人；充分信任和依靠；使手下的人愿意和能够充分发挥才能；压力与激励并用；独辟蹊径；扩大产品的影响面；价格策略；进取篇 | s106用人艺术<br>s107信赖<br>s108领导艺术<br>s109营销创新 | | |
| R22 | | | |
| 责任和使命；经营人心；诚信是成功和幸福的根基<br>诚信；勤奋；效益；社会责任 | d114使命<br>d115经营人心<br>d116幸福根基<br>d117效益<br>d118成功基础 | | |

续表

| 原始资料语句 | 概念化 | 范畴化 | 范畴的性质 |
|---|---|---|---|
| 一心一意；要成功就必然要专注 | s110一心一意 | | |
| 成功的核心就是有个好的性格 | s111健全性格 | | |
| 口号文化 | s112企业文化 | | |
| 合适的就是最好的 | s113定位 | | |
| 企业文化就是你的基因 | s114守法 | | |
| 起点高；学习；守住法律的底线 | s115渠道创新 | | |
| 渠道创新；学会放权；服务比技术更重要；创新；从用户的需求出发；蓝海式创新 | s116学会放权<br>s117服务创新<br>s118用户需求<br>s119蓝海战略 | | |

注：表格表示从原始资料语句出发，递进式挖掘关于商道中“道”与“术”的概念化、范畴化，直到范畴特征的推理过程。“d”或“D”表示“道”的方面范畴，“s”或“S”表示“术”的方面范畴。

分析结论：

(1) 关于“道”的方面范畴的性质

D1 商道即人道

商道既有做人之道，又有做事之道，但是，根本之道是学会做人。无数成功的商人、企业家都证明了这一道理，它也将被以后的商业实践所证明。关键是如何做人？学会洞察人性，是精明；人情练达是悟性。但是，这些不是主要的做人之道。与人为善、宽以待人、上下和睦、低调内敛是人生智慧，心中有杆秤，有方正、有尺度、有别人，才是做人的准则。

D2 以德为先

做人是内在素养的自然外显。古人云“德高为范”，就是告诫世人时时刻刻以德为先，强化修养，充内形外，不断加强内在涵养的同时礼仪天下。

D3 诚信是商之本

诚信是做人之本，更是商人的立业之基。诚实待客、童叟无欺、真不二价、戒欺、信得过产品、免检产品、百年老字号等都是诚信经营的生动写照。人无信不立，同样，产品无信将不会成为品牌，更不要说名牌。

D4 以义制利

“君子喻于义，小人喻于利”，君子看重的是道义，小人看重的是利益。何为“义”？公正合宜的道理、合乎公益的义举和珍贵的情谊都是“义”。爱国、爱家与纯真的友情，都是值得称赞的。

D5 社会责任

企业是社会组织，不是单纯的“营利性经济组织”，利润最大化不是其存在的唯一准则。古代没有企业的概念，但是，作为一个社会组织，不论是一个店铺还是一个作坊，其存在与发展都要尽到一份社会责任，这是责无旁贷的，也是获得利益相关者认同的关键。没有客户、没有上下游协作者的支持，没有政府及百姓的认可，企业将难以为继。

D6 以文化人

文化对人或组织的影响具有持久性、基础性与根本性。文化是人创造的，是果，但是文化也是因，传承的文化基因从源头上影响着一个人，从父母的养育到家族的熏陶，社区文化、地方文化、民族文化无时无刻不在浸润着一个人，似春风化雨，滋润心田。经商立业之魂魄就是文化。

D7 勤奋拼搏

“以勤治事”，立功立德立言三不朽，均需要一个勤，要做到：身勤、眼勤、手勤、口勤、心勤。勤劳致富也是妇孺皆知的道理，商人尤其古代行商更是风餐露宿、披荆斩棘、筚路蓝缕。爱拼才能赢，这是成就事业的法宝，商场如战场，需要斗智斗勇，需要自强不息、矢志不渝的精神。

D8 节俭朴实

静以修身，俭以养德。有些人虽然是富翁，但生活却比普通人更加俭朴。俭朴是中华美德。

D9 情商是成功的关键

没有取得成功的商人，情商不一定低，但成功商人的情商一定很高。情商是领导力的重要构成部分，需要自我控制、自律，善解人意，言行一致，持之以恒。这些做法升华为内心的体验，并自我认同，就会不断强化，进而获得幸福感。

为客户创造新的价值，就是创新。成功商人总是有目的、有计划地进行着敢为人先的探索，他们意识超前，挑战自我，勇于开拓，砥砺前行。

D10 道家思想

“天地所以能长且久者，以其不自生，故能长生”，这是多么高的境界，多么高的智慧。“上善若水，水善利万物而不争”“圣人之道，为而不争”，低调内敛、谦恭和谐既是修养，又是智慧。

基于以上的概念提炼及范畴化之后，把十个方面综合起来考虑，对于一个成功的商人，其商道中的软实力，即道德品质、心理素质等方面，都必须遵守诚信为本、以德为先，要坚守商道即人道的铁律。一个商人或者一个管理者、一个企业家应该保持勤劳刻苦、顽强拼搏的创业精神，在行商或者管理过程中，应注意协调与利益相关者的关系，以义取利，善待客户及合作者，应有家国情怀，有社会责任感，有超脱的境界，始终保持创新精神；否则，企业难以保持基业长青。

（2）关于“术”的方面范畴的性质

S1 审时度势

识时务者为俊杰，成功商人善于审时度势。从战略管理角度看，就是分析宏观环境，对政治、经济、文化、法律、技术、自然等方面进行洞悉，以研判对企业或个人是否有利，是否有机会，进而决定是否出手。

S2 捕捉商机

审时度势是对环境大趋势的研判，总体上决定是否介入，而捕捉商机则需要有敏锐的眼光，既需要直觉，更需要科学分析，这要建立在信息收集、整理与分析的基础上，特别是大数据时代，更需要从海量数据中探求商机。

S3 做正确的事

一个成功的商人一辈子可以犯几个错误，但是，战略失误则是致命的，是犯不起的，所以做正确的事至关重要。中国古代不少成功的商人依靠构建官商关系来获取垄断经营权，某种意义上讲，这也是战略投资，的确也辉煌过一时，但是，毕竟难以久长，胡雪岩就是一个例子。

S5 构建价值网

顾客是上帝，为客户创造价值，进而实现企业价值，是企业可持续发展的基础。一个企业可以短期不盈利，但是，长期一定要盈利，如何保持可持续盈利，这是一个难题。精明的商人都注重积累人脉，客户是人脉，利益相关者也是人脉，协调好这些关系，并考虑到方方面面的利益关系，是企业基业长青的关键。

S6 “智”理企业

小胜靠智，大胜靠德，其实是辩证的。德是由无数个小的成功累积的，如果没有这些“功”立，哪有“德”成。企业管理、商业成功需要博采众长，吸收百家智慧，礼法并治，刚柔相济。无论是道家、法家还是儒家、墨家等，在不同的场景下，均能找到其思想精华的存在，所以，企业需要科学管理，需要智者来贡献智慧。

S7 以人为本

成功的商人、企业家无不知晓人才的重要性和团队建设的重要性。关于人才的使用、管理也要刚柔并济，既要有刚性的制度，也要有人文的关怀；既要追求人才的才华，也要讲究人岗匹配。真正做到以人为本是很难的，但是，成功的商人一定是此方面的能手。

S8 驭人有术

管理是一门科学，更是艺术，尤其涉及管人，就更显其艺术性。性格、品行、需求、渴望等因人而异，即使是同一个人，也有反复无常的情况，故驾驭人需要知识，更需要技巧。

S9 稳健求利

企业经营很多事情是常规工作，不要日日创新，即使创新，也要评估风险，计算收益值，而不是一味冒险。胆识是重要的，需要大胆假设，小心求证；稳健经营是企业可持续发展的保障。

S10 创新为王

企业基业长青的关键是创新力，一次创新是不够的，一次创新成功或许是偶然，或许是运气。要想在竞争中立于不败之地，只有持续进行创新；要不断研究客户，发掘痛点，提供合适的产品，研究商业模式创新路径，不断创造差异化竞争优势。

S11 优化营销组合

幸福的家庭总是相似的，同样，成功的商人总是在不断创新营销策略。产品策略、价格策略、渠道策略、促销策略不断推陈出新，不是为了秀给别人看，而是追求利润的内驱力与外在压力，不得不优化营销策略组合；否则，就会被市场淘汰。

S12 重视企业文化建设

有人说：一流企业卖文化；二流企业卖品牌；三流企业卖产品。如果理解为一流企业仅仅卖文化就错了，一个优秀的企业需要经过长期累积，经过产品竞争，打造品牌，在此过程中要进行制度建设、细节管理、杠杆管理等，不断实践，不断磨砺，才能慢慢得到员工认可，最后才可能升华为文化，这才是文化制胜的含义。

综合以上概念范畴化分析，成功的企业家、商人在企业管理过程中所积累的经验，也间接验证了企业管理的一些原理（如战略管理原理、营销管理的STP理论，即市场细分、目标市场锁定、市场定位原理）和商业模式创新理论（即价值主张、价值创造与实现、价值分配等）。具体来看，首先要做好环境研判，制定战略，做正确的事。其次，做到正确地做事，为此要选定可盈利的目标市场，然后是设法满足客户需求，以创造客户价值，处理好竞合关系以及利益相关者关系，整合资源；不仅要重视硬技术的开发，还要培养核心能力，不断提高自身的管理力、营销力、创新力，以最终营造一种文化驱动力，保持可持续发展。

## 4.4 中国商道案例研究

### 4.4.1 案例

（1）邵逸夫

邵逸夫，1907年生于浙江宁波镇海，他打造了邵氏、无线两个影视王国，并创建了香港无线电视（TVB）。

邵逸夫1933年花费1万元拍摄的中国第一部有声电影《白金龙》，仅在广州一地的放映收入就达6万元。取得成功的原因，是他对影片的质量也有着近乎偏执的追求，“邵氏出品，必属精品”深入人心。电影行业的所有工作，从导演到化妆，邵逸夫几乎样样在行，经常亲自上阵。另一个重要原因是他做事认真。邵逸夫制片注重品质，出现劣片，若无法补救，他宁愿烧掉。

邵逸夫的人生哲学是“取之于民，用之于民”。其多年来捐助社会公益、慈善事业，资助发展教育、医疗以及文化艺术，由邵氏公司捐献的总额已经超过65亿港元。1973年，“邵氏基金会”成立，致力于资助教育、文化、慈善事业。从1985年起，邵逸夫开始向内地捐赠。2008年四川汶川大地震，其捐款1亿港元。2013年4月22日，邵逸夫夫妇又向四川雅安地震灾区捐款1亿港元。

邵逸夫并非香港最有钱的人，但却是屈指可数的大慈善家。邵逸夫的一生用一句话来总结：富则兼济天下。

（2）合作，会经营——庞云鏳

庞云鏳（1833—1889年）是南浔“四象”之一的庞氏开创者。清咸丰十一年（1861年），太平军进驻南浔，庞云鏳避居上海，从事丝业。庞云鏳在经营蚕丝业务时结识了胡雪岩，参与军火交易，获得暴利。庞云鏳致富后，与胡庆余堂挂钩，供应饮片和成药，设药栈和制药工场，并邀请名医来坐堂，声誉很高，业务很广，客户口碑很好。后来他又经营酱园，远近闻名。

（3）务实苦干，一丝不苟——王德辉

王德辉生于上海，1960年与其妻龚如心创立香港华懋集团并一直执掌主席一职。王德辉夫妇都是务实苦干、一丝不苟的人，夫妇二人大抵每天早上8：45到公司，之后就开始工作。公司里的大小事务都得向王太太报告，大者是指地皮投标、楼宇建筑；小者则包括公司桌椅有无损坏，电灯泡有没有烧坏。王德辉最喜欢巡地盘，不辞劳苦，有的楼宇建到了二三十层，还未装电梯，他便一步步地走上去，一层层地看，十分认真；发现问题便清楚记下，返回公司后就叫人去办。王太太有空总会陪着他，他们夫唱妇随，甚或是夫随妇唱。

（4）郭胜华：帮助别人是最快乐的

郭胜华说："许多人不理解，说郭老板你这么有钱，为什么跟自己过不去，这么不会享受？他们可能想不通，其实对我来说，给我再多的钱，我的生活状态还是这个样子，吃的、穿的不会有什么变化。奢侈消费或者挥霍浪费的生活其实并不能给人带来真正的幸福，把这些钱拿去帮助那些有需要的人，才是最有价值的，也是最让人感到快乐的。"

"对于慈善公益事业，我一直不遗余力地尽自己所能。有一个政府部门做过统计，说我历年来在公益慈善事业上的个人捐款已经超过1亿元。说实在的，我自己很少去记这个账，反正只要有需要，我都愿意帮别人一把。"

"回到祖国后，我在选择投资项目时尽量考虑将经济回报和社会效益相结合，而不仅仅考虑赚钱。我早年投资的杭州五洲大酒店（现杭州维景国际大酒店），是当时可供选择的项目中预期收益最低的，但考虑到当时浙江还没有一家五星级酒店，它的建成对浙江旅游业的发展和提升杭州的城市品位都有很大价值，所以在预期收益不乐观的情况下，我还是执意选择了这个项目。"

"对我来说，青田、浙江、中国，早已不是通常意义上的地理概念。在我心里，它们是我强大的力量支撑，是我的心灵家园。"

郭胜华从小就有一颗乐善好施的心，主动和小伙伴分享自己所拥有的东西。长大后更加乐于助人，只要别人有困难，不管亲疏与否，甚至是素未谋面的人，他都二话不说，慷慨解囊。而且，郭胜华借出去的钱从来不立字据，不收利息。

当年，一个名叫何盛（化名）的人创业时急需资金，但由于他平时处事精明计较，亲戚朋友没有一个人愿意借钱给他。他听说了郭胜华的事迹后，想在郭胜华这里碰碰运气。郭胜华听了他的想法，觉得何盛虽然为人计较，但处事有能力，创业有激情，便立马答应借钱给他，而且一以贯之地不留字据。何盛当时就被感动了。

之后，何盛在事业拓展或遇到困难时都会求助于郭胜华，郭胜华每次都毫不犹豫地出钱出力，尽自己所能地帮助他。何盛的事业越做越大。没想到的是，正值事业鼎盛之际，何盛却突染恶疾，无法治愈。何盛在弥留之际告诉家人，自己唯一无法释怀和感到遗憾的是，他还没有报答郭胜华一直以来的知遇之恩，此情此景让人动容。

郭胜华以“乐于助人，不怕吃亏”的良好品格广结善缘，赢得了合作伙伴的信任。大家都愿意跟他合作，他的生意也越做越大。

（5）陈廷骅

陈廷骅，香港南丰集团创始人。1923年出生于浙江宁波一贫困家庭，1954年创办南丰纺织，1970年“南丰纺织”上市，陈廷骅被冠以“棉纱大王”称号。1976年，他开始涉足地产，在股票上投资，成为超级富豪一员。2012年6月因病与世长辞。

1970年，还未成巨富的陈廷骅即在香港发起成立了慈善基金会。20世纪80年代以后，陈廷骅将捐赠的范围扩大到内地。陈廷骅多次捐赠都使用“无名氏”这个代称，捐赠款物总额数以几亿元计。

（6）茅理翔

茅理翔，出生于浙江慈溪，方太集团创始人，浙江省第九、十次党代会代表，浙江省劳动模范。

1985年，45岁的茅理翔第一次创业，创办了慈溪无线电元件九厂，后来成立飞翔集团。由于将点火枪做到产销世界第一，他被誉为“世界点火枪大王”。1996年，56岁的茅理翔第二次创业，与儿子茅忠群共同创立方太公司，开发“方太”品牌，为行业第一品牌。2006年，在完成方太公司的交接班之后，66岁的茅理翔第三次创业，做文化，建信仰，创办了家业长青民企接班人专修学校。

（7）一位“草根”浙商：俭以养德，永不止步浙商勤俭持家，勤俭创业，体现了俭以养德的品质。一位草根浙商白手起家，尤其是在创业初期，坚守本分，值得点赞。其具体体现在五个方面：一是要“本分”。要讲职业操守、职业道德，不能投机取巧，不能损人利己。二是要有“本钱”。创业不能没有本钱，最初的资金非常宝贵，要充分有效地用好本钱。三是要做“本行”。如果没有打好一定的基础，就贸然涉足其他行业，甚至是自己完全不熟悉的行业，是非常不理智的。人不能好高骛远，什么都想做，不能做的也要去做。即使是创新，也要有基础和储备，即使要开拓各种社会资源，也要尽量做本行。四是要有“本领”。从前有句话叫“手中有粮，心中不慌”，对创业者来说，“手中有本事，心里就有底”。五是要有“本人”。什么事都要亲力亲为，特别是在创业之初，一定要勤奋努力，亲身体验创业的甘苦。创业是没有终点站、没有回头路的。任何时候都必须记住四个字——永不退缩！在创业的道路上，在面对人生的挫折和失败时，应该始终坚持这样一种精神。

（8）丁磊：产品为王，诚信为本

很多人认为，在互联网的江湖里，丁磊是活得最快乐的人。任何时候，他的脸上都挂着微笑。这或许得益于他内心的坦荡。很多人敬佩丁磊内心强大，年纪轻轻的他就经历了大风大雨，却从来没有迷失过方向。成功之后，很多人想跟他谈合作，包括有高额利润回报的房地产项目，但他都不为所动，专心做自己的产品。

他常对员工说，要经营一家健康、长久的公司，第一，要做正确的事情，用匠心去打造好产品，让用户满意。第二，要保持一颗平常心，钱多赚一点少赚一点无所谓，不要急功近利，也不要为了利益而伤害用户或合作伙伴。丁磊觉得只顾赚钱的公司不会做得长久，他认为企业经营应该回归本质，说到底就是“产品为王，诚信为本”。

或许正因为如此，丁磊和网易公司有了高于一些同行的道德“洁癖”。2004年，网易公司率先进入短信市场。那时候，短信的发展如日中天，各大网站都以此盈利。有些公司为了赚钱，开始不择手段地设定订阅陷阱，欺诈用户。丁磊看不惯，又无力改变现状，便毅然退出了短信市场。网易公司的这一出“壮士断腕”，令业界错愕万分。要知道，这相当于砍掉自己公司40%的收入。丁磊反倒看得开，他觉得网易公司没必要蹚这趟浑水，做人做事坦坦荡荡最重要。

（9）苏增福

苏增福，中国苏泊尔集团董事长，曾任中国五金制品协会副理事长、浙江省工商联直属商会副会长，荣获“浙江省劳动模范”“年度风云浙商特别奖”等。苏增福45岁第一次创业，经过市场调研和分析，他选择了压力锅行业，从做配件切入，凭着灵活的机制和严格的管理，高压锅配件的生产规模不断扩大，质量持续提高。于是苏增福萌生了生产压力锅成品的想法，但他的提议领导班子并不赞成，理由是投资大、风险大，但苏增福坚持认为，做成品是配件厂最好的出路。1989年，企业（即苏泊尔的前身玉环压力锅厂）引进了一条压力锅生产线，开始为国有企业沈阳双喜压力锅厂贴牌生产整锅。1994年上半年，沈阳“双喜”强行运走了他们原先支援的生产设备，这使玉环压力锅厂深受打击。为了工厂的生存，苏增福无奈之下到沈阳总厂协商。但“双喜”方面态度强硬，即便苏增福委曲求全，一再让步，“双喜”方面还是毫不留情地收回了商标使用权，中止了合作。这样的结果对玉环压力锅厂这样的小厂来说无疑是致命的打击。苏增福他们这群宁可流血不流泪的男子汉，在这一刻一个个都忍不住落泪了。被逼到绝境的苏增福回到浙江后只能背水一战，自创品牌谋发展。新品牌取名为“苏泊尔”。1994年8月，浙江苏泊尔有限公司挂牌成立，重起炉灶，重新开张，一切从零开始，走自己的路。可这时，“双喜”是消费者熟悉的老品牌，新面孔苏泊尔如何能迅速崛起？苏增福抓住压力锅“新国标”出台的难得机会，率先研发成功符合“新国标”的产品，并于1995年元旦正式面市。同年6月，国家有关部门明令要求自当年7月1日起停止生产老式压力锅，到12月31日，任何商场都不准销售老式压力锅。结果，同行企业全面停业整顿，整个压力锅市场一时竟只有苏泊尔公司一家有产品销售。苏泊尔从此一跃成为中国压力锅第一品牌。在压力锅产业获得成功后，70岁的苏增福率领苏泊尔集团开始二次创业，投身不锈钢卫浴陶瓷洁具等五金制造业，并率先在业内引入数字化生产技术，推动新的产业变革，造福社会，回报国家。

（10）南存辉

南存辉，正泰集团董事长，曾荣获“全国十大杰出青年”“CCTV中国经济年度人物”等称号。南存辉有他经营的“八字经”：第一是“尊重”；第二是“学习”；第三是“平和”；第四是“创新”。人要不停地否定自己，否定过去的成绩，只有这样人才能进步，企业才能发展。南存辉说：“我的父亲对我的成长影响很大，如果说创业是一所大学的话，那我的第一课应该是我的父亲教给我的。我的父亲对什么样的人都以礼相待。但父亲对我们子女的教育十分严厉，尤其是对我这个大儿子，也经常跟我讲‘牛皮写字、人要老实’的道理，所以我从小就明白，做人做事要诚实守信。”

（11）汪力成

汪力成，生于1960年，华立集团董事局主席。1978年，余杭仪表厂（华立集团的前身）公开招工，汪力成抱着试试看的心态报了名，并参加了考试，结果被顺利录取，还被分配到自己感兴趣的技术科。虽然同龄人羡慕不已，但汪力成深知自己并没有刻意去追求什么，只是很认真地做好了每一件事。进厂后，汪力成先做绘图员，再做技术员，后来又到新产品试制组当组长，到研究实验室当主任，之后又当过技术科副科长、副厂长兼研究所所长。那时汪力成的梦想是：有朝一日成为一名工程师、一名发明家。汪力成学习的状态几十年都没有改变，甚至比在校时更加勤奋努力。几十年来，汪力成始终保持每天看书学习到凌晨的习惯，即使出差或白天工作非常疲惫，也很少有例外。长期的学习积累，使得他知识面非常广，成为行业专家和博学杂家。汪力成也十分乐于分享他所获得的知识，他将自己的创业经验、人生感悟等讲给青年人听。在听完汪力成的精彩演讲后，无论是在校学生、企业员工还是社会人士，常常会脱口而出，称他为“汪老师”。

（12）郭广昌：霉干菜“养活”的读书郎

郭广昌出生于浙江东阳横店镇的一户贫寒农家。他的父亲是一位手艺不错的石匠，母亲是菜农。受“文化大革命”影响，郭广昌小时候没有好好读过书，直到1977年恢复高考，父母给了10岁的郭广昌一个“特权”，不用再给家里割猪草，认真读书就行。郭广昌没有辜负父母的期望，顺利考入了高中。在缺衣少食的年代，吃霉干菜是东阳读书人的一个传统，学校离家20多公里，他每餐的菜就是自带的霉干菜。那时候，大多数同学都是穷人家的孩子，有些同学甚至打着赤脚来上学。有一回，郭广昌带去学校的米和霉干菜，不知道被哪位饿极了的同学吃得一干二净，他忍住没有声张。多年以后，他仍然怀念霉干菜的味道，称“霉干菜就是我的乡愁”。

（13）楼金：最年长的中国大公司董事长

1930年，一个婴儿呐喊着来到了这个世界，他就是楼金；浙江金华人，海南亚洲制药集团公司董事长、总经理，首届海南杰出创业企业家之一。金华是一个充满传奇和雄性色彩的行政老区，东汉设长山县，隋改称金华县，后演变成婺州，成为著名古城。1948年，楼金地下党员的身份暴露，他离开学校参加当地游击队，经过短暂的培训后，从事地下工作。在金华解放前夕，潜伏的地下党员开会，决完成立中共金萧工委金华城市工作委员会，以迎接解放，楼金被推举为城工委宣传部长。在楼金的组织下，城工委出版了一份报纸《简讯》。这时候解放军已经进城，编辑部决定马上先出一期号外，这期号外只有50个字，“特大喜讯：解放大军今晨已攻入金华城，金华宣告解放。国民党残余匪军纷纷向南逃窜。浙东行署三区专署金华办事处编印。”一时间，金华解放的消息传遍城乡。中华人民共和国成立后，楼金曾任政府官员和金华五中校长，1957年因倡导“向科学进军”被错划为“右派分子”，在此后的历次运动中成了“老运动员”，但楼金并不因此颓废。他豁达地说：“和那么多蒙难的开国元勋相比，我这点苦就像牙痛一样，算得了什么?”下放劳动期间，他经常彻夜苦读，既学哲学、政治经济学，也学化学、动植物学、微生物学、物理学及外语，积累了丰富的知识，并将其运用于服务社会民众：为大队制土农药、化肥，教农民培养蘑菇菌种，种值经济作物，开展生产自救。他不仅用化学方法成功地分解出氨基酸作营养，还搞起了固体发酵，生产金霉素、土霉素，创下了科学养猪的奇迹。他运用科技试种的一块实验地，竟创下了全国最高的蘑菇单产纪录，引来不少人参观、取经。在几年最苦难的“改造”中，他搞出的大大小小的发明达45种。

1962年，楼金摘掉了“右派分子”的帽子回城，当地机关领导决定让他自己办厂。想到办厂可以解决一部分人的就业问题，楼金便借了2 000元钱，带了7个人，与人合作办起了“金华市化学制品生产合作社”，主营医药化工。“因为药对群众总是有好处的。”楼金这样认为。这就是后来的“迪耳药业”及海南亚洲制药集团的开端。1988年，已经年近花甲的楼金，提出了闯荡海南以实现规模扩张的宏伟目标。初到海南，条件很艰苦，一无厂房，二无设备，三缺资金。为了节约开支，他们租住在一个废弃的食堂里，里面用纤维板隔开，每人四五平方米，没有电扇、空调，甚至连窗户也没有。海南终年炎热，他们经常热得整夜睡不着。他们一人身兼数职，争分夺秒地苦干。白天生产，晚上还得去装修另外一处厂房。说起那段创业的日子，几乎每个亲历者都能说得掉下泪来。

（14）鲁冠球：中国最早的下岗工人

鲁冠球1945年出生在浙江萧山宁围乡一个叫童家塘的小村子。他的父亲名叫鲁顺发，原是乡下郎中，后来跑到上海谋生，成为工人阶级的一员。鲁冠球是他的本名。对于抗战年代出生的农村孩子，在肚子还填不饱的时候，还能起一个如此大气磅礴的名字，非常罕见，也注定了某种因缘。

鲁冠球总共读了7年书，小学上了5年，初中上了2年。辍学后，他经人介绍进了萧山铁器社。虽然他只是一个每天抡大锤的打铁工人，但在那个年代，这已经是农村孩子最好的出路了。鲁冠球很珍惜这份工作，每天流大汗卖力干活。但是好景不长，当3年学徒工期满时，因为精简城镇职工，鲁冠球被清退回乡，重新成为在土里刨食的农民。后来，因为这段经历，他被称为“中国最早的下岗工人”。想做“城里人”的梦想破灭后，鲁冠球回到了乡下，先后开过米面加工厂、自行车修理铺等各种小作坊。1969年，在乡里已经小有名气的鲁冠球被公社领导看中，受命创办宁围公社农机修配厂。就这样，鲁冠球带领7个人，筹集了4 000元钱，正式开启了他“名冠全球”的创业历程。只上过7年学的鲁冠球，在学校里算不上标准的好学生，但离开校门后，却数十年如一日地保持着勤奋学习的状态。从创业初期开始，他几乎没有一天不看书、不阅读的。在经营管理工作极其繁重的情况下，他仍然保证每天4小时的学习，每天的阅读量不少于几万字。即使出差开会，他也基本能坚持。更难得的是，很早开始，鲁冠球就定下规矩：领导或客人来厂里视察或洽谈业务，他一律不陪同到外面酒店吃饭应酬。因为那样太浪费时间，他宁愿把时间省下来用来阅读学习。而鲁冠球自己也很珍惜他的学习成果，10多年间，已经荣誉等身的鲁冠球，名片上一度印着“博士”的头衔。正因为学习能力极强，从20世纪80年代开始，鲁冠球逐渐从一个乡土农民变成一位具有国际视野和较强理论功底的战略型企业家。这也是他几十年来始终没有掉队的根本原因。他所在的万向集团一步步成为中国最大的民营企业之一，但他身上依然保留着一些始终未变的东西。数十年来，他住的老家从最初的宁围公社，到宁围乡，到宁围镇，再到宁围街道，他始终蛰居在乡间。他乡音未改，生活方式未变，始终保持着农民本色。

（15）徐冠巨：活下来就要对得起“第二次生命”

徐冠巨1961年7月生，浙江萧山人。徐冠巨从小最崇拜的人就是他的父亲徐传化。父亲敏锐的商业头脑、乐观的心态、吃苦耐劳的精神，以及良好的沟通能力让徐冠巨钦佩不已。徐冠巨后来这样评价自己的父亲：“有开放意识，要喝头口水，有包容失败的魄力和胸怀。”他们不仅是感情深厚的父子，也是默契的搭档和创业伙伴。1985年，一场突如其来的疾病，彻底改变了这个温馨和睦的家庭。仅25岁的徐冠巨患上了一种当时难以治愈的“怪病”——溶血性贫血。医生告诉徐冠巨，“休养得好大概可以活10年”。祸不单行的是，父亲工作的磷肥厂也倒闭了。父子二人双双失业，家中一下子变得异常窘迫。为了给徐冠巨治病，徐家花光了所有的积蓄。到1986年年底，徐家已欠下2.6万元债款，而当时城里人的月工资也才几十元。怎么还清这笔钱？徐冠巨和父亲商量之后，做出了一个大胆的决定——创业！父亲徐传化想办法筹集了2 000元钱，从村里借来一口大锅当作反应锅，又用自己家的一口大水缸作为盛放液体皂的容器。就这样，1986年年底，传化集团的前身，一个简陋的家庭作坊——宁围宁新合作净洗剂厂正式开业了。创业之初，父子俩虽没有明确的分工，但很自然地达成了默契：父亲主外儿子主内。只要病痛折磨得不是很厉害，徐冠巨便坚持帮父亲记账，父亲负责接待客人。1986年12月，徐家的第一桶液体皂出炉了，并迅速走俏。

到了第二年便与萧山600多个供销社网点达成合作意向，徐传化父子净赚3万多元，所有债务还清后，仍有盈余。

液体皂的走俏让徐家走出绝境，身患重病的徐冠巨也逐渐乐观，身体也渐渐好了起来。他一边研制新产品，负责企业的生产、技术和质量管理，同时还要承担起越来越复杂的行政工作。他制定了一系列规章制度，这些制度对促进企业的进一步发展起到了极其重要的作用。一次偶然的机会，父亲徐传化获悉一个重大商机：市场上还没有一种洗涤剂能清洗纺织坯布上的油污。他把从布厂带回来的一块油布交给了徐冠巨，并对他说："就算失败1 000次，我们也要把它研制成功。"1988—1990年，在简陋的实验室里，徐冠巨夜以继日地做实验。他反复配方试验，再配方再试验，一次、两次、十次、百次……经过上千次试验，有一天，奇迹终于发生了！当徐冠巨再次把布片放进烧杯里时，油脂迅速乳化、脱落，污布变得洁白如新。传化公司历史上第一款真正意义上的拳头产品——"901特效去油灵"诞生了。这个能极大降低纺织印染企业生产成本的新产品一经而世，就风靡市场，为传化公司带来了创业的第一桶金。几年间，"901特效去油灵"先后斩获了11个国家级和省级发明奖。随着传化事业的快速发展，被医生诊断"活不过10年"的徐冠巨奇迹般地彻底痊愈了。徐冠巨后来说："我这个病是三分药治，七分心治。"当他全身心投入传化企业的经营中时，忘记了自己是个病人，最后把自己的病给"忘掉了"。回首这段往事，徐冠巨很感慨：既然上天让我活了下来，我就要对得起"第二次生命"，做一个有责任和担当的人，做些有意义的事情。创业30多年来，徐冠巨一直坚持着这一信念。在把企业经营好的同时，他也不忘回报社会、感恩员工，用"第二次生命"实现自己的理想抱负与人生价值。

（16）喻会蛟：从不说泄气的话

喻会蛟自述20世纪90年代，已经有桐庐人开始进入民营快递行业。经过市场调查，我也觉得快递行业有前景，于是想尽办法借了5万元准备做快递，希望能够早点还清债务。2000年5月28日，对我来说是永生难忘的日子，这一天，圆通公司在上海长宁区的一个居民区仓库里开张营业了。当时的全部家当，就是做装修时买的一辆旧桑塔纳轿车和几辆破自行车。当然，还有一帮跟着我的兄弟。圆通公司的第一批员工只有17个人，这17个人不是招聘来的，而是当年我干装修公司时的员工。他们听说我想转行，虽然不知道前途怎么样，但都愿意留下来跟着我一起干。这17个人在圆通公司创业的前3年里，从未拿过正式的工资和奖金，每月只有一点有限的生活补贴。创业最初的那几年，想起来真的比讨饭还难。因为一方面惨淡经营赚不到钱，另一方面还要面对政策的“打压”。当时，民营快递业刚起步，国家政策还没有放开，快递还属于中国邮政的垄断行业，民营快递属于没有合法身份的“黑户”。而圆通公司开张的头几年，生意惨淡，一天接单少的时候才八十几单，最多的时候每月要亏损20多万元。那几年，我们员工每个月只发600元的生活补贴，有时候买汽油的钱也要向别人借，公司食堂买米经常要向门口的米店老板赊账。尽管如此，为了将公司业务支撑下去，我每天既当老板又当伙计。每天早晨我6点起床，经常要忙到深夜12点才能睡觉，不仅要跑业务，还得干搬运等杂活。有很长一段时间，我和妻子张小娟每天凌晨就到上海火车站接货，把货运回公司后，将一份份商务文件和一个个小包裹分拣，再由十几个员工一起，用自行车或者摩托车载货，在高楼林立的大上海走街串巷，把快递送到客户手中。因为太辛苦而且赚不到钱，妻子心疼我，多次劝我改行。面对这样每天为生计发愁的日子，身为领头人，我只得咬紧牙关硬撑。有一年过年，从上海回老家，我兜里只剩500元钱，我和老婆、孩子只好都待在家里，没有去任何亲戚家拜年，连父母家都没敢去。说起来，我还算意志比较坚定的。如此艰难的几年，我从来没有说过一句泄气的话。我告诉自己：“眼泪全部咽在肚子里，没有人会同情你。自己不怕苦、不怕累，对朋友赤胆忠心，对员工体贴入微，他们就不会离开你。坚持到底才有可能苦尽甘来，除非自己先放弃。”当然，我们也不是盲目苦熬，我们看到了互联网发展的大趋势，看到了整个社会对快递的需求，于是义无反顾地坚持下去，才有了今天的“圆通”。

（17）阿里巴巴

当初注册阿里巴巴公司的时候，“alibaba.com”这个英文域名的拥有者是一个加拿大人。当时，向国外汇款的手续复杂，马云就给一个只见过两次面的美国朋友打电话请她帮忙给这位加拿大卖家汇几千美元，而这相当于她当时一个月的薪水。这个美国朋友非常信任马云，立即按马云的要求把钱汇到加拿大。这让马云意识到，信任让事情变得简单。诚信是阿里巴巴公司的核心文化，也是马云的核心信仰。马云对不诚信的人和事深恶痛绝。他经常说："我就不相信，不讲诚信的人会比讲诚信的人日子过得好。"在阿里巴巴公司内部，因为执行诚信行为不力，有核心高管引咎辞职，甚至有高管被送进监狱。现在，阿里巴巴集团有2 000多名员工全职打假，5 000多名志愿者参与打假行动。马云决心建设诚信体系，人们也看到了他的努力。但是多年来，假货问题一直是盘旋在"淘宝"上空的乌云，也是"淘宝"受诟病最多的软肋。客观地说，并不是"淘宝"让假货变得更多，而是"淘宝"放大了假货问题。"淘宝"对待假货的态度，将直接影响到数亿消费者的权益。因此，只要假货存在一天，"淘宝"就要承受相应的委屈和代价。杜绝假货，是"淘宝"的责任，也是马云承诺建设诚信体系的保障。

（18）冯根生："戒欺"的祖训，我受用一辈子

冯根生是中国（杭州）青春宝集团创始人。他14岁进胡庆余堂做学徒，在当学徒扫地的时候，经常能捡到钱，有多有少，多的时候有二三十元，每次捡起来，他就先放进抽屉，第二天再交给师傅。这样经常捡到钱的怪现象持续了一年多。十几年后，师傅快要去世的时候，他去看望师傅。师傅跟他说："根生啊，你还记得你刚当学徒时的事吗？今天我该告诉你了。"冯根生有点莫名其妙："什么事啊，师傅？"师傅这时候才说："你在当学徒的时候经常捡到钱，今天我要告诉你，并不是有人真的丢了钱，而是老板在考验你。一共试了你15次，你没有一次让我们失望，都把钱一分不少地交了回来。后来老板就说，这个孩子是诚实的，做人很规矩，捡来的钱都不要，还会去偷吗？"冯根生这时候才明白，当初捡到的钱并不是别人不小心丢的，而是师傅对他的考验。二三十元钱，对当时这个小学徒来说，是一笔不小的钱。但祖母从前对他说的话，他记得很牢，不是自己的钱，一分也不能拿。在冯根生的做人原则里，"诚信""戒欺"是任何情况下都要坚守的。"戒欺"是胡庆余堂的祖训，写有"戒欺"的匾额是朝

着店堂里面挂的，这是给药店的员工看的，它时时刻刻提醒药店员工“修合无人见，存心有天知”。“戒欺”的祖训随着药香融入了冯根生的血液，成为他一生的座右铭。之后不论是经营企业，还是做人做事，他从来没有忘记过这条祖训。

（19）邱继宝

2008年，始于美国的金融危机席卷全球，很多中国企业特别是出口比重大的外向型企业深受打击。海外市场份额很大的飞跃集团也未能幸免，突如其来的这场危机让“飞跃”面临着生死考验。令人感动的是，危机时刻没有一个员工离开“飞跃”。有员工表示：“这么艰难的时候，老板没有迟发一天工资，在公司困难的时候，我们也不应该走。”员工们选择了坚守，与企业共渡难关。邱继宝为此感到非常欣慰。员工们则认为，这是老板长期善待员工的结果。创业伊始，邱继宝就把员工放在第一位，尊重员工，爱护员工，以诚信对待员工。“飞跃”从来不拖欠员工工资，宁可借债也要足额发放，创业30年来没有发生过一起劳资纠纷事件。2008年金融危机席卷之下，很多企业只能减员、减薪渡过难关。但邱继宝很坚决，不管多难多苦，哪怕公司倒下了，自己从头再来，也不能让“飞跃”的员工下岗。最终，“飞跃”经受住了金融危机的考验并顺利转型。对客户，邱继宝同样认为，诚信是企业存亡的生命线。他认为，竞争对手不可怕，可怕的是对用户失去信用。创业之初，公司家底少得可怜。即便如此，当邱继宝发现一批缝纫机车壳螺孔有偏差时，依然当着全体员工的面，把产品全部用铁锤砸掉。邱继宝说，只有让大家感到心痛，才会真正重视产品的质量。诚信是立身之本，邱继宝之所以成功，正是因为他多年来从不对人失信失诚。

（20）周昌炽

周昌炽（1832—1883年），字经腴，又名味六，祖籍浙江湖州。周昌炽在咸丰同治年间，和其堂弟周昌富合资在上海开设了周申昌丝号，并在南浔设立了分号。由于周昌炽在开设周申昌丝号前就已成为上海著名的丝通事，“通外国文字，为西商所信任”，所以他能够毫无障碍地把手中的土丝卖给各家洋庄，在转瞬之间，即获利倍蓰，成为巨富。周昌炽是早期上海丝通事、上海丝业会馆董事。南浔辑里湖丝的第二次改良者就是周昌炽。自同治二年（1863年）起，太平军和清军在南浔一带展开血腥争夺战，致使辑里土丝产量急剧萎缩，加之受西方国家运用先进缫丝技术生产出质优价廉的厂丝等因素的影响，以辑里土丝为主的湖丝出口量突然跌入了一个长达10余年的历史低谷。在如此不利的形势下，南浔丝业富商周昌炽勇于革新，及时对辑里土丝的生产工艺进行改良，仿照日本丝经从右到左逆摇而成的生产工艺，将生丝改纺成丝经，以4两丝经为一条，100两丝为一把，1 200两为一包，销与洋商，首创了在国际市场上风靡一时的湖丝名品——辑里干经。周昌炽此举扭转了辑里湖丝出口的颓势，改变了此前湖丝出口“有丝而无经”的品种结构，辑里干经从此声名鹊起，风行海外30余年。他贸丝致富后，不但乐善好施，且热心公益，可谓“家守儒风，服贾蔚然”。

（21）邢庚星

邢庚星（1790—1861年），“南浔八牛”之首，有识人之能、用人之明。道光二十六年（1846年），邢庚星听闻南浔丝商中出了个后起之秀——刘镛，便主动跑到刘镛家里探寻双方合作经营的可能。凑巧的是，刘镛正想把湖丝外贸做强做大，却因缺少本钱而一筹莫展。邢、刘两人一拍即合，决定共同出资在上海开设一家丝行，专门从事湖丝出口中介业务，两人分工合作，盈利平分。其间，邢庚星对合办的“邢正茂”上海分行的业务和账目从不过问，体现了对商业合作伙伴高度信任的态度。

同治三年（1864年），邢庚星的子孙和刘镛分产自营时，据说仅分到的现金就有200万银两之巨。作为“南浔八牛”之首，邢庚星除了开设丝行外，还开设典当行，是南浔开设当铺最多的一家。另外，他在海宁、太仓、上海、海盐、平湖等地都开设有邢家当铺，还经营房地产。

### 4.4.2 案例解析

根据之前的分析结论，中国商道案例研究一览表见表4-1。中国商道案例研究关于“道”的范畴等性质统计如图4-2所示。

表4-1 **中国商道案例研究一览表**

| 案例 | D1 商道即人道 | D2 以德为先 | D3 诚信是商之本 | D4 以义制利 | D5 社会责任 | D6 以文化人 | D7 勤奋拼搏 | D8 节俭朴实 | D9 情商是成功的关键 | D10 道家思想 |
|---|---|---|---|---|---|---|---|---|---|---|
| 邵逸夫 | √ | √ | √ |  | √ |  | √ |  |  |  |
| 庞云鐕 | √ | √ | √ |  | √ |  | √ |  | √ |  |
| 王德辉 | √ |  | √ |  | √ |  | √ |  |  |  |
| 郭胜华 | √ | √ |  |  | √ |  | √ |  |  |  |
| 陈廷骅 | √ |  |  | √ | √ |  | √ |  |  |  |
| 茅理翔 | √ |  |  |  | √ | √ | √ |  | √ |  |
| 丁磊 | √ | √ | √ | √ | √ | √ | √ |  | √ |  |
| 苏增福 | √ |  | √ |  | √ |  | √ |  | √ |  |
| 南存辉 | √ | √ | √ |  | √ |  | √ |  | √ |  |
| 汪力成 | √ |  |  |  | √ | √ | √ |  | √ |  |
| 郭广昌 | √ |  |  |  |  | √ | √ |  |  |  |
| 楼金 | √ |  |  | √ | √ | √ | √ |  | √ |  |
| 鲁冠球 | √ | √ |  |  | √ | √ | √ | √ | √ |  |
| 徐冠巨 | √ | √ | √ | √ | √ |  | √ |  | √ |  |
| 喻会蛟 | √ |  |  | √ | √ | √ | √ |  | √ |  |
| 阿里巴巴 | √ | √ | √ | √ | √ | √ |  |  | √ |  |
| 冯根生 | √ | √ | √ | √ | √ | √ | √ |  | √ |  |
| 邱继宝 | √ | √ | √ | √ | √ |  | √ |  | √ |  |
| 周昌炽 | √ |  | √ |  | √ |  | √ |  | √ |  |
| 邢庚星 | √ |  | √ |  | √ |  | √ |  | √ |  |
| 总计 | 20 | 10 | 12 | 8 | 19 | 9 | 19 | 1 | 15 |  |

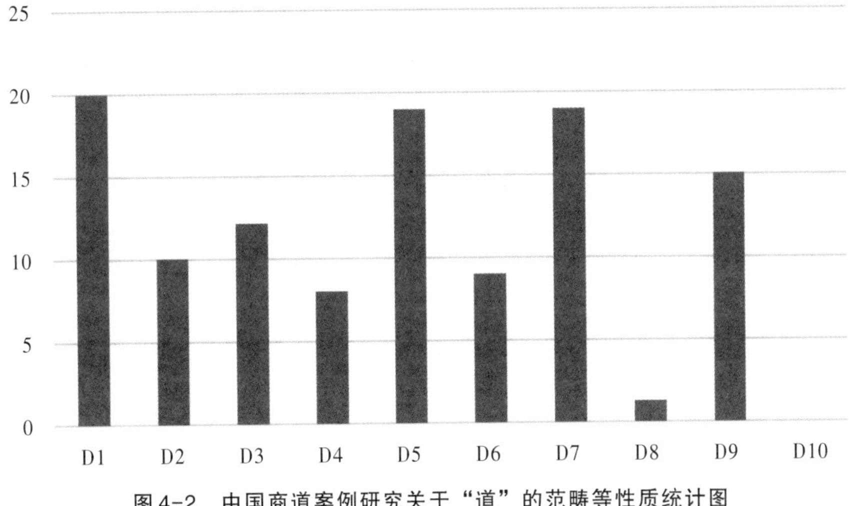


**图4-2 中国商道案例研究关于“道”的范畴等性质统计图**

基于以上概念的提炼及范畴化步骤，把10个方面关于道的概念进一步综合分析之后，结合这21个关于商道案例统计分析，得出了以下结论：成功的企业家或者商人无不认同“商道即人道”的道理，勤奋拼搏与较高的情商是获取商业成功的重要保障，而这一点与回报社会、履行社会责任是高度相关的。以德为先、诚信经营、以义制利可以分成一类，这是企业可持续发展的保证。勤俭节约很重要，但是，案例中成功的企业家不是每一个人都很节俭。也就是说，它不是成功的必要条件。道家思想及其他管理理念提到的比较少，但不代表它不重要；相反，只是融汇在管理之道中而已。

# 5 中国企业商业模式创新研究的沿革

## 5.1 概述

日本学者三谷宏治在《商业模式全史》中定义了商业的内涵，他认为，“商业就是把采购来或生产出的价值提供给他人，以换取同等的价值”（三谷宏治，2016：4）。把采购或生产的物品顺利地与他人完成交换，这个环节中的要素组合就是商业模式。可见，其涉及的主体至少有两个，就是交换的双方，当然，复杂的交换还涉及中介人或中介方。整个交换流程是采购或生产、谈判与交割、价值获取，用今天商业模式的价值视角理解，就是价值发现、价值创造、价值传递与价值获取的过程。三谷宏治进一步指出，“凡是有实力的企业无不拥有自己的商业模式”（三谷宏治，2016：4）。这里涉及至少两个问题，其一，什么是企业；其二，什么是有实力的企业。

《辞海》（1978年版）中，“企业”的解释为：“从事生产、流通或服务活动的独立核算经济单位。”不过，随着社会的发展，“企业”一词的内涵也有了变化，较常见的理解是指各种独立的、营利性的组织，可以是法人，也可以不是。随着经济发展与社会进步，企业形式也不断地发展与完善。企业的演进主要经历三个阶段：第一，工场手工业时期。这是指从封建社会的家庭手工业时期到资本主义初期。第二，工厂制时期。18世纪，西方各国大机器的普遍采用，为工厂制的建立奠定了基础。第三，现代企业时期。19世纪末20世纪初，工厂自身发生了深刻的变化；不断采用新技术、生产规模不断扩大、经营权与所有权分离、形成了一系列科学管理理论，从而使企业成为现代企业（百度百科）。

综上，企业是指各种独立的、营利性的组织，可以是法人，也可以不是。有实力的企业表现为“盈利”，这是研究其商业模式的基础。

企业发展的历程可以分为工场手工业时期、工厂制时期与现代企业时期，那么，相应的商业模式创新研究是否可以这样划分呢？三谷宏治从商业的定义入手，把商业术语的历史大致分为以下三个时期：第一时期，从远古到1990年前后。这个时期虽然也存在着商业模式的概念以及相关术语，且这些概念和术语对日后诸多方面的变革都起到了决定性的作用，但当时使用它们的人却寥寥无几。第二时期，从1991年到2001年。为了解释互联网经济，商业术语在这一时期迅速发展至顶峰。2001年网络泡沫崩溃，“商业模式”竟奇迹般地存活了下来，这必须归功于：回答了“竞争优势的持续性”问题；回答了“革新方法”问题。因此，2002年以后，“商业模式”又迎来了它的“第二春”，即“商业模式”的第三时期（三谷宏治，2016：1-3）。

在商业模式研究时期的划分上，对“中国企业商业模式创新”的研究可以分为远古到1984年，1985年到1992年，1992年到1999年，2000年之后四个时期。主要原因是：学界认可的商业模式的概念出现在论文中的时间是20世纪50年代（原磊，2007），而之前有关商业模式的概念或者接近其含义的概念依然大量存在，如经营模式、商道技巧、经商技巧等，所以，不能不去研究。况且，研究中国商业模式创新的发展历程要有连续性。再结合中国经济发展的实际情况，1984年，中共中央发文要改革经济体制，为商业模式创新带来良好的政治环境。从文献看，1985年之后，有关商业体制改革及运营模式创新的讨论开始出现并逐渐增多。1992年邓小平南方谈话，对中国经济体制改革意义重大，同样，商业模式创新的研究也蒸蒸日上。互联网电子商务的出现，为商业模式创新增添了翅膀，商业模式创新的实践及理论研究迎来了蓬勃发展之势，结合文献计量分析，采取了四个阶段的划分方法。

为了对远古到1984年这段时间的商业模式创新历史作个介绍，接下来以回顾中国商业发展的历程来间接地阐释商业模式的发展，也为之后商业模式研究做个铺垫。

## 5.2 中国古代商业发展的历程

商业起源于交换，如甲有多余之物件，与乙多余之物件交换，其目的在互通有无，如交易得当，则双方皆能获益，所谓各得其所。孟子所谓："以其所有，易其所无""无贸易则货物将积而无用"（唐庆增，2010）。用今天西方经济学边际效用理论解释，不断增加单位消费产品，当超过饱和需求量时，则边际效益为零或者为负值，显然要把多余的物件用来交换。

马克思认为，社会大分工与剩余产品的出现是交换的前提，也是阶级产生的前提，由此原始社会进入奴隶社会，人类第一个阶级社会产生了，商品也就产生了，商业、商品经济也随之由弱变强，由小变大。除了经济因素外，商业产生的伦理因素也是其经济身份的孪生体，是统一体的两个方面，故，商业或是否要发展商业就有了道德标准的考量，用经济学的话说，就是"规范"问题。这也是商业发展在中国历史上会受到抑制的原因之一，如果不法商人巧取豪夺、见利忘义则更引起统治者的警觉，就会坚信农本商末的道理。古代就有许多描述商人趋利避害的语句，例如，"故利之所在，虽千仞之山无所不上，深渊之下，无所不入焉"。

亚里士多德（Aristotle）认为，如果市场交换采取物物交换的形式，活动的目的就是满足正常需要，并不存在想要的利益。但是，使用货币作为媒介，就表明交换的目的是货币收益，这是要被谴责的。他还反对高利贷，认为货币本身不能产生价值，他没有认识到货币有机会成本与时间价值问题，当然他更多关注的是商业伦理问题。哲学家托马斯·阿奎纳则不同意亚里士多德的观点，他指出，私人财产并不违背自然法则，私人财产的增长是对自然法则的一种补充。他论证说，裸露身体与自然法则相一致，衣服就是对自然法则的补充，是为了人类的利益而设计。他断言，当市场上发生交换行为以适应贸易各方的需要时，不会涉及道德问题。

商业的含义是什么呢？商业是指以买卖方式使商品流通的经济活动，也指组织商品流通的国民经济部门。可见，商业的核心是买卖活动，也可以指一个经济部门。当然，在不同的历史时期，商业的内涵也是不断变化的，其外延也随之改变。偶尔的物物交换或者以货币为媒介的生产者与需要者直接的交换不能称为商业，只有一部分人从社会中分离出来，充当产需之间的中间人，并以之为职业，有了这样的社会分工，商业才出现。在中国的历史上，商业与商朝有关系。夏朝的商部落以擅长交换出名，其部落首领王亥经常带着部落的牲畜等物与其他部落进行交换。一次其在易水附近的交易中被易姓人所杀，财物也被抢，引发部落冲突，之后商部落的势力发展很快，最终建立奴隶大国商王朝。其统治者再也不像先祖那样辛苦，交换之事均由手下的小臣带领奴隶去具体操办。由于这样的商业管理比较有利，在商朝的上流社会，这一行当就很受重视。商朝统治者所在的城市叫“邑”，里面的买卖聚集的场所叫“市”“肆”，早先人们把跑贩运贸易的人叫“商”，坐市肆售物的叫“贾”，这就是所谓的“行商坐贾”，后来统称为商人，专门从事交换的行业为商业。这些都与古时的商朝有历史渊源。

西周的商业被列为“九职”之一，可以在《周礼》中看到农商并重的描述，《周礼》还重视对商业的管理，把商业和农业、手工业一样看成是社会分工中不可缺少的部门，指出它的作用是“通四方之珍异以资之”，是“阜通货贿”和“通财”，这就不难看出，《周礼》是重视商业在社会经济中的地位的。商业既能为社会“阜通货贿”，又能为国家提供财政收入（张守军，1985）。

当时的商贾主要是为统治者服务，市场上的交换物品主要是奴隶、牛马、珠宝等。国家对市场的管控比较严格，贵族买东西只能通过手下人去办，自己不会亲自去，否则有失身份。市场中设置“司市”来进行管理，其主要的职能是区域管理、物价管理、秩序管理、税收管理、质量监控等，这些市场管理机构的设置，以及使市场规范有序的做法，为后世所仿效，影响久远。不难看出，统治者的推动是商朝商业迅速发展的主要原因，一个国家在某段时间的商业繁荣与否，政府的政策是重要的外生力量。但是，好景不长，随着旧贵族的破产，新兴的农业和工商业者在奴隶制度内部凸显出来，成为“富人”“富子”，周厉王的严苛市场管制政策终于导致“国人暴动”，新的生产关系反作用于生产力，周朝走向灭亡。成也萧何，败也萧何，统治者的政策不是掌中随心所欲的玩具，不主动调节生产关系，一定会被生产力淘汰出局，商业也一定在此关系的“笼子”里产生与发展。

春秋后期，铁制农具的推广，促进了农业生产力的提高，农业劳动力由奴隶转化为农奴，进而为个体小农，生产积极性也相应提高，于是，农业剩余产品要求换回生产资料与生活资料。这样，市场交换的需求进一步上升，物资在更大的范围内畅通，商业的发展具有前所未有的良好条件。可见，市场的需要是商业发展的重要条件，是重要的外在引力。技术进步则是推动生产发展的重要前提，否则，商业发展将是无源之水。生产力是推进商业的基础，商业的发展又反作用于生产力，使其提高，两者互为因果。当时的商业思想亦促进商业的发展，例如儒家思想不反对人从事商业，也不反对做富人，“富贵可求，但应以治世为限”“贱入贵出即系商业，孔子对之，并无所贬黜，且深许子贡能‘亿则屡中’焉”（唐庆增，2010）。

如果商业相对于生产环节而言，也是一种运作模式的话，不同历史时期的商业发展模式是由生产力水平决定的，这是第一位的决定条件；其次，才是政府政策的影响。若从更动态的视角看，不同时期的商业运作模式又促进生产力不断提高，并在促进生产中不断优化与完善，从这个意义上说，其内在因素决定着自增长的进程。这个时期的交换在空间范围上有了拓展，放大了商品交换的边界，主要是在城市之间进行，由此也带来了城市的繁荣。在城市里，商品交换的固定场所叫“市”，市的四周有“市门”，设官进行管理，市内列肆成行，商品分类排列，但多是小商人和自产自销的小手工业者。春秋后期，一些小手工业者被容许在自己的住所前屋接受加工订货，工商合一，前店后坊的新形式出现了，这是商品交换的一种补充，这种模式一直保持至今。浙江义乌小商品市场的出现、发展与壮大与此何其相似。可见，商品经济在不同阶段的发展样式具有可重复性，这或许也可以称为“商业模式”。

当时集市的营业时间是有限制的，市门朝开夕闭，逢集还有歌舞等娱乐活动，足见商业发展的带动效应。此时，地区间的商务活动也活跃起来。春秋战国时期，中国的丝织品也先后出现在波斯、古希腊和古印度的市场上，表明中国与中亚之间存在一条古老的商道。可见，商业发展除了空间的拓展，也带来了与之交易物品的丰富，由此产生衍生产品并带动相关产业，这是商业发展的两个基本路径，不妨称之为内涵丰富与外延拓展两个方面。

春秋时期，商业利润丰厚，商税的征收越来越引起统治阶级的浓厚兴趣，由于各个国家存在商业竞争，关税一般都是2%，“轻关易道”曾是继齐桓公之后称霸的晋文公招徕商旅的口号。为了争取各国商人对自己统一事业的支持，秦王政宣布对外来商人不收关税。可见，经济是政治的继续，经济利益服从政治方略。管仲提出“四民分业”的理论，当时人们常以农工商三者是否并盛来评断一国的国力强弱。

商品的交换促进了货币的产生与发展，起源较早的金属货币在春秋中晚期使用更广，在战国时期货币益趋活跃。金属货币的大量使用，给交易带来了便利，进而促进商品经济的发展，给商人操作物价提供便利，也加速了商业资本的积累。此时，社会也出现了浓厚的拜金主义，有钱人生前爱钱如命，即使死后还随葬冥币。随着货币的普遍使用，高利贷也盛行起来。富商大贾往往乘农民贫困之危，发放高利贷，盘剥农民。东周末年，甚至周赧王也躲到了高台避债，“债台高筑”这个成语就是从这个故事来的。土地和劳动力在当时都可以买卖，这是货币制度发展带来商品经济活跃的表现，特别是战国时期的商品经济发展水平是奴隶社会不可比的。当然，此时依然是自然经济占据主导地位，买卖也只是为卖而买，与发达的商品经济还有很大的距离。可见，商业的发展总是局限于一定的社会经济背景下的，同样，分析商业或者商业模式也一定不要割断历史条件，否则，就会成为不接地气的抽象理论。

汉至隋唐是中国封建社会的前期，社会经济呈现上升、下降、再上升的U形曲线，商业的发展自然也在这个大趋势之中。据《史记·货殖列传》记载，西汉前期的商业是“汉兴，海内为一，开关梁，弛山泽之禁，是以富商大贾周流天下，交易之物莫不通，得其所欲”，这个繁荣的景象是战国商业活跃的继续，西汉末期人口已达6 000万，是战国时期的3倍，商品流通规模自不待言。

东汉的农业和手工业生产技术在某些方面比西汉有所提高，但是商业发展的总量没有超过西汉。商业发展变慢的一个主要原因是自给性增强的田园经济的出现，减弱了商品交换的内在动因，缩小了市场交换的范围。东汉建立以后，地方豪强当政，中央集权衰弱，土地兼并，筑堡立坞，封闭性很强的田庄经济强化了自然经济，弱化了商品经济发展的基础。到东汉末期因铸钱过多，导致钱贱物贵，物物交换开始替代货币媒介作用，赋税也改为布锦，这样的状况直接阻碍了商品经济的发展，加之东汉末年军阀混战，政局动荡，商业发展受到了严重的影响。隋取代北周统一全国后，商业发展迎来了上升的机会。唐朝前期出现贞观、开元之治，商业又呈现繁荣的景象。唐朝国家统一，交通便利、免征关税、币制健全等因素促成商业复兴。这些与唐朝初期的政策有关，实行均田制，扶植个体经济，放松手工业控制，兴修水利，提高技术，使农业与手工业快速增长，带动了商业的发展。可见，给个体经济以自由度，促进生产发展是商业发展的主要前提，否则，商业发展会停滞不前。

唐中叶以后，土地兼并之风兴起，均田制制度被毁，田园经济又回头，商业发展受到限制。统治阶级内部矛盾与农民矛盾交织与激化，爆发了“安史之乱”。战后藩镇割据，商业又呈现凋敝惨状，全国经济重心也发生转移。南方商业发展较快，一个主要原因是商业发展环境比较好，政治与战争的影响比较小。由此可见，同样的生产力水平，如果政局不稳，政策不利，商业发展照样凋敝，商业水平显然不是和生产力一一对应的，它是生产力、社会制度、政治等多元因素的函数。政策对其他因素也具有相当大的影响作用，如果通过计量模型验证的话，我们会得到政治的影响因子最大。

唐朝后期德宗实行税制改革，户税按钱计算，促进了农民与市场关系的建立，一定程度上推动了商品经济发展。但是，由于政府财政困难，肆意搜刮，掠夺商民层出不穷，唐后期商业发展受到相当大的限制。继之而起的五代十国，北方政权更迭，商业受影响，南方商业则有一定的发展。

王朝的建立，结束了分裂局面，商业发展会迎来飞跃。商业发展是以生产力发展为前提的。随着劳动力增多、生产经验积累，工农业产品增长，同时，随着南方经济的更快发展，北宋末期人口增至1.2亿，耕地近5亿亩，都约是汉唐最高水平的2倍，商品流通规模的扩大可以想见，商业发展到了一个新阶段。这得益于农业生产的发展，再加上赋税的货币化，王安石变法实行以钱代役，提高了农产品商品化的程度，促进了商业发展。北宋中叶每年铸钱数量是盛唐的十几倍，铜钱还不够用，之后，中国还创行了世界上最早的纸币——交子。但是，北宋末年蔡京当政，商税苛杂，影响了商业发展。不久，金人南下，这个腐朽政权垮台。

金人与南宋的政策总体上阻碍了商业发展，蒙古灭金建立元朝，垄断和控制了重要的生产部门，民间手工业发展受到影响，汉族商人受到歧视，民间商人很难活动，加上元政府滥发纸币，商业出现倒退。

明朝前期扶植农业，手工业者地位得到恢复，明统治者纠正元的不当政策，采取不少体恤商人的做法，对专卖商品的管理制度也做了修改，这些措施直接促进了商品经济大发展。明朝前期至宣德景泰时，商品经济相当繁荣，可惜后来统治者贪欲扩张，商税加重，影响商业发展。明朝后期统治者做了一些改革，废除工役制，实行银代役和推行一条鞭法，使得无地或少地的农民负担减轻，农民为了多得货币以缴"鞭银"，就因地制宜，生产能够多卖钱的东西，农产品商品化有所增长。明后期，出现商业资本投资于生产的新动向，商人与生产者之间过去是相对割裂的，现在出现了新型自由的雇佣关系，这是封建主义内部的资本主义萌芽。商业资本在促进生产关系变革中起到了推动作用，这是古老商业发展到更新阶段所出现的新事物。

可惜明朝后期贪得无厌的统治者加紧对商业的掠夺，沉重打击了工商业，使得资本主义的萌芽被扼杀在摇篮里。

清王朝的建立，揭开了中国商业发展的新篇章。清初，一片凋敝，为巩固政治统治，清政府实行了严厉的海禁政策并制造沿海无人区，对矿山封禁很严，监视织工和民众的活动，这些都影响了商业的发展；又由于富商权贵储藏白银，导致货币流通不足，市场疲软，交易死滞，给商业带来了消极影响。

康熙二十二年平定台湾之后，政治稳定，经济恢复，清政府采取许多刺激经济发展的措施。雍正时期实行摊丁入亩等改革，货币化程度得到提高。乾隆时期进一步放松政策，推进农产品商品化，促进商业发展。乾隆时期是清朝盛世，商业水平跃迁至更高水平，进入黄金时代。嘉庆、道光时期出现转折，财政收不抵支，苛捐杂税多，农民不堪重负，购买力萎缩，可供商品减少，商业出现凋敝。政局衰败直接导致商业衰落，这是基本规律。

讲求利益是商业行为的本质，具有唯利是图属性。明清商业思想强调要以义取利，不能见利忘义。从明清的商书上可以看到，强调艰苦创业，节俭为本，洁身自好，不可贪图奢侈生活。诚信为本、公平交易、匡扶正义、扶弱济贫也是积极倡导的商业精神，“仁、义、礼、智、信”的道德规范，对维护传统社会正常的商业运作起到了不可忽视的作用。

近代社会是中国历史上动荡和变革时期。从鸦片战争爆发到八国联军的入侵，从太平天国运动到义和团运动，从戊戌变法到辛亥革命的发生，从“五四”运动到新中国成立，这一系列事件都使中国这几千年的睡狮猛醒，开始并真正拥抱新世界的曙光。尤其是辛亥革命的爆发，推翻了在中国延续了2 000余年的封建统治。继之，“五四”运动和新文化运动的开展，对中国人尤其是先进知识分子的思想领域又进行了一次洗礼，各种各样的观点、理论、思潮涌入我国并开展了激烈的论战，马克思主义思想在中国广泛传播开来。在这百年沧桑巨变中，中国商业的发展也是带有半殖民地半封建的特点，表现在商业上就是“国内市场分割”“外国商品大量倾销”，帝国主义列强在中国构建了一个买办和商业高利贷的剥削网，中国民族资本在夹缝中缓慢发展。辛亥革命后，政府颁布和实施了一些法律、条例和政策，并设立一些机构来管理国内商业。1927年蒋介石背叛了革命，建立了大地主、大官僚、大资产阶级相结合的国民政府，也建立了四大家族的商业网络，这为商业的发展提供了一定的条件。1937年“七七事变”爆发，日本帝国主义大举进攻，继而又侵占了华中、华北、华南各主要城市、交通线和附近乡村。为了配合其军事侵略的需要，对这些地区实行野蛮的摧残和掠夺政策。在国统区，蒋介石竭力代表大地主、大资产阶级的利益压迫和剥削人民，商品经济一落千丈。（张秋华，1992）

“史鉴使人明智”，历史像一面镜子，以它过去的光辉照耀着现在和未来。我们纵观商业产生和发展的历史，尤其是近代社会这一历史时期，商业所走的路，可以说是布满荆棘、颇为坎坷，但却蕴藏了宝贵的实践和商业思想，随着时间的推移不断演进，形成了现代的商业思想和商业理论。对于商业模式的研究而言，了解中国商业发展历史，可以给我们许多启示：

第一，商业模式研究可以从三个维度展开。从宏观层面看，商业相对于农业与工业，是相对独立的。其与农业、工业之间的关系，在不同的历史时期是不同的，既受到生产力发展的制约，也受到不同政治环境、法律环境的制约，更多的是政策制约。从这个意义上讲，商业发展模式各有特色。从中观层面看，商业模式要置于行业的背景下，一个行业的共同的运作模式，某种意义上就是商业模式，具有明显的行业属性。从微观层面看，其指的是个别企业的商业运作模式，应该是同业中具有显著绩效表现的商业运作模式，具有典型意义，是我们研究的重点，其差异性与可盈利性是其本质属性，无疑是商家关注的焦点。

第二，商业模式研究的重心应该是商业，而不是生产环节。商业是生产流程的延续，是实现“惊险的一跳”的关键；当然，也可以是生产环节的配套服务，也就是所谓的现代服务业。这些是商业的主要范畴。

第三，商业模式研究不仅要注意理论抽象概括，更要见物、见人。不受文化制约的抽象理论，以为是放之四海皆准的“模型”，其实这个抽象模型在实际操作中可能用处不大，往往失灵。魏朱六要素商业模式模型构建基于“见物，见人”的理念，“商业模式就是企业为了最大化企业价值而构建的企业与其利益相关者的交易结构”，这是比较明显的见物又见人的研究，也符合马克思主义生产力与生产关系辩证统一的原理，我们不可孤立地看问题。商业的发展总是局限于一定的社会经济背景下的，同样，分析商业或者商业模式也一定不要割断历史条件，否则，抽象的理论往往不接地气。

第四，商品经济的发展在不同历史时期具有一定的特色，但是也有共性，这个共同的属性往往具有可复制性，这也是“模式”的题中之义。可见，商业在不同阶段的发展样式具有可重复性，这或许也可以称为“商业模式”，为研究企业不同时期的运作模式及为研究不同企业的运作提供参考。

第五，不同历史时期商业的发展可以从内涵与外延两个方面来看。由于生产力发展及技术进步等原因而导致商业交易物品的丰富、产业的带动，称为内涵发展；由于工具进步导致交易手段先进，从而在空间方面拓展，称为外延发展。同样，研究商业模式的发展，可以考虑从交易内容与交易手段两个方面来研究。

第六，历史上，凡是个体经济自由度大，就会导致商业大发展，否则，商业会停滞不前。商业水平显然不是生产力单一变量的函数，它是多元因素的函数。同样，商业模式显然不是技术因素的单变量函数，不过，目前研究的热点之一是信息化背景下的商业模式演化规律的探索。商业模式的商业伦理也是值得关注的因素。

冯海龙（2012）指出，中国的管理情境需要管理学实现创新与本土化转型。百年管理学研究发展的四个阶段为：科学管理、人际关系与行为科学、“管理丛林”以及企业文化理论等，总体路径演化趋势从“以物为本”到“以人为本”，目前主要特征是“现实不断发展，理论持续创新”。同样，商业模式创新研究属于管理学研究范畴，其发展脉络也具有从关注物到关注人的转变。

冯海龙（2012）指出，中国管理学百年发展经历了1949年前的“管理学萌芽”、1949—1978年的“管理学初步形成”、改革开放后的“恢复转型与两个注重”三个阶段。这为中国企业商业模式创新研究提供了有益的借鉴。

## 5.3 中国企业商业模式创新研究文献的计量分析

### 5.3.1 主题为“中国企业商业模式创新”研究文献概述

市场环境和技术环境的双重不确定性等因素给中国企业的商业模式创新带来挑战，商业模式创新需要正确处理理论引进和本土现实，商业模式创新研究必须融入“中国元素”，未来中国商业模式创新的研究将日趋国际化并最终实现本土化的转型。

中国自改革开放以来，经济社会发展引起了全球的关注，中国的发展既不走苏联之路，也不走美国之路，更不走日本之路，中国企业商业模式创新具有中国特色。面对不断变化的环境、不断变化的市场、不确定的未来，商业模式创新的主要任务是降低不确定性，不断提高成功获取利润的概率，不断提升规避风险或化解风险的能力，进而获取竞争优势，赢得可持续发展。商业模式创新既要遵循经济逻辑，又要注重文化。管理是以人性为起点的，具有主体性与目的性统一的特征。“管理活动具有科学性、道德性与艺术性三重属性”（高良谋，2012）。所以，商业模式创新要走出科学主义范式的局限，要重视道德维度与艺术维度的拓展与深化。

在中国知网文献检索中，以“中国企业商业模式创新”为主题的中文文献才32篇，而标题中出现中国企业商业模式的仅仅5篇。通过对其“关键词共现网络”分析，得出高频词为：“技术创新”3次、“企业竞争”2次、“创新路径”2次。

技术创新与商业模式创新是相互影响、相互促进的。探讨中国企业商业模式创新往往涉及技术创新，“技术创新”为高频词。如，张剑和袁保华（2021）从5G时代的视角探讨未来中国企业商业模式创新的特点与要点，5G技术是颠覆性技术，在此场景下进行的商业模式创新具有开创性，这也是一个不断试错的过程。目前中国企业的成功应用场景及案例对企业实施商业模式创新具有一定的启发意义。

关于商业模式创新路径的研究是学界及企业界关注的焦点之一。闪烁（2010）以联想并购IBM的个人电脑业务为例，探讨了海外并购背景下的中国企业商业模式创新路径，要从顾客价值创新、盈利模式和利润保护三个方面来实施。王建国（2011）指出未来中国经济发展需要重视商业模式创新的引擎作用，商业模式是一个让客户和企业双赢的方式，商业模式的创新贯穿企业经营过程中，要关注经营环境变化，注意竞争因素以及消费者变化，及时调整自己的商业模式。廉志端（2014）从经济学理论视角，阐释了企业商业模式创新行为的内外驱动力及其要素构成，基于此提出了创新对策。李兴旺和武斯琴（2015）从文献研究的角度，选取了139篇文章为语料进行内容分析，得出：中国企业的商业模式创新在内容方面，要素创新多于要素间的关系创新，要素点也比较少，多集中在营销创新方面；在衡量创新效果方面，多用财务指标和市场效果指标，而运营效率指标使用较少。

罗天昊（2010）指出，在中国，商业模式的创新比技术创新更为重要。中国企业的商业模式创新是建立在多层次的产业结构以及庞大的低端消费为主体的国内市场基础之上的。中国企业的商业模式创新包含以下七大要素：新旧产业结合催生的商业模式；产业链的纵向延伸，根源于某一个企业掌握了庞大的国内市场；全球化的逐步深化带来的机遇；中国市场压力下的运营模式创新；源于国内市场激烈竞争的产业转型；根源于行业周期导致的并购式发展；新兴技术与新兴产业领域。此文献发表于2010年，10多年来中国市场环境发生了很大变化，不过，文中提到的传统商业模式与新商业模式的共存，立足于中国国内的巨大市场，提及的国际及国内市场的压力、产业周期的变化、新技术以及新产业依然具有借鉴价值。

### 5.3.2 1984年之后中国企业商业模式创新研究文献的计量分析

由于仅仅以“中国企业商业模式创新”为篇名进行检索，文献太少，为此，放宽检索条件，以“商业模式”为主题进行模糊匹配跨库检索，得到分年度的文献数量如下（截止时间为2021年12月16日）：

2022（6）2021（3 014）2020（4 287）2019（5 302）2018（5 400）2017（5 694）2016（5 880）2015（5 800）2014（4 937）2013（4 036）2012（3 257）2011（3 063）2010（2 964）2009（2 389）2008（2 084）2007（1 818）2006（1 434）2005（922）2004（605）2003（407）2002（370）2001（344）2000（395）1999（102）1998（49）1997（36）1996（36）1995（41）1994（59）1993（19）1992（5）1991（2）1990（8）1989（11）1988（8）1987（9）1986（4）1985（2）。

下面进行总体趋势分析，如图5-1所示。

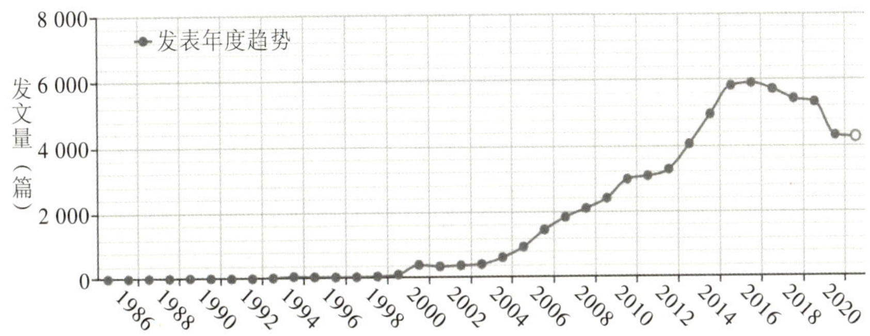


**图5-1　中国知网主题为“商业模式”的文献数量总体趋势分析图**

数据来源：文献总数为64 974篇；检索条件：（主题=商业模式 或者 题名=商业模式）(模糊匹配)；数据库：文献 跨库检索 截止时间点：2021年12月16日。

文献计量学是指用数学、统计学和文献学的研究方法，定量地分析一切知识载体的交叉科学。其计量对象主要是：文献量、作者数、词汇数等。原磊（2007）应用文献计量的方法，得出“商业模式正式作为一个独立领域引起研究者的广泛关注，确是1999年以后的事情”。比较常用的方法是分析某个名词在学术期刊中出现的频率，来探析该概念的发展演变情况（原磊，2007）。

依此研究方法，对“中国企业商业模式创新”这个研究主题进行解构，选择“商业模式”为关键词，在中国知网中进行文献检索分析。具体操作是：在检索主题中输入“商业模式”，词频匹配方式选“模糊”，分年度来分析。鉴于研究商业模式的学者多关注国外最新的研究成果或中国企业商业模式创新的新实践、新成果，而对中国改革开放初期关注不够的现象，结合关于“商业模式”分年度呈现文献数量的情况，从

1985年开始进行，着重分析1999年前后的文献情况，去探究国内关于商业模式或者商业模式创新的研究，是否从1999年开始引起了学者的广泛关注。在此研究过程中，期望厘清中国企业商业模式创新研究的一个脉络。

1985年有2篇文章，篇名中出现“商业模式”的是曹厚昌的《论“开放式、多元化、经营型”的批发商业模式》一文，他指出现行批发商业是“封闭式、一元化、分配型”的模式。随着商品生产的发展，这种流通体制易造成许多弊端：统得过多，管得过死；业务活动受限于本地区经济利益；商品画地为牢，合理的购销关系建立不起来；保护落后，不利于技术进步与产品开发；经营环节增多，浪费严重，经济效益低。为此，他提出，“开放式、多元化、经营型”是批发商业改革的模式。

如果从商业模式创新的价值发现、价值创造与价值分配（包含价值获取）环节看，曹厚昌（1985）认为传统的批发商业模式存在巨大的浪费，或者可以设法减低成本，就是价值发现，这可以说是批发流通环节的痛点。创造这个价值的方式就是多主体参与，多形式并举，在收购、销售、分割、运输与储存、资金融通、承担风险、管理服务与咨询等价值链环节系统创新。价值分配也是在参与价值创造的主体间分配，利于调动积极性，提高效益。孙刚若等（1985）具体分析了常州市的商业体制改革。

1986年关于商业模式的文章有4篇，其中3篇是探讨商业体制改革的，分别是吴承任等的《浅论商业批发公司模式》、何东霞的《论我国商业经济体制改革的目标模式》、王世惠的《谈新型供销社商业的模式》；还有1篇是朱通华的研究苏南模式的文章，主要探讨苏南区域经济发展的新模式。王世惠在《谈新型供销社商业的模式》中指出，供销社的经营管理模式的弊端“一大二公三多四死五低”没有改变。具体表现是：组织设置上，学官办商；供销社是“官”的，不是“民”的；人员多，搞平均；经营方式死；供销社经济效益低。这些新出现的经济社会情况：城乡商品经济融合、农村劳动力开始进入城市市场、乡镇企业迅速发展、集市贸易兴起、农村对第三产业的需求呼声越来越高，是供销合作社商业经营向开放型、多方位、多层次、多形式模式变化的重要条件。

1987年关于商业模式的研究文献有9篇，全是商业经济方面的，主要探讨商业体制改革，如米贵琪的《论小型国营商业企业体改模式的可行性决策》、张赤华和张悦的《商业计划管理新目标模式的建立及模式转换》、谢志华的《试论国营商业企业经营独立性的理论模式》、许彩国和陈金刚的《关于管理社会商业模式的探讨》、黎明的《改革商业信贷制度 打破资金“包供”模式》等。许彩国和陈金刚在《关于管理社会商业模式的探讨》一文中，提出的社会商业的概念是“在全社会范围内从事商品流通的具有法人地位的经济组织（包括个体有证商贩）的总和”。可见，当时对有证商贩的管理还没有成立。

1988年关于商业模式的文章有8篇，主要是探讨商业体制改革的问题，如李晓峰和巩文波的《论批发商业改革模式的选择》、纪良纲的《论我国社会主义初级阶段商业所有制发展趋势及结构模式》、曲兆惠的《从广州市场论商业体制改革目标模式》等。

1989年关于商业模式的文章有11篇，多数是写经济体制改革的，如黄祖萍的《关于制定并实现中型商业批发企业管理模式的探讨》、张悦和张赤华的《论商业计划管理体制近期改革模式》、林克和唐冠华的《对国营商业的地位、作用及发展模式的一些看法》，这些文章侧重于探讨国家层面的经济改革。还有几篇文章侧重于企业的运营管理模式，如姜保华的《我国大型多功能商业企业现代化管理模式的探索》、杨柏盛的《一种灵活的商业企业内部银行模式》、王贵春等的《大中型商业批发企业经营模式改革刍议》，这方面的分析更接近于当下对商业模式的探讨，多集中于企业层面。值得一提的是，还有关于日本的零售营销的文章，这是零售商业模式的介绍。斌（1989）撰文《日本零售商业的营销模式——商业圈》指出，20世纪60年代后，日本各零售商业运用的商业圈战略是取得好的经营业绩的主要手段之一，有效地实现了社会效益和商业利益有机统一。

1990年关于商业模式的文章有8篇，其中7篇都是有关商业体制改革的，如冯雷、何陶琲的《商业企业所有制实现形式的模式选择》、谷秀华的《关于批发商业体制改革目标模式的设想》、郭乃青的《商业改革目标模式刍议》、苏学生的《商业管理体制改革模式构想》等。还有1篇关于商业文化的文章，是李在永的《商业企业文化模式初探》。

1991年有2篇关于城市商业设施规划和城市商业中心发展的，与商业模式的研究关系不大，分别是王新星和霍维国的《浅议中小城市商业设施规划设计》、刘博敏的《试论城市商业中心系统发展的动态模式》。

1992年有5篇关于商业模式的文章，其中3篇是对商业批发改革的讨论，分别为林克和李舜昭的《必须彻底改革国营批发商业旧的模式》、宋葛龙和李桑田的《国营商业批发企业组建企业集团模式初探》、贺名仑和王奇华的《中心城市批发商业的模式与改革》；1篇是关于商业改革的；1篇是介绍西方企业管理的，为刘子耀和黎明辉的《西方企业的商业决策模式——论资本预算学》。

综上，在中国知网中以主题为“商业模式”进行文献检索，1985—1992年之间的文献共49篇。下面对这49篇文献进行计量分析。

选此阶段进行分析的主要原因是：中国共产党第十二届中央委员会第三次全体会议1984年10月20日通过了《中共中央关于经济体制改革的决定》，认为“改革计划体制，首先要突破把计划经济同商品经济对立起来的传统观念，明确认识社会主义计划经济必须自觉依据和运用价值规律，是在公有制基础上的有计划的商品经济”。从文献分析看，从1985年开始，探讨商业经济体制改革的文章比较多，而1985年之前就少见，至少知网没有检索出。

为何选择1992年作为这一阶段的截止时间？这是因为1992年1月18日—2月21日邓小平同志先后赴武昌、深圳、珠海和上海视察，沿途发表了重要谈话。南方谈话把改革开放和经济建设推向一个新阶段，对中国社会主义现代化建设事业具有重大而深远的意义。

对这一阶段的49篇文献进行可视化分析，选“关键词共现网络分析”，设定出现频次为5次以上，共现频次为2次以上，结果显示如图5-2所示。

其中，“商业企业”11次、“经济体制改革”9次、“商业经营”6次、

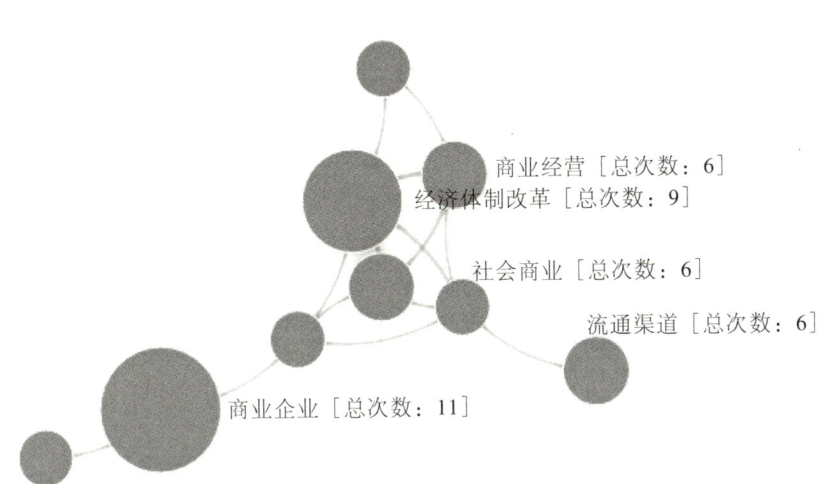


**图5-2　1985—1992年49篇文献的关键词共现网络分析图**

"社会商业"6次、"流通渠道"6次，出现频次为5次的有："横向经济联合""批发企业""商业所有制结构""商业体制"。

综上，在1985—1992年之间，从文献看，人们关注商业企业的经济体制改革问题，社会企业的管理问题、商业经营问题，批发企业的运营模式也是人们关注的热点之一。关系紧密的是商业企业、社会企业的经济体制改革问题。

1993年关于商业模式的文章共19篇，进行可视化分析，选"关键词共现网络分析"（不设定筛选阈值），结果是"商业企业"8次、"中央银行"7次、"银行模式"5次、"股份制企业"3次、"金融机构"3次，如图5-3所示。

可见，人们对经济体制改革的关注已经具体到银行与商业企业的股份制改革问题，显然，商业模式的研究将随着社会主义市场经济体制的建设而不断引人关注，并向更加深入的方向发展。

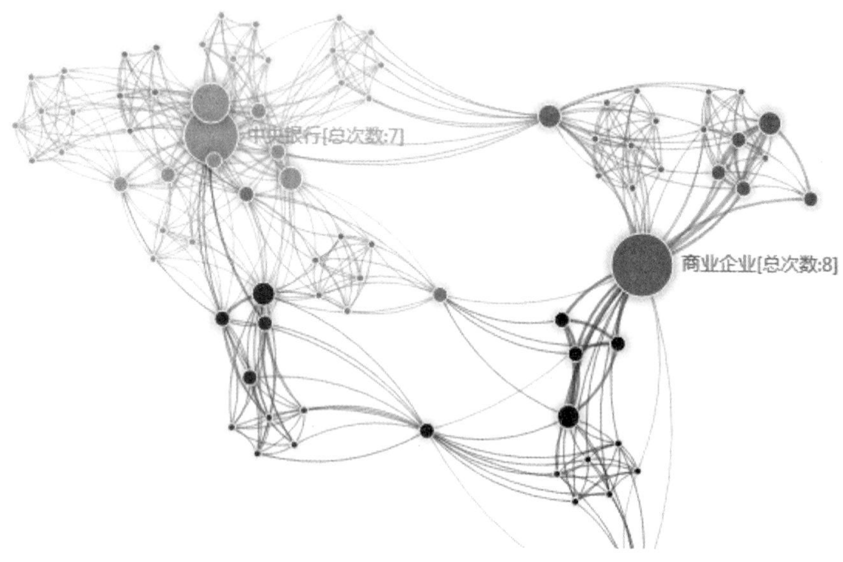


图5-3　1993年19篇文献的关键词共现网络分析图（不设定筛选阈值）

1994年关于商业模式的文章共59篇，进行可视化分析，选“关键词共现网络分析”（不设定筛选阈值），结果如图5-4所示。

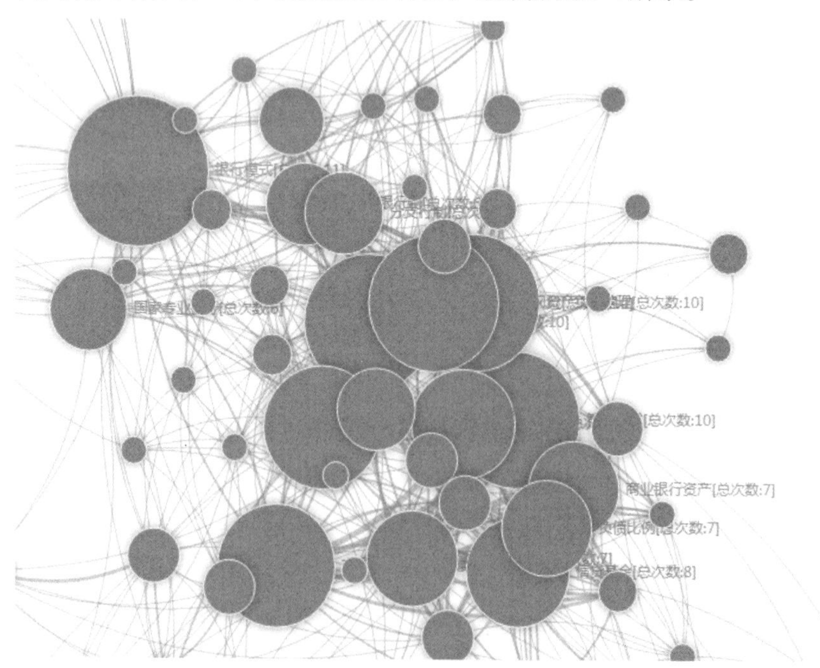


图5-4　1994年59篇文献的关键词共现网络分析图（不设定筛选阈值）

由于不能清楚地看到关键词的频数，选“关键词共现网络分析”，设定出现频次为9次以上，共现频次为0次以上，结果显示如图5-5所示。

**图5-5　1994年59篇文献的关键词共现网络分析图（设定筛选阈值）**

由图5-5可知：“中央银行”10次、“资产风险”10次、“资产负债管理”10次、“管理模式”10次、“政策性业务”9次、“市场经济体制”9次。

可见，这一年学者研究的重点依然是金融体制改革、经济体制改革和资产管理等。

1995年有41篇文献，其中讨论银行的有22篇，讨论商业企业经营模式的有14篇，其余涉及商业文化和商业伦理。

1996年有36篇文献，讨论银行的有19篇；讨论商业企业经营模式的有14篇。有涉及计算机对商业的管理的，如吴道坚和骆碧茹的《计算机对商业经营管理模式新探》、商波的《使用商业管理软件 建立新型管理模式——访商业管理软件先驱DBTA公司》；有介绍西方商业模式的，如白玉的《西方零售商业连锁经营模式初探——兼谈我国零售商业实施连锁经营的策略》。

1997年有36篇文献，其中有19篇讨论银行，有10篇讨论商业企业经营模式。

自1998年开始出现电子商务商业模式的研究。

1998年有49篇文献，其中有23篇讨论银行，有8篇讨论商业企业经营模式。值得一提的是阿群的《电子商务——信息时代的商业模式》

一文，首次提到了电子商务。这一年与计算机和网络有关的文章有5篇，如《Oracle数据库转向Internet》《天歌掀起Web之战》《呼叫中心与信息时代的商业》《云遮艳阳——电话巨人们展开了将语音移入网络的竞争，但是商业模式仍然前途黯淡》等。

1999年关于商业模式研究的文献有102篇，不设定筛选阈值的“关键词共现网络分析”，如图5-6所示。分析文献关键词共现网络可视化图，可知：“商业企业”8次、“互联网经济”7次、“杨致远”5次、“传统商业模式”4次、“金融电子化”4次、“资本市场”4次、“百家”4次、“Amazon”4次。

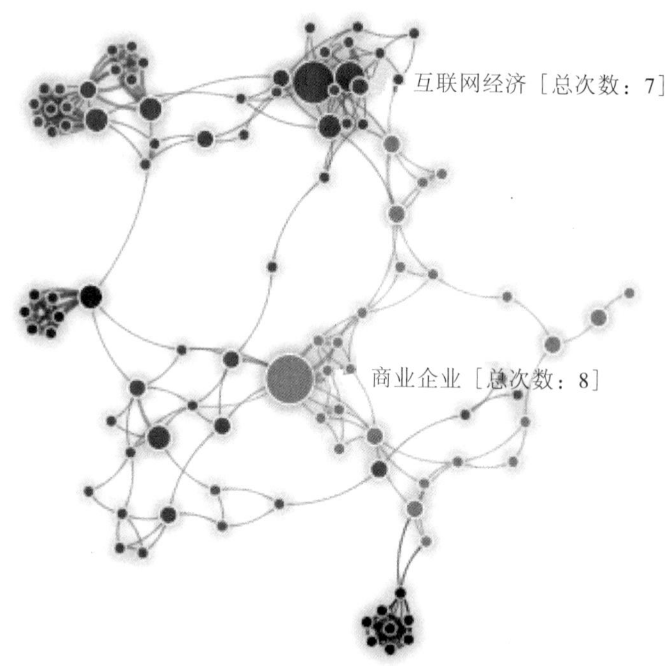


**图5-6　1999年的102篇文献的关键词共现网络分析图（不设定筛选阈值）**

再以出现频次为4次以上来设定筛选条件，可以得到图5-7。

可见，“互联网经济”与“Amazon”“杨致远”为密切关联关系。

再和1998年49篇文献的“关键词共现网络分析”图进行对比。由图5-8可知，主要高频词是“商业企业”9次，“股份合作制”5次，“管理模式”4次，“经营管理方式”3次。

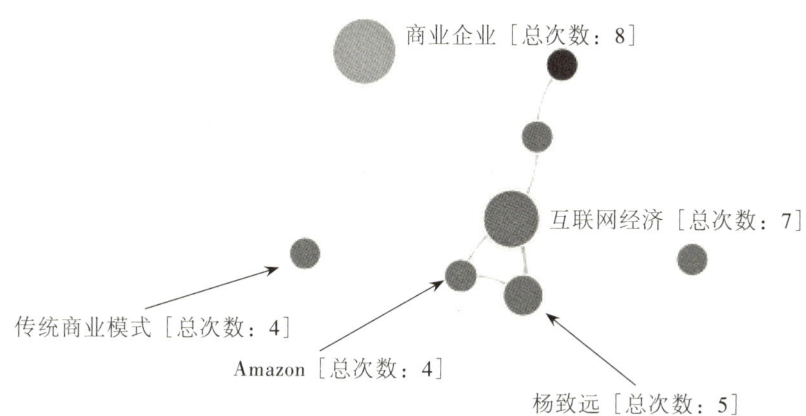


图5-7　1999年102篇文献的关键词共现网络分析图（设定筛选阈值）

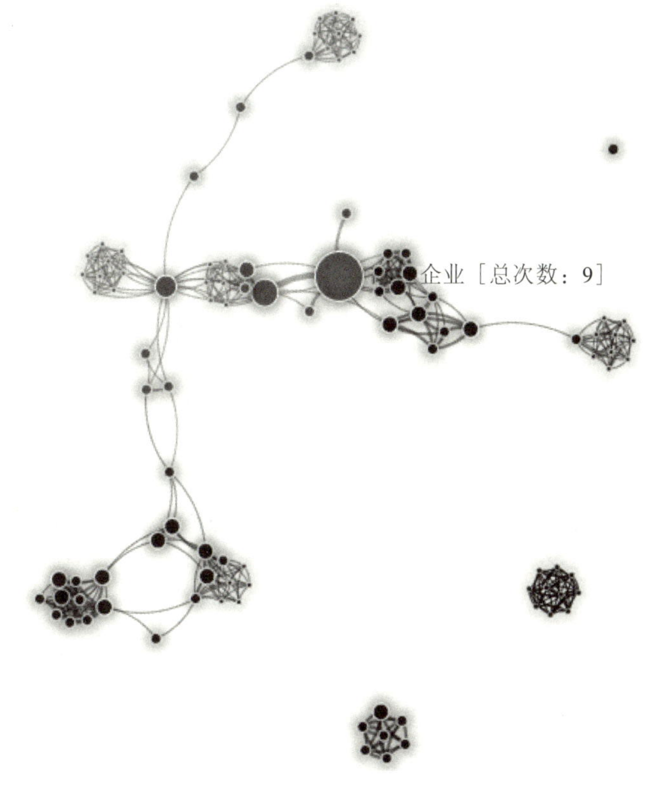


图5-8　1998年49篇文献的关键词共现网络分析图（不设定筛选阈值）

1999年出现了互联网经济及有关词汇，从而充分说明互联网已经成为商业模式研究的关键点。而1998年关注的是商业企业、股份合作制的管理模式或经营管理方式。

因此，1999年是商业模式研究的一个关键节点年。之后，商业模式的研究与互联网和信息技术的联系更加紧密。

再看2000年，关于商业模式创新的文献为395篇，很明显，文献数量增长很快。

先看不设定条件的“关键词共现网络分析”生成的图5-9。

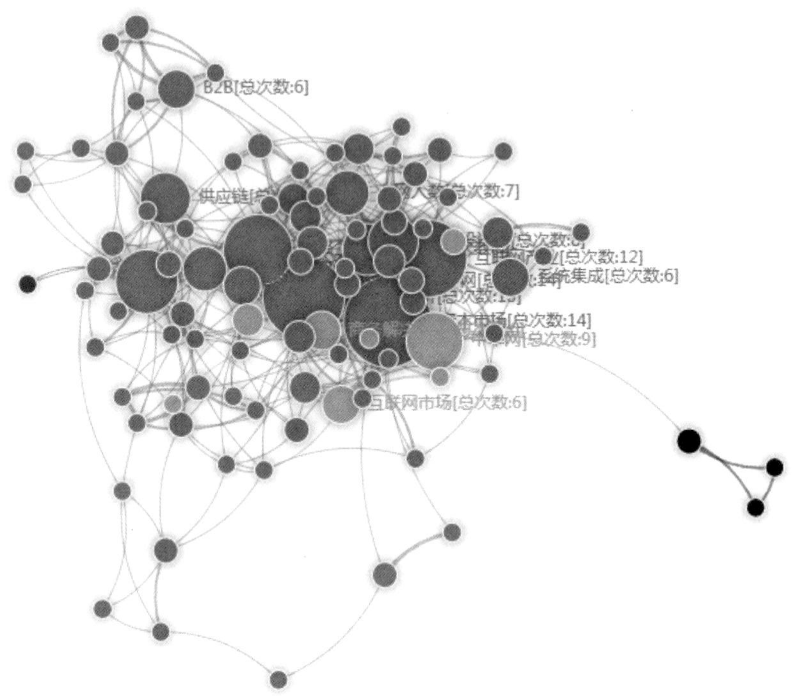


图5-9　2000年395篇文献的关键词共现网络分析图（不设定筛选阈值）

下面来设定条件：出现频次10次以上，共现频次3次以上，结果如图5-10所示。

由图5-10可知：高频词“门户网”14次、“互联网经济”13次、“互联网产业”12次、“资本市场”14次，这四者之间联系紧密，而“传统商业模式”10次，与它们之间相对分离。

再分析2001年以来的关于商业模式创新研究的文献。在中国知网中进行高级检索，篇名为“商业模式”，词频为“商业模式”，进行精确匹配，选择期刊中的CSSCI，依照被引排序，这样做的目的是选择具有代表性的文献，从而更能说明问题，如图5-11所示。

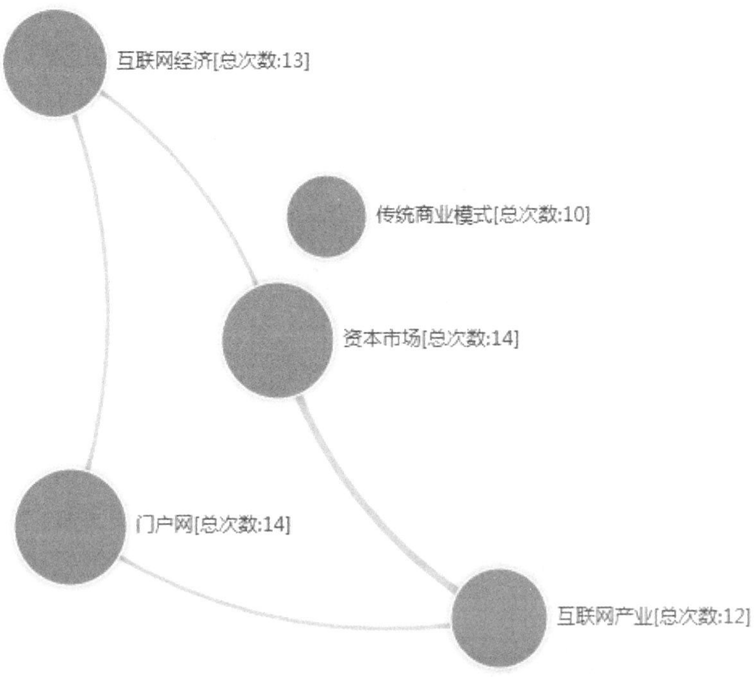


图5-10　2000年395篇文献的关键词共现网络分析图（设定筛选阈值）

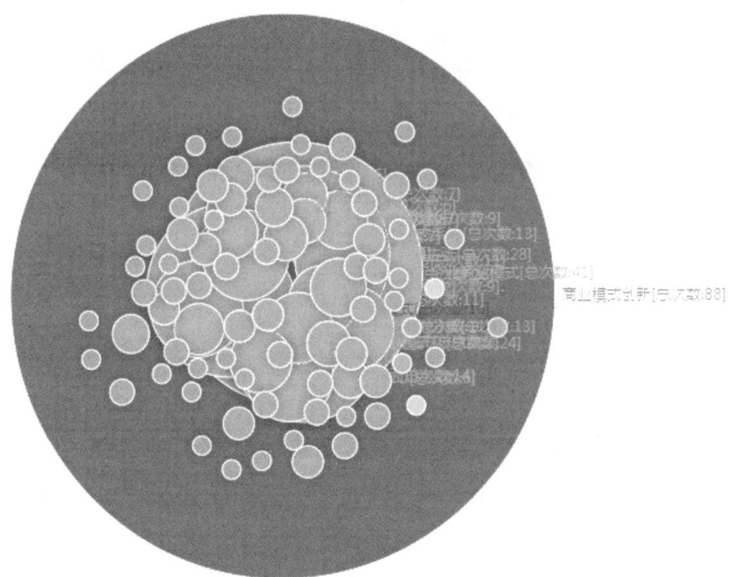


图5-11　2001年之后关于篇名为“商业模式”文献的关键词共现网络分析图（不设定筛选阈值）

由于不能清晰地看到关键词的频数，下面设定条件：出现频次在10次以上，共现频次为10次以上，再进行“关键词共现网络分析”，如图5-12所示。

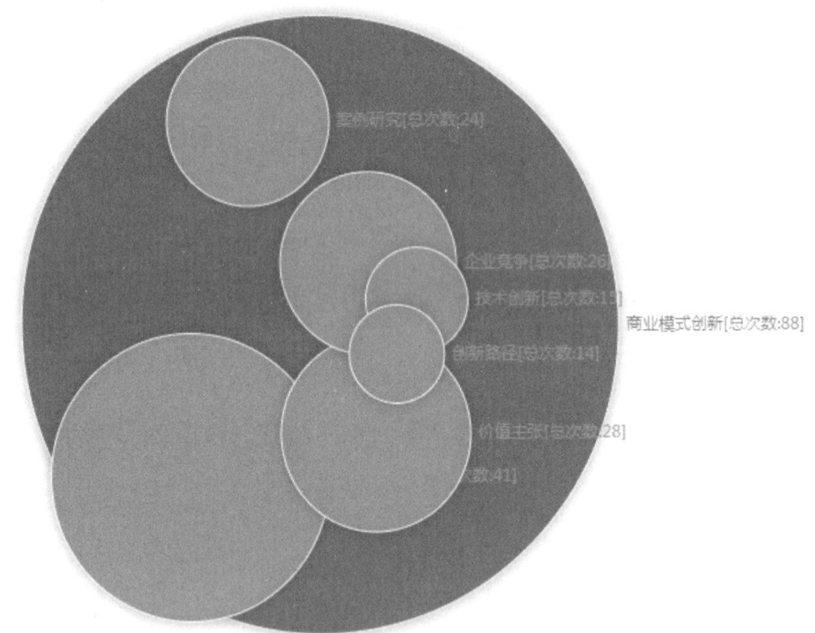


**图5-12 2001年之后关于篇名为“商业模式”文献的关键词共现网络分析图（设定筛选阈值）**

由图5-12可知：高频词“企业商业模式”41次、“价值主张”28次、“企业竞争”26次、“案例研究”24次、“技术创新”15次、“创新路径”14次。可见，“价值主张”、“企业竞争、”“技术创新”与“创新路径”联系紧密。

为此，研究商业模式创新需要关注价值主张、技术创新与创新路径的研究。下面选择几篇有代表性的文献予以介绍。

廉志端（2014）认为，商业模式的实质是基于价值链思维的制度安排。中国企业商业模式创新非常迫切，中国制造的低成本优势正在失去。主要问题是：无力培育核心竞争力；自主品牌培育乏力；工艺流程水平低下，产品附加值低；产业链整合的缺失。当前，企业商业模式创新是企业战略的核心内容。价值链创新是企业商业模式创新的基本出发点，要优化企业全部价值活动，创新核心价值活动，再优化整合。我国企业商业模式创新对策选择：从“点”优势到“链”优势，实现企业价值链创新，主要包括谋求价值链纵向优化，实现价值链横向集聚，构建结构优化的价值链群；积极承接服务“外包”业务，大力培育现代服务产业；企业转变竞争范式，构建新型战略模式，主要包括确立企业竞争的利润和价值导向，确立企业竞争的质量、速度、柔性、特色导向，确立企业竞争的价值链和商业生态系统导向；营造良好制度环境，有效保证企业商业模式创新，主要包括制定和实施有效的约束引导政策，建立知识产权实践转化政策支撑体系。

刘忠东等（2015）指出，互联网时代传统的商业规则正在被颠覆，平台商业模式是未来商业模式的主要形式。目前商业模式创新路径要由要素论向系统论转变。零售企业在顾客界面、供应商界面和零售企业内部界面三个界面进行价值创造和价值回收。在顾客界面关系中形成营销模式；在供应商界面关系中形成采购模式；在企业内部界面关系中形成资源整合模式。胖东来在营销层面、供应商层面、企业内部层面交叉进行商业模式创新，具有很强的自发性。这种自发性始于资源层面，具有从内到外的路径特点。在家庭情感式领导下，企业营造了“公平、自由、快乐、博爱”的文化氛围，提高对员工的服务水平，激发员工快乐工作，并传递给顾客，打造服务方面的竞争优势，形成新的营销模式，为顾客创造独特的价值体验。通过对胖东来商业模式创新案例研究发现，营销模式和资源模式是最为关键的商业模式创新要素，其次是采购模式。

商业模式创新是中国制造迈向中国创造，推动中国制造占领产业链高端的“唯一途径”。析易国际商业模式研究院研究认为，从世界范围看，在B2B领域中，制造业商业模式的竞争力、利润率及进入壁垒由低级到高级分为五个层次：OEM（“代工”模式型制造商）、ODM（承接设计制造业务型制造商）、OJM（与委托方联合研发型制造商）、OBM（品牌输出型制造商）到OMM（商业模式输出型制造商）（何坊，

2103）。详见表5-1。

表5-1 **中国制造商业模式创新的类型**

| 级别 | 制造业商业模式类型 | 主要特点 | 制约因素 |
|---|---|---|---|
| 5 | 商业模式输出型制造商（original model manufacturer，OMM） | 创新的、成功模式的输出，具有独占性，获取的是超额利润，拥有极大的竞争力 | 独特能力 |
| 4 | 品牌输出型制造商（own branding & manufacturing，OBM） | 品牌推广运动，是从OJM向OBM模式转型的典范 | 缺乏品牌管理能力 |
| 3 | 与委托方联合研发型制造商（original joint manufacturer，OJM） | 与ODM相比，有较高的利润率、竞争力与进入壁垒 | 服务方案较容易被有实力的竞争对手模仿 |
| 2 | 承接设计制造业务型制造商（original design manufacturer，ODM） | 制造商由于有设计能力，拥有产品定价权，靠卖产品赚钱 | 设计人才稀缺 |
| 1 | “代工”模式型制造商（original equipment manufacturer，OEM） | 规模经济、成本优势 | 各种生产要素的成本逐年上升 |

注：级别1~5，1表示最低，5表示最高。

关于中国企业商业模式创新的未来研究，刘忠东等（2015）指出，互联网时代传统的商业规则正在被颠覆，平台商业模式是未来商业模式的主要形式。

孟凡生和赵刚（2018）认为，互联网、信息技术和先进制造技术的快速发展，催生出各种新的商业模式。制造企业的商业模式已由产品驱动型向服务驱动型转变，商业模式创新的主要趋势由产品创新转向服务创新。商业模式创新推动互联网、大数据和人工智能等技术与先进制造技术融合，促进了制造企业在生产管理方面的智能化发展。

张剑和袁保华（2021）探讨了5G时代中国企业商业模式创新的策略问题。由于5G技术是颠覆性技术创新，没有现成的经验可供参考，充满未知，因此要不断试错。商业模式创新的路径，可以由价值主张、价值创造、价值传递和价值获取的环节创新来主导。未来5G时代中国企业商业模式创新具有的特点是：适应5G技术实施突破式创新，在商业生态中重塑企业核心竞争力，从价值主张、价值创造、价值传递和价值获取的环节中寻找价值创造突破口。

# 6 互联网时代中国企业商业模式创新之道

## 6.1 互联网时代商业模式创新的商道精神

互联网不仅极大促进了生产力的快速发展，也带来了社会生活的全面变革，在生产力要素贡献方面有目共睹，生产效益与日俱增。与此同时，互联网作为一把“双刃剑”，在技术层面使人耳目一新的同时，也冲击着传统价值观念，人们的世界观与价值观也发生了变革，互联网诱发人们思辨传统价值观，在思考传统人文精神的同时，也丰富了甚至进一步促进了人文精神的回归。在此背景下，企业要具有互联网精神，不能被功利思想左右，这是企业可持续发展的保障。几乎所有的互联网企业或“互联网+”背景下的企业，均不得不重新审视社会发展的趋势，不得不思考价值网络背景下谋划利益共同体的运行机制，以创造一个可持续发展的动态机制，去构建一个人文精神为内核的商业生态，去构建一个自增强的保障机制，最终获取可持续发展的核心竞争力。

李克强总理指出，要应大力发展“互联网+”战略，推动传统产业转型升级。“互联网+”不仅推动了产业升级，更促进了生活品质的提升，例如，互联网+金融出现了余额宝，互联网+出租车出现了滴滴、快的，互联网+商场出现了淘宝，可见，互联网的应用已经渗透到生活的方方面面，已经嵌入到生产的各个环节，“互联网+”的效应已经呈现出颠覆性的变化，传统行业与互联网产生的“化学变化”日新月异，新业态的创新已是常态。总之，生活因互联网而美好。

互联网以其开放、便捷、共享、免费等特点，吸引着客户的眼球，与消费者产生共鸣，最终使企业拥有了一批忠诚的客户（刘金婷，2015）。借助互联网技术进行商业模式创新是企业培育核心竞争力的必要手段，其基本逻辑一般是通过免费方式，来积累客户量，并不断为客户提供增值服务，或者为客户创造新的价值，进而形成良好的客户黏性，这样客户数量就形成了规模，也就为广告或者其他服务获取利润提供了基础，这个模式是“先予后取”营销理念的巧妙运用。该模式运作成功的关键在于：要精确探测出客户的需求，输送超过客户期望的价值，赢得客户满意，增加客户回头率，形成客户心理依赖，依靠自增强机制，形成可持续发展。

首次提及“互联网+”这个词的是易观，在2012第五届移动博览会上，他认为互联网将作为社会基础设施，任何传统行业和服务行业都将被互联网改变。“互联网+”就是：“要充分发挥互联网在生产要素配置中的优化和集成作用，把互联网的创新成果与经济社会各领域深度融合，产生化学反应与放大效应，大力提升实体经济的创新力和生产力，形成更广泛的以互联网为基础设施和实现工具的经济发展新形态。”（顾嘉，2015）“互联网+”的“+”含义很丰富，可以把“互联网+”理解为一种战略、一种规律、一种文化、一种引领、一种经验或一种趋势（周鸿铎，2015），也可以把“互联网+”理解为一个“新的生产要素”，但是，又不仅仅是独立地发挥作用，可以理解为渗透到或者叠加到其他要素中，产生连接一切的作用，促进新产业与传统产业跨界融合，促进全方位协作，从而推动全要素的贡献率大大提升。

“互联网+”不仅仅在内涵上有别于传统意义上的信息化，更是打破了时间与空间的限制，呈现了更大范围与更大深度的融合与渗透，促进了数字信息的开放、透明、平等、公正地被使用，并释放出极大的生产力，其主要的特点是：以人为本、跨界融合、开放共生与连接一切。“互联网+”时代是中国网络经济从用户流量到用户黏性，再到价值导向的必然逻辑（李成钢，2015），从这个意义上讲，互联网发展的脉络是从追求量向追求质的方向转变，所以，以人为本是“互联网+”的本质内涵，跨界融合、开放共生与连接一切体现的是技术优势，或者说是技术特点，技术特点显现了其背后的人文性，进一步体现任何技术进步都是不断解放客观条件对于人性的束缚。真正推动“互联网+”迅速发展的是对人性的深刻洞察与人文关怀。人是推动科技进步的第一要素，也应该是人文关怀的第一要素，对人性的敬畏、对人性的关爱是技术创新的原动力，这些都让互联网不断焕发出迷人光彩的深层次原因。

对企业而言，谁深刻地洞察了互联网时代的客户需求，谁就拥有先发优势。小米创造了商业神话，就是因为它锁定客户需求并不断提供超值服务。可见，发现需求并设法超越竞争对手去满足客户需求，这是互联网时代商业模式创新的不二法门。

儒家提出仁者爱人、以内修外，追求人格的完善。墨家以兼爱为中心，以博爱的胸怀诠释人文情怀的基本精神。法家提出依法治国，保护社会良序，道家提出道法自然。传统文化的人文精神有着丰富的内涵，主要有：第一，和合精神。中国是多民族国家，只有“和合”才能兼容并蓄，才能和谐发展。儒家主张从社会等级中求和合；道家提倡从人与自然中求和合；法家提倡依据制度求和合；阴阳学家则从对立统一中求和合。第二，对美的追求。美的形态很多，包括自然美、社会美、艺术美和生活美等。生活的本质是追求美的体验，有感官的美，也有内在共鸣产生的美，我国的传统文化无不包含对美的追求与颂扬。第三，社会责任与抱负。“君子以自强不息”，“士不可不弘毅”，有志之士应有担当精神。古代仁人志士以社会责任为己任，以报国为己任。第四，对仁义礼孝等传统美德的追寻。我国的传统文化中重农抑商的思想比较重，认为商人多唯利是图，君子爱财取之有道一直是中国传统道德追求的规则，他们追求诚信为本，社会各种活动中讲究以礼待人，讲孝道，讲

"忠厚传家远"。中国的商业文化来源于中华优秀的传统文化，她是社会发展之根，是财富积累之源，是生活幸福之本。商业文化影响着社会发展的进程，与中华民族的命运息息相关。现代市场经济本质上是一种特殊的文化经济。商业文化的价值观决定着商业行为，甚至决定着国家的前途与命运。现代商品经济竞争力的背后是关爱、平等、公正、公平，这是一种信任，一种信誉，更体现着人文精神。人文精神是创新精神的基本内容，互联网本身体现着创新，同时又会加速创新，其动力之源是优秀的商业文化。

科技与管理是社会发展的两个轮子，科技进步与管理创新在推进人类发展的进程中，始终体现着对人性的关怀。技术进步推进生产力不断发展，人类为了冲破自然力之束缚而发挥着主观能动性，这是人性之使然，具有客观必然性。畜牧业从农业中分离，手工业从农业中分离，商业从工业中分离，这反映着事物发展逻辑与情感逻辑之统一，因为，这种分工有利于充分释放人的劳动自主性，是劳动者意志的积极体现，而不是违背意志的被动选择，在生产方面充分显示效率最大化原理，符合科学生产管理的原则，符合既定资源条件下去追求效益最大化的道理，符合人类追求福祉最大化的理性假设。丹尼尔（Daniel）在《管理思想史》中指出，科学管理从本质上说，是一场彻底的心理革命，对于在具体公司或者行业工作的工人来说，这是他们工作责任的体现。科学管理的管理原则和手段也都能体现出对工人的关心。例如，引导工人了解这样做对他们没有坏处，按照科学的方法去干活可以节省体力。丹尼尔富有哲理的概括或许更能体现技术变革的社会意义，他指出："时代的经济特征最主要塑造了该时代占据主导地位的社会价值。"（丹尼尔，2009）

## 6.2 互联网时代基于人文视角的商业模式创新之道

任何企业都有商业模式，蒂斯（2010）认为，企业从创立之始就有其商业模式。从微观角度看，商业模式是企业战略与企业家经营理念的体现；从中观角度看，商业模式是行业经营模式的一般抽象；从宏观角度看，商业的范畴很宽泛，已经涵盖了生产流通环节中的许多方面。不过，目前商业模式还没有统一的概念，主要原因是商业模式具有“时效性”，是一定历史时期生产力水平与企业经营管理者思想的反映，生产力发展的动态性推动着生产关系不断变化，因此，商业模式的内涵也必将不断演化。商业模式这一概念最早出现在20世纪40年代，1960年，有学者在发表论文时正式将其作为标题，但真正引起人们关注的，则是在计算机技术与互联网技术大发展之后。从时间维度看，商业模式的内涵经过了提出阶段、描述阶段与逻辑分析阶段。从含义的侧重点看，有基于运营、基于盈利、基于战略定位、基于系统论的，这些研究从不同的视角揭示了构建商业模式获取企业可持续竞争优势的实质。随着互联网技术的不断发展，研究者对商业模式的关注点开始转向价值的视角。例如，林德和坎特雷尔（2000）认为：“商业模式是组织创造价值的核心逻辑。”彼得罗维，基特尔和泰斯滕（Petrovie，Kittl & Teksten，2001）认为：“商业模式是商业系统创造价值的逻辑。”威尔和维塔勒（Well & Vitale，2000）认为，商业模式描述了主要的产品流、信息流和资金流以及各种类型参与者的利益。国内学者魏炜、朱武祥（2007）认为，商业模式是企业与其利益相关者的价值交换系统及其关系。简单地说，就是利益相关者的交易结构。从这个意义上讲，商业模式本质是一种价值创造和分配的机制，是处理以企业自身为中心，并考虑利益相关者的价值系统。利益相关者对企业单个组织而言，是企业系统外的因素，但是，对于商业系统整体而言，则是系统内因素，甚至与关联企业之间的商业模式的要素都存在一定的关系，这是商业模式跨越组织边界的具体表现。在此，不妨把企业商业模式的要素分为自身可控资源与外部资源，外部资源主体也会谋求利益最大化，所有要素的利益主体要共赢，这是商业模式可持续发展的基本保障（夏清华和娄汇阳，2014）。在互联网时代，无数的例子说明了要让消费者参与生产和价值创造，让利益相关者共同创造价值、分享价值，就价值创造而言，互联网改变了价值创造的载体，变工业时代单一价值链为价值网络。互联网还颠覆了价值创造方式，更加密切关注客户的感知和体验，计算机技术与互联网技术为商业模式的价值创造插上了翅膀，进一步体现客户是价值创造的来源，也是价值创造的一部分。此外，互联网还导致价值创造逻辑的变化，通过跨界、融合、去中心化以及长尾效应产生的效能，使得商业模式的效能逻辑焕然一新，让越来越多的企业认识到“互联网+”给生产、生活所带来的变化，企业必须与时俱进，否则，只会被时代所淘汰，正可谓“没有成功的企业，只有时代的企业”。

基于以上的分析，结合上文对人文精神培育的理解，我们构建了基于人文视角的“互联网+”时代商业模式模型（如图6-1所示）。

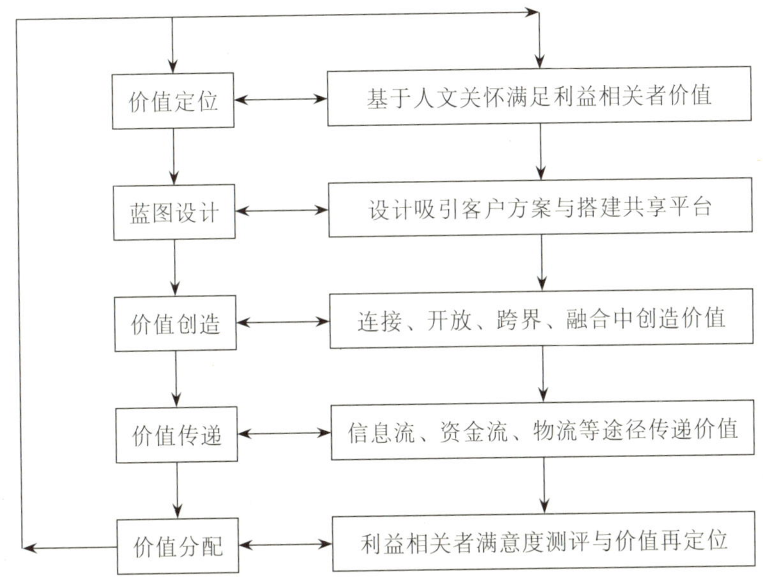


**图6-1 基于人文视角的“互联网+”时代商业模式模型**

基于人文视角的“互联网+”时代商业模式的解析：

### 6.2.1 价值定位——基于人文视角满足利益相关者价值

基于利益相关者的考虑，企业依照帕累托最优原理，确保没有任何一方利益相关者因企业变革使得现有的福利水平受到影响。“互联网+”使得普惠经济的特性表现得更加明显，以人为本、人人受益是其快速发展的动因。“互联网+”使得信息传送更加便捷，人的一言一行，一举一动几乎暴露无遗，洞察人性“黑箱”的灰色地带也随之缩小，人的个性更容易被识别，尤其是心理的隐性内容也不同程度地被暴露在阳光之下。古人讲，要想人不知，除非己莫为。大数据时代几乎没有什么秘密可言，这也使得狭隘、自私、卑劣等阴暗心理无藏身之处。由此可见，不论是以营利为目的的企业，还是非营利组织，奉行人文关怀价值取向几乎是有意无意的必然选择。“互联网+”连接到人，服务于人，人人受益。“互联网+”的实质是其结构要素及其智能连接方式。连接一切是随时按需自然发生，核心是人的信任，敬畏人性是“互联网+”走向未来的根本。所以，“互联网+人”是“互联网+”的起点和归宿，是“互联网+”文化的决定因素。“互联网+”就像一种机制、一种新的协议、一种博弈模式，会激励这些智慧个体放大人力资本，并产生交互、跨界与协同，获得智慧化生存的体验。因而，权力向传统的消费者让渡，客户参与创造，产销融合，圈子社群化，分享创造价值，责任约束将大行其道，尤其是结构重塑导致关系结构的变迁，摧毁了固有身份，如用户、伙伴、股东、服务者等身份在一定条件下可以自由互换。互联网带来的传播方式的现代化，使得地理距离暂时“消失”了，每一个互联网用户都是处于一种交互主体的界面环境之中，人与人之间可以直接地、方便地而且是低成本地沟通和交流，此种状况将对整个人类的商业活动和生产产生极其深刻、广泛的影响。一定意义上讲，互联网已经成为一个能促使人们自由、全面发展的良好环境（吴月珍，2005）。

对个人而言，“互联网+”更多意味着一种体验、一种社交、一种生活方式，而对社会而言，连接更多是一种互动、一种效率、一种价值。马化腾深切地感受到，这两年移动互联网手机成为人的一个电子器官的特征越来越明显，这是前所未有的。移动互联网环境下，用户会有新的价值诉求，就要有新的玩法、新的连接方式。人是最重要的连接要素，连接了人，才能产生交互，才能产生黏性，才能释放需求，不仅于此，人是最能动的因素，是社会化、群体化的个体，只有当人们都会交互、分享、推荐，才真正使得连接一切成为可能。连接是对话，是交互，是关联，是合作，是思维，是生活，是融合。一个好的互联网公司，一定是既重视技术，又不偏废人文的。否则，很难持续不说，更不要说承担社会责任了。腾讯的首席探索官网大为认为，公司首先要考虑人性，看他们面对未来的怕与爱。其次要寻求合适的技术与合作者，而寻找这些伙伴的最重要标准，就是看他是否给人类生活带来好的改变，让世界更美好。

### 6.2.2 蓝图设计——设计吸引客户方案与搭建共享平台

在互联网时代，传统的价值链中以供给为导向的商业模式在逐渐走向消亡，以需求为导向的互联网商业模式和价值创造正在出现。互联网改变了交易的时空，加快了交易速度，减少了中间环节，这种改变具有颠覆性。诺基亚的风光不再、苹果与小米的神话等无数例子说明，“互联网+”时代的商业模式，需要让厂商与消费者连接，需要让消费者参与价值创造。“互联网+”时代供需双方形成社群平台，以实现其隔离机制来维护连接红利。知乎网是一家社交型问答网站，于2010年开放上线，其灵感来自于国外社交问答网站Quora，它融合了Twitter的关注方式、Wikipedia的协作编辑和Digg的用户投票机制，并创新性地将这些现有Web2.0产品的分散功能重新组合。知乎网不仅是一个提供问答服务的工具，一个基于“弱关系”，由相同兴趣、话题、问题的用户组成的社区，更是一个兼具社交和知识分享的UGC平台。其创始人周源说：“我们每个人都掌握其他人不知道的知识，我们又依赖于别人提供的各种各样的信息来进行决策。这就需要一个很好的方式，将信息、知识、见解、经验分享出来，知乎网可以成为这样一个平台，可以让人聚集在一起，让他们可以彼此沟通，把有价值的信息链接起来，从个体知识变成群体知识。”知乎网用户最根本的需求是，追求高质量的答案和内容。因为每个人的知识储备都存在盲区，用户总希望通过提出的方式获取答案，解决自己的问题。知乎网不同于传统的问答和搜索引擎，在知乎网不论提问还是回答，其问题和答案都有严格的标准，不但屏蔽了一些“垃圾问题”，而且通过投票机制对劣质的答案进行了过滤。因此，用户可以在知乎网上得到精准满意的答案，满足了对知识探索的需求。推进这件功德无量的事业可持续发展的根源是人性中向善的一面，就是人类具有主动知识溢出的动力。克莱（Clay）在《认知盈余》这本书中指出，受过教育并能够自由支配时间的人，他们有丰富的知识背景，同时有强烈的分享欲望。也就是说，人都是有主动溢出知识的表现欲，这也是人类社会不断发展的动力之源。即使在特殊的背景下，人类不愿意主动把知识外溢，但是从总体上看，知识溢出的主动性是肯定的，尤其在互联网时代，需要搭建一个平台来进行双边互动，即双边市场的社区平台模式。

### 6.2.3 价值创造——连接、开放、跨界、融合中创造价值

互联网时代价值创造的载体从单一的机制链转向价值网络，在连接、开放、跨界、融合中创造价值。互联网发展之初是生产工具，是生产能力的重要载体，但是，其慢慢变为生活的一部分，最终融入了生活的本身。“互联网+”在经济、社会生活各部门的应用过程中，对我们改变最大的，就是在人与人之间，人与物之间的社会网络关系。这种连接的实质是人脉、关系与信任的建立，是社会资本的积淀，背后闪烁的依然是人性的光芒。没有深厚的人文内涵，没有深厚的德行修养，就难有人格的魅力，自然也就没有声誉的累积。“互联网+”给人们在开放中缔结善缘、积善成德提供了便利。一旦建立这样的信任关系，就会减少交易成本，就会有助于打破壁垒，就会在融合中创造价值，在颠覆性的变革中增加价值。在工业时代，厂商组织是在价值链内部通过一系列的活动完成价值创造的。在互联网时代，技术与市场依然是关键因素，但是更加注重价值创造与顾客的密切关系。厂商可以通过在社群中获得的资源来创造价值，或者通过它创新得来的生态系统来创造价值或获得成功。厂商需要顾客作为价值创造的来源，也是价值创造过程的一部分。互联网时代价值创造的逻辑，主要有五点：通过跨界产生效能；通过客户体验产生效能；传播方式去中心化和碎片化；实现市场出清产生效能；厂商通过脱媒产生效能。“互联网+”就是连接一切，利用物联网技术可以大大提高生产效率，据报道，以某养鸡专业户为例，过去夫妻两人最多养5 000只鸡，现在利用物联网技术一个人可以养1.5万只鸡，把手机带在手边，可以随时了解鸡舍情况，一按键就可以把雨窗降下来，自动投料、调节风扇降温、晚上开灯等日常工作“一键”就能搞定。今后，连接广度与深度将成为“互联网+”发展程度的主要指标，连接指数将是衡量“互联网+”发展层次的重要参数。

### 6.2.4 价值传递——信息流、资金流、物流等途径传递价值

互联网+媒体，使得自媒体中心原子化，信息自传播，大众参与、大众共有，信息来源多元化。以社群为中心的信息平台模式既传递价值，又创造价值，这是“互联网+”时代的商业模式独特的关键要素（罗珉，2015）。“互联网+”不断渗透到生活、工作的方方面面，极大地降低了整个社会的交易成本，提升了运营效率。初创于1999年的阿里巴巴，经过15年时间，2014年9月在美国纽交所上市，成为全球第二大互联网公司，从其发展轨迹来看，得益于不断形成的信息、资金、物流等要素形成的商业生态及其投融资支持体系。阿里巴巴商业模式的要素运行机制进一步验证了互联网时代价值网络价值传递的集成化与系统化，标志着阿里巴巴全球化、平台化、开放化和数据化的电商运营模式不断成熟。

### 6.2.5 价值分配——利益相关者满意度测评与价值再定位

强网络效应能够产生“赢者通吃”的现象，减少了利益相关者的选择意愿与机会，降低了可替代选择的吸引力，对企业而言，把蛋糕做大，才可能去多分享价值。商业模式可以看作企业之所以能创造独特价值的核心逻辑。领先的商业模式是自己能够复制自己，别人很难复制。文化元素就是难以复制的，因为其是建立在特殊的企业发展历程与企业领头羊的风格基础上的。强生公司的成功是始终强调利益相关者的利益：医生、护士、医院和消费者。世界药业领头羊默克公司非常注重人文情怀，创始人的儿子告诉他的员工：“要永远记住，药品是为人而制的，而不是为了利润，利润是随之而来的。如果我们记牢这一点，我们就不会失败。我们记得越牢，效益就会越好。默克公司的目标是：保障和提高人们的生活水平。”在新经济背景下，经营环境远不如过去宽松，对利益相关者的利益格局再安排以及重新确立与它的交易关系是一个重要的命题。互联网本质就是连接一切，打破行业边界进行跨界创新。智译通公司是面向全球市场的专业内容管理与语言整合服务供应商，在全球拥有2 000多名笔译专家，可以提供

69种语言的翻译和80多种语言的桌面排版及本地化服务。这家公司从满足利益相关者需求的角度进行商业模式的创新定位与创新，剖析其与利益相关者之间的痛点，帮助他们找到了这个行业的痛点，继而创新了商业模式。

会务管理服务企业以及对语言服务有大量长期需求的大型企业，已经意识到服务整合与服务需求外包管理的重要性，整合管理不但涉及企业的运作效率，在全球一体化加速的今天，甚至会影响会务服务企业和跨国企业商务核心能力的构建。于是，全新的平台出现了：从整个生态圈的利益相关者出发，整合外语院校与人才培训、翻译协会、口译译员与口译服务需求方的价值，矢志打造最具成长速度的口译商业模式，提供7×24小时在线提供多语种口译服务，充分发挥全球口译人才的价值，降低客户寻找服务供应的时间成本，实现跨地域互动，强化世界范围内的劳动关系，为全球的口译人才提供一个交流、对话、提升的窗口（见表6-1）。

表6-1 **口译行业痛点分析**

| 利益相关者 | 痛点 |
| --- | --- |
| 海外同行 | 可用性、交货及时性、质量稳定性 |
| 企业 | 寻找到可靠供应商；质量 |
| 译员 | 是否及时得到付款；工具使用 |
| 多媒体工作室 | 技术处理能力；语言种类不多 |
| 口译服务公司 | 没有足够大客户，业务量少，资源缺乏 |

## 6.3 互联网时代中国企业商业模式创新的多案例研究

### 6.3.1 概述

米切尔和科尔斯（2003）认为，商业模式创新是企业获取利润与赢得核心竞争力的关键。埃米特和佐特（2001）研究表明，商业模式创新所创造出的价值超过企业资源整合所创造出的价值。可见，商业模式创新是企业赢得竞争优势的关键，也是理论界和企业界关注的焦点。陈群芳（2020）指出，自奥斯特瓦德（Osterwalder）提出的商业模式画布（the business model canvas）模型以来，对商业模式的研究获得了突破性发展，该模型得到越来越多学者的认可（黎传熙和祁明德，2020）。目前，许多学者把商业模式画布当成分析工具，如黎传熙和祁明德从九要素的视角对“盒马鲜生”的价值链重构进行了设计。臧维和白玫（2014）利用商业模式画布分析了互联网手机在当前经营中的问题，基于此提出了优化的办法。叶雷（2011）指出：如何创新你的商业模式？不妨试试商业模式画布的视觉化呈现。可见，对于商业模式画布理论的认可度很高。商业模式画布是全球470名协作者智慧的结晶，他们多数是企业高管，有着对商业模式设计、管理、创新的切身体会，所以，该理论不仅具有可靠性，其实践指导性也是不言而喻的。价值主张是商业模式画布9个要素中的核心要素，贯穿创新始终，但是价值主张与其他要素之间如何组合、如何发挥作用，并如何形成有效的路径，这些方面还是研究的空白，非常值得探索。

什么是商业模式画布？一种对商业模式进行描述、可视化、评估以及改变的通用语言，该通用语言阐释了企业是如何创造价值、传递价值和获取价值的。商业模式画布9个要素的基本内容见表6-2。关于商业模式创新，奥斯特瓦德和皮尼厄（Pigneur）（2017）指出，价值主张是商业模式创新的核心，新的创意可以在组织内部的任何地方涌现。

表6-2　　**商业模式画布9个要素的基本内容**

| 要素 | 释义 | 内容 |
|---|---|---|
| 客户细分（CS） | 任何一个企业都会选择服务于一个或多个客户群体，以及忽视哪些群体 | 任何商业模式均要以客户为核心 |
| | | 为谁创造价值 |
| | | 最重要的客户是谁 |
| 价值主张（VP） | 为特定客户群体提供产品和服务组合，也是利益组合或集成 | 传递什么样的价值给客户 |
| | | 为特定的客户解决什么难题 |
| | | 哪些客户的需求需要去满足 |
| | | 不同的客户群体，产品和服务的组合是什么 |

续表

| 要素 | 释义 | 内容 |
|---|---|---|
| 渠道通路（CH） | 企业是如何与其客户群体进行沟通、建立联系并传递价值主张的 | 客户期望何种渠道与我们建立联系 |
| | | 如何去建立这种联系 |
| | | 我们的渠道是如何构成的，哪个最有效，更节约成本 |
| | | 如何将这些渠道与客户的日常工作进行整合 |
| 客户关系（CR） | 用来描绘企业与目标客户所构建的关系类型 | 特定的客户群体希望与我们建立哪种类型的关系 |
| | | 哪些类型的关系是我们已经建立的 |
| | | 这些关系类型的成本怎样 |
| | | 如何把这些客户关系与商业模式的其余模块进行有机地整合 |
| 核心资源（KR） | 一个商业模式顺利运转所必需的最重要资产，可以自有，也可以从重要合作伙伴处获得，也可以租赁获得 | 企业的价值主张需要什么资产 |
| | | 企业的分销渠道需要什么资产 |
| | | 客户关系的维系需要什么资产 |
| | | 收入来源需要什么资产 |
| 关键业务（KA） | 商业模式得以正常运行要做的最重要事情，因商业模式不同而异 | 企业的价值主张中最重要的是什么 |
| | | 企业的分销渠道中最重要的是什么 |
| | | 客户关系维系中最重要的是什么 |
| | | 收入来源中最重要的是什么 |
| 重要合作（KP） | 哪些供应商与合作伙伴保障了商业模式正常运行 | 谁是我们的关键合作伙伴 |
| | | 谁是我们的关键供应商 |
| | | 合作伙伴提供了哪些资源 |
| | | 哪些关键业务中有合作伙伴的参与 |
| 收入来源（RS） | 企业从目标客户中获取的扣除成本后的现金收入 | 什么样的价值能让用户愿意买单 |
| | | 客户为之买单的价值主张是什么 |
| | | 客户目前使用的支付方式是什么 |
| | | 他们更愿意使用的支付方式是什么 |
| | | 每个收入来源对总收入的贡献是多少 |
| 成本结构（CS） | 一个商业模式正常运营所发生的所有成本 | 重要的固有成本是什么 |
| | | 哪些核心资源最贵 |
| | | 哪些关键业务花费最多 |

### 6.3.2 研究方法

从20世纪80年代末到90年代初开始，定性比较分析（QCA）作为一种“宏观比较”分析方法被广泛地应用于社会学、政治学、管理学等社会科学，逐渐得到了人们的认可。作为一种“综合性策略”，QCA分析技术具有案例导向的“定性”和变量导向的“定量”分析的长处，探求不同路径可能引起相同的结果。导致结果的不同路径，具有“多重”与“并发”的特点。

比较是探索规律的基本方法，系统化比较是所有科学研究的基本方法。QCA与传统的统计分析方法不同，是一种以案例研究为主的研究方法，QCA试图从整体论的角度出发，探究某种结果发生的诸前因条件间复杂的交互关系。社会现象是复杂的，导致结果的原因要素是多重的。通过多案例研究，可以梳理出原因要素，并分析原因要素组合，这就是所谓的多元并发组合的原因变量。这是QCA分析方法的优势。统计分析方法在处理多路径成因导致结果的分析方面存在困难。QCA采用布尔代数算法，进行多个原因条件与结果条件的运算。QCA的推断逻辑是原因与结果的充分必要条件分析，而不是统计推断的逻辑。没有此条件，该结果就无法产生，这个条件就是必要条件；如果一个结果在某个条件出现时产生，那么这个条件即该结果产生的充分条件。

案例选择与变量选择要有明确的理论基础，“聚类”是寻求最大相似的过程，在同类中找最大差异，探求导致总体差异性少数的变量或关系，这也是“归因分析”的基本思路。由于案例选择的有限性，而可能的条件逻辑组合数量又会以指数形式增加，会大于导致实际观察的数据，这就是有限多样性问题。为此，需要精选或者合并要素，控制潜在条件的数量，这是一个简约的过程。逻辑上可能存在的条件组合，但在实际中，却没有观察到的经验案例，称为“逻辑余项”，这是不能忽视的（拉金，2008）。既然是案例分析的方法，所以，每个案例和每种组态都不可忽视，还有很多矛盾组态也必须加以处理。“组态”定义为“通常在一起发生的概念上相异的多维特征的组合”（梅耶・崔和希宁斯，1993）。不同分类或类型是若干属性的组合，表达着相同或不同的功能，这是组态分析的基本思想。任何功能的表达都是多种因素组合所导致的。

QCA采取的二分法来确定阈值，需要有理论依据及实践意义。在具体应用中，应尽量避免机械分割，例如，取平均值或中值，更不要人为地随意切割，尤其是处理非常相似的案例时。QCA分析中的矛盾组态并不意味着研究的失败，恰恰相反，此种情况提示研究者需要更加彻底地与案例进行对话，展开思想与证据之间的对话，以再次考虑理论观点的合理性。这是一个迭代过程，目的是获得更一致的数据（拉金，1987）。对于矛盾组态，只需添加一些条件到模型中，矛盾就会变少，也可以从模型中删除一个或多个条件，然后用其他条件去替换它；或者改变所含的各种条件的操作方式。例如，通过调整阈值，可以解决矛盾，需要考虑到也可能是由于数据的质量而导致矛盾，可以补充数据，也可以从结果变量本身来考虑。如果结果被定义得太宽泛，那么矛盾可能发生这一状况是相当合乎逻辑的。当然，处理矛盾组态的策略必须在经验基础或理论基础之上，而不应该是机会主义“操纵”的结果。如果选择了一些合理的操作策略，但是依然杜绝不了矛盾组态，就需要将一些案例从关键最小化过程中移除。

对于条件A，作为一个必要条件，评估其一致性，可以按照如下方法计算：条件的值为“1”并且结果值为“1”的案例数量除以结果值为“1”的全部案例数。子集关系是分析因果复杂性的核心，如果一个必要条件出现在真值表中，计算机系统会在简约解中删掉。当一致性得分在0.9以上，该条件为必要条件。

为实现更多的约简，QCA软件可以把非观察到的“逻辑余项”纳入分析，会产生更简约的最小公式。条件组合越简单，它覆盖的组态数量就越大。使用所有“逻辑余项”，而没有根据理论和实际知识去评估其意义而得到的解，称之为简约解；“逻辑余项”没有被使用而得出的解，是“复杂解”；评估“逻辑余项”的合理性，具有意义的“逻辑余项”被纳入而得到的解，是“中间解”。中间解包含必要条件，包括任何构成结果的超集以及作为必要条件有意义的条件。中间解是QCA应用中的常规部分，实际分析中多采取中间解来解析案例。这是因为，在QCA分析中，对于案例选择、“逻辑余项”与阈值设置，要阐述其选择的合理性，而中间解已经把“逻辑余项”理论与实践的合理性考虑进去。

一致性是说明条件变量组合对结果变量的解释程度。在实际操作中，当一致性阈值高于0.8时，把结果变量设置为“1”，反之，设置为“0”。

fs QCA软件输出的三个一致性指标分别是“Raw consist”“PRI consist”“SYM consist”。第一个“Raw consist”表示原始的一致性，后两个是对称指标，是为了介绍误差计算的模糊集一致性度量方法（拉金，2008）。覆盖率（coverage）的值越大，表示对结果变量的解释程度越重要。一般认为，“当覆盖率值小于0.6，对结果变量不具有解释性”（施耐德和瓦格曼，2012）。

“原始覆盖率（raw coverage）表示该组合在最终所得到的要素条件组合中所占的比例。唯一覆盖度（uique coverage）表示没有被其他要素条件组合所覆盖的隶属度。总体覆盖度（overall solution consistency）表示这些构建的要素条件组合对样本案例的覆盖度。总体一致性（overall solution coverage）代表这些要素条件组合对结果变量的有效解释度。”（李蔚和何海兵，2015）

### 6.3.3 研究变量的确定

（1）结果变量的确定

下文所涉及的16个案例，是从《电子商务商业模式及案例》（龙红明和曹亚景，2019）中选取，这些电商企业商业模式创新案例包括B2B、B2C、C2C、O2O等类型，如果在案例的表述中有“成功因素分析”的表述，就认为该案例的商业模式创新是成功的，结果变量就赋值为“1”，如果有“失败因素分析”的表述，就确定该案例的商业模式创新是失败的，结果变量就赋值为“0”。

（2）条件变量的确定及赋值说明

商业模式画布中有9个要素，确定客户细分（CS）、价值主张（VP）、渠道通道（CH）、客户关系（CR）、核心资源（KR）、关键业务（KA）、重要合作（KP）、收入来源（RS）、成本结构（CS）为条件变量。根据前文关于商业模式画布9个要素内容的说明，从案例中选择相应的内容进行归类，然后根据语句的表述，如果肯定的语句或者是“存现”的语句，该变量赋值就为“1”，否则，赋值为“0”。例如，在百度案例中，“致力于向人们提供简单、可依赖的信息获取方式。主要的服务包括网页搜索、手机百度、百度地图、百度糯米、百度金融、百度贴吧、百度百科等”，这个内容归为“价值主张（VP）”，赋值为“1”。在8848案例中，“最早是经营连邦软件销售连锁店。为上市放弃B2C转做B2B，2001年又转向系统集成和电子商务，最终走向末路”，这个内容归纳为“价值主张（VP）”，赋值为“0”。

（3）案例选取及原因变量、结果变量赋值

16个案例原因变量、结果变量赋值见表6-3。

表6-3 **16个案例原因变量、结果变量赋值**

| 序号 | 案例 | 商业模式创新要素及原因变量赋值（1或0） | 结果变量赋值（1或0） |
|---|---|---|---|
| 1 | 阿里巴巴（B2B） | 客户细分（CS）：帮助中小企业整合资源、打造平台型的企业。（1）<br>价值主张（VP）：让天下没有难做的生意，借助互联网与客户互动。（1）<br>渠道通路（CH）：利用互联网与营销平台向客户提供基础设施和数据技术。（1）<br>客户关系（CR）：每天数以亿计的商业和社交互动，采用本土化的网站建设方式，采用当地的语言，简易可读。（1）<br>核心资源（KR）：聚焦信息流，注重技术投入，建立电子商务研发中心；独具特色的服务项目，实现了技术和业务的完美结合。马云的人格魅力，团队的年轻化与创新性。（1）<br>关键业务（KA）：业务包括数字媒体、核心电商、云计算、娱乐以及创新项目等，针对中国的情况制定自己的发展战略。（1）<br>重要合作（KP）：利用菜鸟网络及口碑网，借助支付宝运营，与其他参与者共享成果。（1）<br>收入来源（RS）：在线营销服务、会员费、增值服务费、佣金及其他收入（旺铺费、线下服务、按询盘付费等）。（1）<br>成本结构（CS）：吸引企业登录平台注册而产生的费用，是免费的。（1） | 1 |

续表

| 序号 | 案例 | 商业模式创新要素及原因变量赋值（1或0） | 结果变量赋值（1或0） |
| --- | --- | --- | --- |
| 2 | 8848（B2B） | 客户细分（CS）：中国最早的电子商务公司之一，曾经一度称雄过中国的电子商务市场。（1）<br>价值主张（VP）：最早是经营连邦软件销售连锁店。为上市放弃B2C转做B2B，2001年又转向系统集成和电子商务，最终走向末路。（0）<br>渠道通路（CH）：供货渠道受阻，一次网络购物需要半个月才能收到。（0）<br>客户关系（CR）：最大的困难来自于网上支付以及远距离购买的信任危机。（0）<br>核心资源（KR）：缺乏优秀团队及对公司的管理。（0）<br>关键业务（KA）：舍本逐末，失去重心。最终未能找到自己的商业模式，而走向末路。（0）<br>重要合作（KP）：公司销售不畅，大量拖欠供货商货款，有供应商向法院提起诉讼。（0）<br>收入来源（RS）：公司拆分后，没有带来2000年以前的成功，企业亏损额急剧上升。（0）<br>成本结构（CS）：公司销售不畅，公司大量拖欠供货商货款，供货渠道受阻。（0） | 0 |
| 3 | 百度（B2B） | 客户细分（CS）：用户、客户和百度联盟成员。（1）<br>价值主张（VP）：致力向人们提供“简单、可依赖”的信息获取方式。主要的服务包括网页搜索、手机百度、百度地图、百度糯米、百度金融、百度贴吧、百度百科等。（1）<br>渠道通路（CH）：以渠道代理为主的分销策略。早期将客户分销重点放在了渠道代理上，采用的是区域独家总代理制度。（1）<br>客户关系（CR）：针对中小企业的需求，开展主题鲜明的全国推广活动，破解中小企业发展难题，提升其竞争力。（1）<br>核心资源（KR）：百度于2005年8月5日在纳斯达克上市，坚持技术创新，其优异的业绩与值得依赖的回报，使之成为中国企业价值的代表。（1）<br>关键业务（KA）：从技术到平台、到用户体验的全方位渗透，在中文搜索领域中所占的市场份额遥遥领先于其他竞争对手，并且一直保持迅猛的上升势头。（1） | 1 |

续表

| 序号 | 案例 | 商业模式创新要素及<br>原因变量赋值（1或0） | 结果变量<br>赋值<br>（1或0） |
|---|---|---|---|
| 3 | 百度<br>（B2B） | 重要合作（KP）：百度开展了合作共赢的经营模式，一是加大投入推广百度联盟。二是积极与地方传统媒体合作，建立地方性综合门户网站。三是基于云计算理念推出开放平台服务。通过平台提供的分程序与用户的需求匹配，供相应的用户使用百度允许数据或应用的提供者直接向用户收费，通过在数据或者应用中植入广告、免费应用捐赠等方式获得收入，用户可以得到收入的70%。另外，百度还通过百度应用成长基金向用户提供资金资助。百度通过这种方式吸引了大量的各个领域的合作伙伴加入，形成了开放、创新、共赢的生态圈。（1）<br>收入来源（RS）：在国内率先推出竞价排名。图片推广、品牌专区、火爆地带、网络广告及百度联盟等途径增加收入。（1）<br>成本结构（CS）：案例中没有提供成本结构的描述。（0） | 1 |
| 4 | 慧聪网<br>（B2B） | 客户细分（CS）：慧聪网的目标客户有着三个明显的特点：一是从职业上来看，主要以企业中高层管理者为主；二是从年龄上来看，慧聪网的客户超过90%集中在25岁以上，其中25~40岁的用户超过70%；三是从需求上来看，慧聪网的主要客户更青睐买卖通、商机搜索引擎、商情广告业务。（1）<br>价值主张（VP）：买卖通是慧聪网为企业用户提供的网上做生意、结商友的诚信平台，提供精准的信息服务。（1）<br>渠道通路（CH）：慧聪网的办事处遍布全国中小企业集中之地，使慧聪网能够更加及时地把握客户需求，为客户提供服务。（1）<br>客户关系（CR）：确保了对客户需求反应的及时性。同时，业务员在与客户面对面的交流过程中，能够收集到更多精准的信息，从而更好地为客户提供服务。（1）<br>核心资源（KR）：有买卖通以及营销渠道。完整的会展组织工作平台和信息资讯平台，其网络、纸媒资源为采购 交易会进行支持，为会员提供立体的交投环境。同时，慧聪网建立了直销团队，通过渠道销售与电话销售等方式为关系型客户提供一对一、具备行业深度的专业解决方案，为交易型客户提供高效、易用的标准解决方案与业务平台。（1）<br>关键业务（KA）：为企业用户提供做生意、结商友平台，将专业的行业信息融入搜索结果之中。慧聪商情广告在全国发行，成为以商情报价、产品广告、产品技术信息为主的引述品广告媒体。（1） | 1 |

续表

| 序号 | 案例 | 商业模式创新要素及原因变量赋值（1或0） | 结果变量赋值（1或0） |
|---|---|---|---|
| 4 | 慧聪网（B2B） | 重要合作（KP）：案例中主要合作内容没有涉及。（0）<br>收入来源（RS）：公司采取会员收费制，获取收费，商情广告等广告费收入，行业资讯服务收入，市场研究等产品内容付费收入。（1）<br>成本结构（CS）：通过股份激励凝聚核心员工，打造专业优质的团队。为了打造有凝聚力的团队，慧聪网采取了股权激励模式。员工通过“买一送二”方式认购股权，并在股改过程中让200多位员工直接持有了股份，大大激发了员工的主人翁精神和积极性。（1） | 1 |
| 5 | 当当网（B2C） | 客户细分（CS）：儿童书籍创新。（1）<br>价值主张（VP）：从早期的网上卖书到卖各品类百货，为顾客提供网上购物的高品质体验，让顾客享受方便和实惠。（1）<br>渠道通路（CH）：有全天到达，次日达，货到付款（COD）等服务。（1）<br>客户关系（CR）：给用户切实的“零风险”网购保障，送货上门、货到付款、无条件退货、15天换货的宽心服务和上门退换货的方式令用户购物更放心，满99元免运费、VIP折上折等政策无处不体现着当当网用户至上的理念。（1）<br>核心资源（KR）：成功的领导者。俞渝和李国庆的管理理念。（1）<br>关键业务（KA）：当当图书、当当童书、当当数字阅读、当当百货。（1）<br>重要合作（KP）：当当网与相当多的供应商保持了良好的合作关系，不过，一波又一波的大幅降价优惠促销，在杀伤对手的同时也在杀伤自己。各大出版社为了维护自己的利益，给当当网提供的货源自然而然就会减少。一波又一波降价优惠促销的同时其服务质量也在下降，虽然看起来热闹，其实正在孕育用户大量流失的危机。（0）<br>收入来源（RS）：追求规模效益，提升毛利率。向出版社上游渗透，自有品牌定制图书。获取收入：广告费、产品登录费、虚拟店铺出租费、交易手续费。（1）<br>成本结构（CS）：压低价格，给顾客更多的优惠。但是，出版社对低折扣销售图书行为不满意，导致供货减少。（0） | 1 |

续表

| 序号 | 案例 | 商业模式创新要素及<br>原因变量赋值（1或0） | 结果变量赋值（1或0） |
| --- | --- | --- | --- |
| 6 | 麦考林（B2C） | 客户细分（CS）：将目标消费群定位为都市白领女性。（1）<br>价值主张（VP）：优秀的产品质量、富有竞争力的价格、优异的客户服务。以社交圈营销为主，率先提出了“概念式服务”新理念，麦网的百货化“是以时尚为核心的”，经营的产品品类必须与此相吻合。（1）<br>渠道通路（CH）：麦考林采取“目录邮购+线下门店+线上销售”等多种渠道。（1）<br>客户关系（CR）：案例没有肯定内容的语句。（0）<br>核心资源（KR）：优质的销售体系，性能优异、功能全面的电子商务平台。（1）<br>关键业务（KA）：2014年5月，与商圈网电子商务有限公司合作。（1）<br>重要合作（KP）：为投资者提升业绩，打造具有投资价值、持续增长和盈利的企业。（1）<br>收入来源（RS）：案例没有此内容的肯定语句。（0）<br>成本结构（CS）：案例没有此内容的肯定语句。（0） | 0 |
| 7 | 苏宁易购（B2C） | 客户细分（CS）：目标客户为大中城市信息家电的网民消费者。（1）<br>价值主张（VP）：新一代B2C网上商城，现已覆盖传统家电、3C电器（3C产品是指计算机、通信和消费电子三者结合的产品，也称“信息家电”）、日用百货等品类。（1）<br>渠道通路（CH）：有送货上门模式，还实施“门店自提”的配送方式，有完善的物流配送体系。（1）<br>客户关系（CR）：提供涵盖售前、售中、售后一体化的阳光服务。（1）<br>核心资源（KR）：有线上品牌与线下资源优势。苏宁有着数量巨大的实体门店，消费者可以在遍布全国的实体店中自由体验，与员工进行面对面交流，这样可以更加方便地了解产品信息。实现了网络虚拟化与体验实体化的完美结合。（1）<br>关键业务（KA）：打造家电购物与咨询的网站，丰富了消费者的购物体验，体验人性化的服务。研发出“个性化定制”的客户体验方案，针对客户的不同需求，为其定制个性化、差异化的服务产品，从不同角度满足客户的需求，提升客户体验。苏宁易购推出“以旧换新”活动。（1） | 1 |

续表

| 序号 | 案例 | 商业模式创新要素及原因变量赋值（1或0） | 结果变量赋值（1或0） |
|---|---|---|---|
| 7 | 苏宁易购（B2C） | 重要合作（KP）：依托苏宁覆盖全国的销售网络，苏宁易购在电子商务运营中逐渐由单一的家电销售平台成长为综合类的销售平台，同时也进行了诸多服务和用户体验方面的创新和尝试。苏宁在技术方面取得的成就成为其最核心的竞争力之一。苏宁易购与IBM、思科、百度等技术开发、网络推广企业进行深度合作。（1）<br>收入来源（RS）：苏宁易购有“易付宝支付”“网上银行”“银联在线支付”“快捷支付”“分期付款”“货到付款”六大多维度的支付方式。衍生出新型的“苏宁门店付款”支付方式，此种方式还将衍生出新的退款方式。另外，苏宁易购还开通了电话支付模式，它的电话支付是国内电子零售行业的先河。除了正常的服务收入，苏宁还提供增值服务，广告服务收入。（1）<br>成本结构（CS）：这一点让很多电子商务公司望尘莫及，苏宁电器在全国传统市场有上千个实体店和年上千亿元的销售额，足以让苏宁易购有在电子商务3C市场称霸的底气。具有采购优势、价格优势。（1） | 1 |
| 8 | 亚马逊中国（B2C） | 客户细分（CS）：中国网络购物用户基本保持一致，男女比例保持相当，年轻人则是其主要的目标客户。同时，亚马逊中国的主要客户中具有大专以上学历的人群占绝大多数，因网购具有方便快捷、价格低廉等特点，成为他们购物的首选。（1）<br>价值主张（VP）：通过简单的网络操作获得具有教育性、资讯性、启发性的商品。“小而精”的产品路线。（1）<br>渠道通路（CH）：案例没有此内容的肯定语句。（0）<br>客户关系（CR）：读者在网上有购买的参与权，为读者提供热情的服务。采取了互动体验策略，借助计算机技术与用户进行多层次的沟通，进一步拉近了距离。（1）<br>核心资源（KR）：美国亚马逊是强大的后台。卓越亚马逊利用与美国完全相同的亚马逊平台，将前台和后台的技术展现给消费者，给消费者最好的体验。利用Web2.0技术为与消费者相关的产品做推荐是亚马逊在互联网里的首创。（1） | 1 |

续表

| 序号 | 案例 | 商业模式创新要素及<br>原因变量赋值（1或0） | 结果变量<br>赋值<br>（1或0） |
|---|---|---|---|
| 8 | 亚马逊<br>中国<br>（B2C） | 关键业务（KA）：亚马逊中国的产品多、种类全、销售范围广。全面收藏各种出版物，建立高质量、数目庞大的数目数据库。不断扩大规模和丰富产品类型，使顾客在网上可以买到任何想要的东西，同时不断在中国各地建立营销网络，扩大其在中国的市场。（1）<br>重要合作（KP）：许多国际知名企业合作开设专卖店，可以让用户在第一时间分享到这些国际知名品牌的创新产品。（1）<br>收入来源（RS）：自己购买物品然后卖出去挣得的差价。对在其网站上出租的店铺收取佣金、物流费和仓储费。（1）<br>成本结构（CS）：采取折扣价格策略，大销量弥补折扣费，以增加利润。以实惠的价格回馈顾客。（1） | 1 |
| 9 | 淘宝网<br>（C2C） | 客户细分（CS）：亚洲最大的购物网站，属于综合性的网络交易平台。（1）<br>价值主张（VP）：“没有淘不到的宝贝，没有卖不出的宝贝”。促进电子商务生态系统建设，建设新商业文明。（1）<br>渠道通路（CH）：阿里巴巴集团决定提升“大淘宝”战略为“大阿里”战略，“大阿里”战略的核心是平台化。（1）<br>客户关系（CR）：买家注册淘宝的主要目的是进行商品的选择与购买。“我的淘宝”进行用户信息的管理与维护，帮助卖家更好地经营店铺、提高人气，卖家可付费申请加入旺铺。（1）<br>核心资源（KR）：淘宝诚信体系的建立。有管理能力，有效的多种商品分类管理体系。（1）<br>关键业务（KA）：“双十一”购物狂欢节的促销活动。支付宝为安全的支付系统，有完善的售后服务。（1）<br>重要合作（KP）：参与者分享集团的所有资源，为国内电子商务的发展提供基础服务。（1）<br>收入来源（RS）：淘宝网虽然一直坚持免费战略，但其收入来源仍然是非常稳定的，主要有广告收入和增值服务收入。广告收入、品牌广告、钻石展位、超级卖霸、淘宝直通车、淘宝客。增值服务收入：淘宝商城店铺服务费、二级域名服务费和保证金；二是淘宝商城服务费。（1）<br>成本结构（CS）：免费策略+本土化，通过免费策略，淘宝击败易趣。（1） | 1 |

续表

| 序号 | 案例 | 商业模式创新要素及原因变量赋值（1或0） | 结果变量赋值（1或0） |
|---|---|---|---|
| 10 | 孔夫子旧书网（C2C） | 客户细分（CS）：收藏爱好者、文化人、艺术家、科研工作者等学历较高的人，对古籍书本等最有兴趣，是旧书网忠诚度很高的人群。（1）<br>价值主张（VP）：古旧书交易平台，应用服务平台。（1）<br>渠道通路（CH）：案例没有此内容的肯定语句。（0）<br>客户关系（CR）：孔网采取的正确策略及其有效的客户服务战略为这场技术联姻打下了坚实基础。（1）<br>核心资源（KR）：拥有90%以上的市场份额。孔网这一平台有上千家书店、上万个书摊，网站展示的图书多达1 700多万种，书全价廉。（1）<br>关键业务（KA）：传播古旧书籍信息，读者查询，选书确认成交后，拟付款。配送图书，读者收书，验收，通知托管人付款给卖方。（1）<br>重要合作（KP）：案例没有此内容的肯定语句。（0）<br>收入来源（RS）：拍卖抽佣。孔网对在线拍卖进行收费，按照成交额抽取卖家成交价格的3%，买家成交价格的3.5%。此外，管理费和书籍交易服务费。（1）<br>成本结构（CS）：案例没有此内容的肯定语句。（0） | 1 |
| 11 | 易趣网（C2C） | 客户细分（CS）：eBay易趣不了解中国市场，忽略了中国市场的特殊性，简单地把美国化等同于国际化，把在美国的一些做法照搬到中国来，结果水土不服。（0）<br>价值主张（VP）：秉持几乎任何人在任何地方能实现任何交易的宗旨。（1）<br>渠道通路（CH）：eBay易趣在完成第一次网站数据从中国迁往美国的时候，很多中国用户无法用自己原来的账号登录，因此失掉很多用户。（0）<br>客户关系（CR）：eBay易趣成为Tom集团子公司后，其服务质量直线下降，与客户之间产生了大量问题。（0）<br>核心资源（KR）：案例没有此内容的肯定语句。（0）<br>关键业务（KA）：没有提供深层次的服务，没有“免费”服务。（0）<br>重要合作（KP）：2002年，易趣与eBay结盟，更名为eBay易趣。2006年，eBay易趣与TOM在线合作，成立新的合资公司。2012年4月，易趣网成为TOM集团的全资子公司，易趣所有的业务由eBay剥离，独立运营。（1）<br>收入来源（RS）：案例没有此内容的肯定语句。（0）<br>成本结构（CS）：案例没有此内容的肯定语句。（0） | 0 |

续表

| 序号 | 案例 | 商业模式创新要素及原因变量赋值（1或0） | 结果变量赋值（1或0） |
|---|---|---|---|
| 12 | 智富惠（O2O） | 客户细分（CS）：目标客户分为两类：一类是企业、商家。智富惠通过智淘网这一平台吸引商家联盟入驻。另一类就是消费的主流人群，尤其是中青年人群，他们是网络的中高端用户。（1）<br>价值主张（VP）：产品没有明确的市场定位。智富惠是一个实现商家、消费者、运营商和产权人多方共赢的新兴电子商务商家消费联盟平台。在未经批准的情况下，推出了“智富惠产权”销售项目。（0）<br>渠道通路（CH）：线上与线下结合，线上营销带动线下消费。（1）<br>客户关系（CR）：案例没有此内容的肯定语句。（0）<br>核心资源（KR）：案例没有此内容的肯定语句。（0）<br>关键业务（KA）：为了维系并扩大产权销售规模，导致案发时公司亏损了2 000多万元，已无力偿债，共造成损失4 000多万元。造成智富惠的服务无法做到真正意义上的一站式生活消费服务。（0）<br>重要合作（KP）：要想培养用户的黏性以及对产品的忠诚度，烧钱是必要的，但问题是烧钱要有度。（0）<br>收入来源（RS）：2015年1月，智富惠因为资金链断裂，突然倒闭。（0）<br>成本结构（CS）：智富惠的运营明显超出了正常投入规模，周期性地砸钱，没有目的、计划的投入，最后使资金池被掏空。（0） | 0 |
| 13 | 大众点评网（O2O） | 客户细分（CS）：大众点评网的目标群体为18～35岁阶段的客户，60%为女性。（1）<br>价值主张（VP）：大众点评网致力为更多用户提供餐饮、休闲、娱乐等第三方客观、公正、基于本地化的城市生活消费指南服务。（1）<br>渠道通路（CH）：通过收集餐馆信息，建立数据库，提供信息搜索服务，并鼓励评论。凭借其具有优势的渠道平台向餐馆收取佣金。（1）<br>客户关系（CR）：具有公正性，受众对大众点评网的传播信息是信任的。（1）<br>核心资源（KR）：其竞争优势是核心会员。（1）<br>关键业务（KA）：以长尾理论为指导，成功运用渠道为王战略，提供了分散的评价信息聚合的平台，受众可以顺利地获取所需信息。（1）<br>重要合作（KP）：电子优惠券是用户、餐馆、网站共赢的方式。（1）<br>收入来源（RS）：佣金收入。向餐馆收取费用，目前占总收入的80%以上。（1）<br>成本结构（CS）：案例没有此内容的肯定语句。（0） | 1 |

续表

| 序号 | 案例 | 商业模式创新要素及<br>原因变量赋值（1或0） | 结果变量<br>赋值<br>（1或0） |
|---|---|---|---|
| 14 | 饿了么<br>（O2O） | 客户细分（CS）：当前的用户大部分是在校大学生，符合外卖市场实情。（1）<br>价值主张（VP）：为用户提供极致体验，为餐厅提供解决方案。（1）<br>渠道通路（CH）：案例没有此内容的肯定语句。（0）<br>客户关系（CR）：用户的体验非常好，加载较快，操作也相对简单。严把质量关，赢得忠实粉。饿了么建立了一套完善的反馈机制，消费者可以在遇到意外情况的时候选择在饿了么的网页上“给管理员留言要求尽快送到”，不仅可以了解到加盟店的质量与动向，相应地进行调整与沟通，同时也提升了网络订餐的专业程度。还有在下雨等某些特殊原因的情况下，饿了么的首页上会显示“雨天路滑，外卖大哥会晚些到”“此店家现在十分忙碌”等友情提示。（1）<br>核心资源（KR）：网络订餐系统是个创新，是全新的社区化电子商务模式。（1）<br>关键业务（KA）：作为一款互联网产品，饿了么其流程设计合理，细节考率比较到位，都提高了用户体验。（1）<br>重要合作（KP）：饿了么要求商家直接使用网络订单系统，用户通过客户端下单后，1分钟内就会收到商家的反馈。开放菜单接口，商家更新菜单无须通知饿了么，直接由他们自行录入系统，菜单更新速度较快。（1）<br>收入来源（RS）：管理费用、竞价排位、增值收费、广告收费。（1）<br>成本结构（CS）：案例没有此内容的肯定语句。（0） | 1 |
| 15 | 豆瓣<br>（移动电商） | 客户细分（CS）：核心用户群是都市青年。但是，后来的这种过度细分直接导致泛需求的商业化形态难以开展。（0）<br>价值主张（VP）：提供关于书籍、电影、音乐等作品的信息，到2014年的豆瓣一刻（豆瓣精选类文章App），豆瓣已经有14个App了。如此多的移动产品，不仅将豆瓣本来小众的人群进一步细分化，妨碍了商业化发展，同时也分散了豆瓣精力。整合型的App从2014年豆瓣1.0，到2017年3.0版。没有改变豆瓣移动化转型失败的命运。（0）<br>渠道通路（CH）：案例没有此内容的肯定语句。（0）<br>客户关系（CR）：案例没有此内容的肯定语句。（0）<br>核心资源（KR）：截至2014年底，豆瓣上已有图书条目1 700万，电影条目44万，音乐条目114万。豆瓣的注册用户已达到一亿。（1） | 0 |

续表

| 序号 | 案例 | 商业模式创新要素及原因变量赋值（1或0） | 结果变量赋值（1或0） |
| --- | --- | --- | --- |
| 15 | 豆瓣（移动电商） | 关键业务（KA）：豆瓣是非实名制的生人网络，用户之间是基于兴趣相投进而发生关注，是一个弱关系社交网站。大众更偏向轻松娱乐或者刺激性较强的浅阅读方式。精英文化始终只能被一小部分人所接受，这种精英定位必然限制了豆瓣的大众化及商业化转型。（0）<br>重要合作（KP）：案例没有此内容的肯定语句。（0）<br>收入来源（RS）：豆瓣在2013年推出的豆瓣东西，下载量极少。美丽说、蘑菇街等同类型的导购网站在前，早已将市场吃干抹尽，豆瓣东西想要分得一杯羹，难上加难。（0）<br>成本结构（CS）：案例没有此内容的肯定语句。（0） | 0 |
| 16 | 美丽说（移动电商） | 客户细分（CS）：细分用户、垂直社区，用户定位在一线二线城市、18~35岁之间、年薪在10万左右的时尚爱美的白领和准白领女性。（1）<br>价值主张（VP）：用最好的互联网技术为解决"怎么穿、哪里买"的搭配问题。逛宝贝、翻杂志、搭配秀、达人、团购。（1）<br>渠道通路（CH）：女性（最有价值用户）+导购（离钱最近）+分享（最好的经验）+淘宝（最肥的市场）+微博（最火的应用）=美丽说模式。良好的售后服务体系能为网站增加用户黏性。（0）<br>客户关系（CR）：靠人与人的关系来传递信息更具可信度和吸引力，同时也能极大地增加用户黏性，以往用户通过电子商务的方式购买衣服后，除了周围的朋友、同事圈外，没有更大范围来展示自己的宝贝，建立了良好的用户体验。（1）<br>核心资源（KR）：拥有超过1亿的女性注册用户。（1）<br>关键业务（KA）：产品创新，所有对自己有表达欲望的女生，会分享喜欢的单品，上传搭配照，构建属于自己的时尚杂志。（1）<br>重要合作（KP）：从创立开始，美丽说已获得五轮风险投资，分别是来自纪源资本、红杉资本、蓝驰创投、腾讯和清科创投等知名机构和公司的投资。与微信、腾讯微博、QQ空间、豆瓣网等合作，自行开发移动终端应用。（1）<br>收入来源（RS）：广告收入、佣金、团购等。（1）<br>成本结构（CS）：案例没有此内容的肯定语句。（0） | 1 |

资料来源：龙红明，曹亚景. 电子商务商业模式及案例［M］. 沈阳：辽宁大学出版社，2019.

（4）真值表

根据以上分析，得出的16个案例真值表（见表6–4）如下：

表6–4 **16个案例真值表**

| 案例 | 客户细分（CS） | 价值主张（VP） | 渠道通路（CH） | 客户关系（CR） | 核心资源（KR） | 关键业务（KA） | 重要合作（KP） | 收入（RS） | 成本结构（CS） | 结果变量（JG） |
|---|---|---|---|---|---|---|---|---|---|---|
| 阿里巴巴 | 1 | 1 | 1 | 1 | 1 | 1 | 1 | 1 | 1 | 1 |
| 8848 | 1 | 0 | 0 | 0 | 0 | 0 | 0 | 0 | 0 | 0 |
| 百度 | 1 | 1 | 1 | 1 | 1 | 1 | 1 | 1 | 0 | 1 |
| 慧聪网 | 1 | 1 | 1 | 1 | 1 | 1 | 0 | 1 | 1 | 1 |
| 当当网 | 1 | 1 | 1 | 1 | 1 | 1 | 0 | 1 | 0 | 1 |
| 麦考林 | 1 | 1 | 1 | 0 | 1 | 1 | 1 | 0 | 0 | 0 |
| 苏宁易购 | 1 | 1 | 1 | 1 | 1 | 1 | 1 | 1 | 1 | 1 |
| 亚马逊中国 | 1 | 1 | 0 | 1 | 1 | 1 | 1 | 1 | 1 | 1 |
| 淘宝网 | 1 | 1 | 1 | 1 | 1 | 1 | 1 | 1 | 1 | 1 |
| 孔夫子旧书网 | 1 | 1 | 0 | 1 | 1 | 1 | 0 | 1 | 0 | 1 |
| 易趣网 | 0 | 1 | 0 | 0 | 0 | 0 | 1 | 0 | 0 | 0 |
| 智富惠 | 1 | 0 | 1 | 0 | 0 | 0 | 0 | 0 | 0 | 0 |
| 大众点评网 | 1 | 1 | 1 | 1 | 1 | 1 | 1 | 1 | 0 | 1 |
| 饿了么 | 1 | 1 | 0 | 1 | 1 | 1 | 1 | 1 | 0 | 1 |
| 豆瓣 | 0 | 0 | 0 | 0 | 1 | 0 | 0 | 0 | 0 | 0 |
| 美丽说 | 1 | 1 | 0 | 1 | 1 | 1 | 1 | 1 | 0 | 1 |

（5）QCA单变量必要性分析及真值表分析

①单变量必要性分析

表6–5为单变量分析结果。

表6-5 单变量分析结果

| 条件变量 | 结果变量=1 | | 结果变量=0 | |
|---|---|---|---|---|
| | 一致性 | 覆盖率 | 一致性 | 覆盖率 |
| CS | 1.000000 | 0.785714 | 0.600000 | 0.214286 |
| ~CS | 0.000000 | 0.000000 | 0.400000 | 1.000000 |
| VP | 1.000000 | 0.846154 | 0.400000 | 0.153846 |
| ~VP | 0.000000 | 0.000000 | 0.600000 | 1.000000 |
| CH | 0.636364 | 0.777778 | 0.400000 | 0.222222 |
| ~CH | 0.363636 | 0.571429 | 0.600000 | 0.428571 |
| CR | 1.000000 | 1.000000 | 0.000000 | 0.000000 |
| ~CR | 0.000000 | 0.000000 | 1.000000 | 1.000000 |
| KR | 1.000000 | 0.846154 | 0.600000 | 1.000000 |
| ~KR | 0.000000 | 0.000000 | 0.600000 | 1.000000 |
| KA | 1.000000 | 0.916667 | 0.200000 | 0.083333 |
| ~KA | 0.000000 | 0.000000 | 0.800000 | 1.000000 |
| KP | 0.727273 | 0.800000 | 0.400000 | 0.200000 |
| ~KP | 0.272727 | 0.500000 | 0.600000 | 0.500000 |
| RS | 1.000000 | 1.000000 | 0.000000 | 0.000000 |
| ~RS | 0.000000 | 0.000000 | 1.000000 | 1.000000 |
| CS | 0.454545 | 1.000000 | 0.000000 | 0.000000 |
| ~CS | 0.545455 | 0.545455 | 1.000000 | 0.454545 |

在定性比较分析（QCA）中，通过一致性及覆盖率的指标，可以探求条件变量和结果变量之间的关系，根据理论上认可的阈值来确定条件

变量和结果变量之间的逻辑关系，进而厘清两者之间是否存在充分与必要条件。一般先分析条件变量中单个变量对于结果变量的必要性分析，结果如上表所示。

在QCA软件分析中，选择“Necessary conditions”进行必要性检验，对商业模式画布中的9个要素设定为条件变量，结果变量设定为“1”，逐一进行一致性检验，市场细分（CS）、价值主张（VP）、客户关系（CR）、核心资源（KR）、关键业务（KA）、收入来源（RS）的一致性均为“1.0”，大于0.9（学界认可的必要性阈值），且它们的覆盖率分别是0.785714、0.846154、1.000000、0.846154、0.916667、1.000000，均超过0.6，说明单个变量中市场细分（CS）、价值主张（VP）、客户关系（CR）、核心资源（KR）、关键业务（KA）、收入来源（RS）是结果变量的必要条件，并且具有较强的解释力。

在结果变量为“0”（~JG）的一致性检验中，单个变量中的非客户关系（~CR）、非收入来源（~RS）、非成本结构（~CS）的一致性为1.0，大于0.9，说明这三个单项前因条件变量是结果变量（~JG）的必要条件。在覆盖率的指标中，这三个变量的覆盖率分别是1.000000（~CR）、1.000000（~RS）、0.454545（~CS），说明前两个的解释力比较强，第三个指标~CS的解释力较弱。

②条件组合的一致性和覆盖率分析

通过FSqca3.0软件对真值表进行运算，可以得出三个解，分别是复杂解、中间解与简约解，由于简约解过于宽松，可能与事实存在一定的出入，得出的结论实践价值不大；复杂解在QCA中完全按照变量设置而产生的结果，实用性也不大；中间解介于两者之间，既考虑了程序设置的科学性，又不会违背案例的事实，得出运行结果的实践启发性和普适性都比较好，是最具代表性的解释，被认为是最能够说明问题的解（拉金，2014）。

可见，三条路径的一致性和所有组合的一致性均为1.0，总体覆盖度为1.0，均大于理论值0.8。A1、A2和A3组合的唯一覆盖度均为0.09，具有相似的解释力（见表6-6）。

表6-6 中间解的条件变量组合的一致性和覆盖率分析结果

| 组合 | 变量组合 | 覆盖度 | 覆盖度 | 一致性 | 覆盖度 | 一致性 |
|---|---|---|---|---|---|---|
| A1 | vp*cr*kr*ka*rs* ~ cs*cs | 0.55 | 0.09 | 1.0 | 1.0 | 1.0 |
| A2 | vp*ch*cr*kr*ka*rs*cs | 0.64 | 0.09 | 1.0 | | |
| A3 | vp*cr*kr*ka*kp*rs*cs | 0.73 | 0.09 | 1.0 | | |

通过比较三个要素组合的路径，发现核心要素为：市场细分（CS）、价值主张（VP）、客户关系（CR）、核心资源（KR）、关键业务（KA）与收入来源（RS）六个要素。如果把价值主张的概念进一步扩展，把市场细分（CS）、客户关系（CR）都纳入价值主张（VP），把核心资源（KR）与关键业务（KA）概括为资源能力，收入来源（RS）为盈利模式的重要内容，这与约翰逊（Johnson，2008）提出的商业模式组成要素四个要件，顾客价值主张、关键资源、关键流程、盈利模式基本一致。间接验证了约翰逊（2008）商业模式构成要件的结构模型。

从三条路径看，如果把市场细分（CS）、客户关系（CR）都纳入新的价值主张（VP）中，且这三个要素在三条路径中都存在，可以说明价值主张促进商业模式创新是贯穿始终的。

### 6.3.4 互联网时代中国企业商业模式创新案例研究结论

（1）价值主张对商业模式的作用

价值主张在商业模式画布中的内涵是为特定客户群体提供产品和服务组合，也可以说是利益组合或集成。价值主张是商业模式创新的基础与源头，是最为活跃的因素，是商业模式创新的灵魂（约翰逊，2008，沃特斯，2010；蒂斯，2010），贯穿商业模式创新的始终。合理的价值主张会促进商业模式创新，是创造价值的前提，是企业获取竞争力的关键。

（2）价值主张驱动商业模式创新，可以概括为价值主张、价值创造与价值实现

奥斯特瓦德和皮尼厄在商业模式画布分析中指出，“九大模块涵盖

四个部分：客户、产品与服务、基础设施以及金融能力”。由以上的分析得出的促进商业模式创新的三条路径中的六个核心要素来看，基本是三个层面：价值发现、价值创造以及价值实现。价值主张是将为目标客户提供的利益作以清晰的界定，并传播。市场细分某种意义上讲，可以认为是价值主张的题中之义，当下互联网经济快速发展，互惠承诺是价值主张产生的重要特征，维护客户关系是保持价值主张得以继续实施的基本保障。价值创造就是核心资源与能力的充分施展，收入来源是之前所有努力的回报。约翰逊（2018）指出，商业模式创新升级四要素是价值主张、关键资源、关键过程与盈利模式。关键资源与关键过程、核心资源、关键业务类似。翁君奕（2004）认为，商业模式包含价值对象、价值内容、价值提交、价值回收四大基本要素。价值对象与价值主张对应，价值内容其实源于价值创造，价值提交及价值回收就是价值实现。可见，基于QCA分析方法，从16个案例研究得出的结论与有关理论是一致的。

（3）商业模式的创新路径条件要素的组合，是多样并发的

商业模式创新不拘一格，9个模块中的任何一个模块都可以作为创新的萌发点，不过，奥斯特瓦德和皮尼厄没有指出每个要素是否可以独立承担创新的功能。从16个案例可以得出，要素之间需要协同创新，虽然渠道通路（CH）、重要合作（KP）与成本结构（CS）不是必要的构件，但是，却是促进商业模式创新成功的条件组合，是保障创新路径有效能的不可或缺的因素。这16个案例都是电商企业，它们是建立在互联网网络和信息技术基础上的，渠道通路（CH）在有的案例中没有分析其创新性，甚至没有提到，但是，不代表可有可无。借助于互联网或者支付宝等平台，已经成为这些电商企业的“必修课”，基于互联网的平台已经变成“公共产品”或者“公共设施”，在此“多边”平台中，涉及多家企业，他们组成一个商业生态。企业之间的合作已是常态，或许不是重要的合作伙伴，或者没有创新的点，在有的案例中就没有重点分析。成本结构（CS）在多数案例中也没有重点分析，甚至没有涉及，这或许与互联网企业低成本运作有关系，《连线》杂志主编克里斯（chris）指出，“每个数字化的产业最终都将成为免费的”。

本文分析了16个中国电商企业案例，虽然是管中窥豹，可是，已经揭示出商业模式创新的9个要素模块，在电商企业中核心要素是6个。发现客户尚未满足的需求是成功的一半，接下去需要进行价值创造与维护，价值获取是结果，也是重要的环节，不关注收入来源及成本控制，只会降低净利润，再好的商业模式也难以为继。

在电商企业的商业模式创新案例中，有些要素之间是彼此共融的，“跨界融合”的特征明显。例如，客户关系、核心资源、关键业务三者之间是密切相关的，对于互联网企业而言，客户资源是重要的资源，这个资源是靠关键业务来支撑的，而没有这个作为基础，客户关系的维护无从谈起，而客户关系维护往往又是关键业务中建立的，与其说是三个要素，还不如说是一个要素（客户维护），企业就是要培养一批忠诚的客户，这是主线，也是目的。如果一定要厘清哪些是因，哪些是果，还不如说互为因果。导致结果产生的是多要素组态的构成的路径，单因素的“净效应”研究价值不大。至此，我们或许可以得出结论：QCA定性比较分析在互联网企业商业模式创新路径的探索中，具有很大的应用价值。

### 6.3.6 研究不足

从《电子商务商业模式及案例》中选取16个案例，对于QCA分析而言，9个条件变量一般要40个左右案例为好，这是不足之一。以作者对案例的分析为基本评价的指标有局限性，一家之言往往会失之偏颇。考虑到“口径”的一致性，还是应以该书的定性界定为准来评判原因变量与结果变量的赋值。例如，明确指出案例是成功的就赋值为“1”，明确指出失败的原因的案例就赋值为“0”。对于案例分析中的要素甄别以基本内容为准，与奥斯特瓦德的商业模式画布阐述的内容一致的就归为9个要素中一个，如果案例阐述的语句肯定较多，就为该要素赋值为“1,”，否则，赋值为“0”；如果某个要素在案例中没有提到就赋值为“0”。这样做可能不够严谨，从这个意义上说，或许原因变量及结果变量的赋值方面科学性不够。

今后的研究，可以考虑对比不同行业价值主张驱动商业模式创新的要素关系。比如，既可以进行横向对比研究，如传统的制造业商业模式创新中价值主张的作用，也可以从时间维度上进行研究，如互联网发展初期价值主张驱动企业商业模式创新的组态分析，发展中期价值主张驱动商业模式创新的要素组合路径。通过这些研究，可以发现价值主张驱动商业模式创新的一般规律，也可以得出特殊行业的价值主张驱动商业模式创新的组态，这样不论对理论研究，还是对实践的借鉴意义都会很大。

# 7 研究结论

第一，本研究认为，从实现顾客、企业及利益相关者的利益视角来分析，商业模式可以认为是对企业的内外资源进行整合，通过发挥商业生态的价值网络效应，构建顾客、焦点企业与利益相关者的利益平衡机制，以期该商业模式能够有竞争优势、可盈利地持续发展。商业模式研究可以从三个维度展开：从宏观层面看，相较于农业与工业，商业是相对独立的。它与农、工之间的关系，在不同的历史时期是不同的，既受到生产力发展的制约，也受到不同的政治环境、法律环境的制约，更多的是政策制约。从这个意义上，商业发展模式各有特色。从中观层面看，商业模式要置于行业的背景下，一个行业共同的运作模式，某种意义上讲，就是商业模式，具有明显的行业属性。商业模式的微观层面，指的是个别企业的商业运作模式。一个显著的特点，应该是同业中具有显著绩效表现的商业运作模式，因其具有典型意义，所以是我们研究的重点，差异性与可盈利是其本质属性，这无疑是商家关注的焦点。

第二，影响商业模式效能发挥的是一个价值网络，这个宏观层面的架构，可以从三个层面来解析：外部宏观环境、中观行业环境与微观企业环境。每个层面都有核心要素影响着商业模式效能的发挥，不妨把每个维度的各个因素的正反影响综合后形成了“综合贡献矩”，并假设这些要素之间是相互独立的，或者即使发生关联作用，带来的贡献力矩增长也平均到各个因素上，这些不同“综合贡献矩”之加权代数和就构成四面体的一个边长，三个边长之积就是四面体的体积，这个体积可以衡量商业模式的效能。

第三，商业模式以核心产品的独特性、配套产品互补性、资源条件、过程差异性、过程确定性、扩展性、共赢性为前因变量，来探讨商业模式属性特征与其市场绩效之间的关系，运用QCA分析软件，进行了单变量必要条件分析。由此得出，过程确定性是结果变量“市场绩效”的必要条件，配套产品互补性与扩展性近似认为是结果变量“市场绩效”的必要条件。

第四，扎根理论，我们得出成功的企业家、商人在从事商务管理中所呈现的经验，也间接验证了企业管理的战略管理原理、营销管理的STP理论（即市场细分、目标市场锁定、市场定位原理）、商业模式创新理论（即价值主张、价值创造与实现、价值分配）等等。具体来看，首先要做好环境研判，制定战略，做正确的事。其次，是要正确地做事，选定可营利的目标市场，设法满足客户需求，以创造客户价值，处理好竞合关系以及利益相关者关系，整合资源，不仅要重视硬技术的开发，还要培养核心能力，不断提高自身管理力、营销力、创新力，最终营造文化驱动力，保持可持续发展。

第五，中国企业商业模式创新从关注经济体制改革到关注运营模式的变革，再到关注互联网新经济形势的价值创新的变革。从宏观、中观到微观，从有形的产品到无形的服务与品牌，脉络比较清晰。

第六，价值主张在商业模式画布中的内涵是为特定客户群体提供产品和服务组合，也是利益组合或集成。价值主张是商业模式创新的基础与源头，是最为活跃的因素，是商业模式创新的灵魂，贯穿商业模式创新的始终。合理的价值主张是促进商业模式创新的创造价值的前提，是企业获取竞争力的关键。

第七，在电商企业商业模式创新的案例中，有些要素之间是彼此共融的，“跨界融合”的特征明显。例如，客户关系、核心资源、关键业务三者之间是密切相关的，对于互联网企业而言，客户资源是重要的资源，这个资源是靠关键业务来支撑的，如果没有这一基础，客户关系的维护无从谈起；而客户关系的维护往往又是在关键业务中建立的，与其说是三个要素，还不如说是一个要素（客户维护）。企业就是要培养一批忠诚的客户，这是主线，也是目的。与其要厘清哪些是因，哪些是果，还不如说是互为因果，导致结果产生的是多要素组态的构成路径，单因素的“净效应”研究价值不大，QCA定性比较分析在互联网企业商业模式创新路径的分析中，具有很大的应用价值。

# 主要参考文献


[1] Ashforth B E, Gibbs, BW. The double - edge of organizational legitimation. [J]. Organization Science, 1990,1 (2), 177-194.

[2] Arnold S J, Kozinets R V, Handelman J M. Hometown ideology and retailer legitimation: The institutional semiotics of Wal-Mart flyers [J]. Journal of retailing, 2001, 77 (2), 243-271.

[3] Alt R, Zimmermann H D.Preface: introduction to special section-business models [J]. Electronic Markets, 2001, 11 (1): 3-9.

[4] Alain D, Deborah P, Damien C, Ashlee Humphreys. Maintaining legitimacy in contested mature markets through discursive strategies: The case of corporate environmentalism in the French automotive industry [J]. Industrial Marketing Management, 2021, 92, 332-343.

[5] Amit R, Zott C, Pearson A. Creating value through business model innovation [J]. MIT Sloan Management Review, 2012, 53.

[6] Amit R, Zott C. Crafting business architecture: The antecedents of business model design [J]. Strategic Entrepreneurship Journal, 2015.

[7] Amit R, Zott C.Value creation in e-business [J]. Strategic management journal, 2001, 22 (6-7): 493-520.

[8] Palazzo G, Scherer A G.Corporate legitimacy as deliberation: A communicative framework [J]. Journal of Business Ethics, 2006, 66, 71-88.

[9] Genus A, Iskandarova M.Transforming the energy system? Technology

and organisational legitimacy and the institutionalisation of community renewable energy [J]. Renewable and Sustainable Energy Reviews, 2020, 125.

[10] Arts B, Buizer M. Forests, discourses, institutions. A discursive - institutional approach to global forest governance [J]. Forest Policy and Economics 2009 (11), 340-347.

[11] Aspara J, Lamberg J A, Laukia A, et al. Corporate business model transformation and inter-organizational cognition: the case of Nokia [J]. Long Range Planning, 2013, 46 (6): 459-474.

[12] Baden - Fuller C, Haefliger S. Business models and technological innovation [J]. Long Range Planning, 2013, 46 (6): 419-426.

[13] Baden-Fuller C, Mangematin V.Business models: A challenging agenda [J]. Strategic Organization, 2013, 11 (4): 418-427.

[14] Baden-Fuller C, Morgan M S.Business models as models [J]. Long Range Planning, 2010, 43 (2): 156-171.

[15] Berens G, Riel C B V, Bruggen G H V. Corporate associations and consumer product responses: The moderating role of corporate brand dominance [J]. Journal of Marketing, 2005, 69 (3), 35-48.

[16] Brandenburger A M, Stuart H W.Value-based Business Strategy [J]. Journal of Economics & Management Strategy, 1996, 5 (1): 5-24.

[17] Brea-Solís H, Casadesus-Masanell R, Grifell-Tatjé E.Business model evaluation: quantifying Walmart′s sources of advantage [J]. Strategic Entrepreneurship Journal, 2015, 9 (1): 12-33.

[18] Casadesus-Masanell R, Hervas-Drane A.Competing with Privacy [J]. Management Science, 2015, 61 (1): 229-246.

[19] Casadesus-Masanell R, Zhu F.Business model innovation and competitive imitation: The case of sponsor-based business models [J]. Strategic management journal, 2013, 34 (4): 464-482.

[20] Chatain O, Zemsky P.Value creation and value capture with frictions [J]. Strategic Management Journal, 2011, 32 (11): 1206-1231.

[21] Chatterjee S.Simple Rules for Designing Business Models [J]. California management review, 2013, 55 (2): 97-124.

[22] Chesbrough H, Rosenbloom R S.The role of the business model in capturing value from innovation: evidence from Xerox Corporation's technology spin-off companies [J]. Industrial and corporate change,

2002, 11 (3): 529-555.

[23] Chesbrough H. Business model innovation: opportunities and barriers [J]. Long range planning, 2010, 43 (2): 354-363.

[24] Christensen C.The innovator's dilemma: when new technologies cause great firms to fail [M]. Harvard Business Review Press, 2013.

[25] Chroneer D, Johansson J, Malmstrom M.Business Model Management Typologies - Cognitive Mapping of Business Model Landscapes [J]. International Journal of Business and Management, 2015, 10 (3): 67.

[26] Chung W W C, Yam A Y K, Chan M F S.Networked enterprise: A new business model for global sourcing [J]. International Journal of Production Economics, 2004, 87 (3): 267-280.

[27] Demil B, Lecocq X, Ricart J E, et al. Introduction to the SEJ Special Issue on Business Models: Business Models within the Domain of Strategic Entrepreneurship [J]. Strategic Entrepreneurship Journal, 2015, 9 (1): 1-11.

[28] Dowling M J, McGee J E.Business and technology strategies and new venture performance: A study of the telecommunications equipment industry [J]. Management Science, 1994, 40 (12): 1663-1677.

[29] Durand R, Paolella L. Category stretching: Reorienting research on categories in strategy, entrepreneurship, and organization theory [J]. Journal of Management Studies, 2013, 50 (6): 1100-1123.

[30] Eckhardt J T. Opportunities in business model research [J]. Strategic Organization, 2013, 11 (4): 412-417.

[31] Fiss P C.A set-theoretic approach to organizational configurations [J]. Academy of management review, 2007, 32 (4): 1180-1198.

[32] Fiss P C.Building better causal theories: A fuzzy set approach to typologies in organization research [J]. Academy of Management Journal, 2011, 54 (2): 393-420.

[33] Gentner D.Structure-mapping: A theoretical framework for analogy [J]. Cognitive science, 1983, 7 (2): 155-170.

[34] George G, Bock A J.The business model in practice and its implications for entrepreneurship research [J]. Entrepreneurship theory and practice, 2011, 35 (1): 83-111.

[35] Glavas A, Godwin L N.Is the perception of "goodness" good enough? Exploring the relationship between perceived corporate social responsibility

and employee organizational identification [J]. Journal of Business Ethics, 2013, 114 (1), 15-27.

[36] Golant B D, Sillince J A.The constitution of organizational legitimacy: A narrative perspective [J]. Organization Studies, 2007, 28 (8), 1149-1167.

[37] Grant R M.Toward a knowledge-based theory of the firm [J]. Strategic management journal, 1996, 17 (S2): 109-122.

[38] Hamel.Business model innovation: it's not just about technology anymore [J]. Strategy and Leadership, 2000, 35 (6): 12-17.

[39] Haws K L, Winterich K P, Naylor R W.Seeing the world through GREEN-tinted glasses: Green consumption values and responses to environmentally friendly products [J]. Journal of Consumer Psychology, 2014, 24 (3), 336-354.

[40] Humphreys A. Megamarketing: The creation of markets as a social process [J]. Journal of Marketing, 2010, 74 (2), 1-19.

[41] Joan M.Why Business Models Matter [J]. Harvard Business Review, 2002 (5): 86-92.

[42] Johnson M W, Christensen C M, Kagermann H. Reinventing your business model [J]. Harvard business review, 2008, 86 (12): 57-68.

[43] Johnson P, Iacob M E, Välja M, et al. A method for predicting the probability of business network profitability [J]. Information systems and e-business management, 2014, 12 (4): 567-593.

[44] Katz R, Allen T. Investigating the not invented here (NIH) syndrome: A look at the performance, tenure, and communication patterns of 50 R&D project groups [J]. R&D Management, 1982, 12: 79.

[45] Lounsbury M, Glynn M A.Cultural entrepreneurship: Stories, legitimacy, and the acquisition of resources [J]. Strategic Management Journal, 2001, 22 (6-7), 545-564.

[46] Maignan I, Ferrell O C.Corporate social responsibility and marketing: An integrative framework [J]. Journal of the Academy of Marketing Science, 2004, 32 (1), 3-19.

[47] Markides C, Charitou C D. Competing with dual business models: A contingency approach [J]. The academy of Management executive, 2004, 18 (3): 22-36.

[48] Monica A Z, Gerald J Z. Beyond Survival: Achieving New Venture Growth by Building Legitimacy [J]. The Academy of Management Review, 2002, 27 (3): 414-431.

[49] Saarikoski H. When frames conflict: policy dialogue on waste [J]. Environment and Planning C: Government and Policy, 2006, 24, 615-630.

[50] Osterwalder A, Pigneur Y, Bernarda G, et al. Value Proposition Design [J]. Journal of Business, 2015, 3 (1): 81-89.

[51] Osterwalder A, Pigneur Y, Tucci C L. Clarifying business models: Origins, present, and future of the concept [J]. Communications of the Association for Information Systems, 2005, 16: 1-25.

[52] Phillips N, Lawrence T B, Hardy C. Discourse and institutions [J]. Academy of Management Review, 2004, 29 (4), 635-652.

[53] Suchman M C. (1995). Managing legitimacy: Strategic and institutional approaches [J]. Academy of Management Review, 20 (3), 571-610.

[54] Smith R. The Risk-Driven Business Model: Four Questions That Will Define Your Company [J]. Research-Technology Management, 2014, 57 (4): 59.

[55] Teece D J. Business models, business strategy and innovation [J]. Long Range Planning, 2010 (43): 172-194.

[56] Timmers, P. Business models for electronic markets [J]. Electronic Markets, 1998, 8 (2): 3-8.

[57] Van Leeuwen, T. Discourse and Practice: New Tools for Critical Discourse Analysis [M]. Oxford: Oxford University Press, 2008.

[58] Voelpel S, Leidold M, Tekie E. The wheel of business model reinvention: How to reshape your business model leapfrog competitors [J]. Journal of Change Management, 2004, 4 (3): 259-276.

[59] Zott C, Amit R, Massa L. The business model: recent developments and future research [J]. Journal of management, 2011, 37 (4): 1019-1042.

[60] Zott C, Amit R. Business model design: an activity system perspective [J]. Long range planning, 2010, 43 (2): 216-226.

[61] Zott C, Amit R. The business model: A theoretically anchored robust construct for strategic analysis [J]. Strategic Organization, 2013, 11 (4): 403-411.

[62] 云乐鑫，杨俊，张玉利．基于海归创业企业创新型商业模式原型的生成机

制［J］. 管理学报，2014，11（3）：367-375.
［63］ 陈扬，许晓明，谭凌波. 组织制度理论中的“合法性”研究述评［J］. 华东经济管理，2012（10）：137-142.
［64］ 成文，王迎军，高嘉勇，等. 商业模式理论演化述评［J］. 管理学报，2014，11（3）：462-468.
［65］ 陈学猛，丁栋虹. 国外商业模式研究的价值共赢性特征综述［J］. 中国科技论坛，2014（2）：143-149.
［66］ 程愚，孙建国. 商业模式的理论模型：要素及其关系［J］. 中国工业经济，2013，1：141-153.
［67］ 邓晓辉，李志刚，殷亚琨，等. 企业组织正当性管理的修辞策略［J］. 中国工业经济，2018（4）：137-155.
［68］ 丁建新. 叙事的批评话语分析：社会符号学模式［M］. 2版. 重庆：重庆大学出版社，2014（8）：28-30.
［69］ 杜运周. 竞争与互动导向、组织合法性与新企业成长关系实证研究［D］. 天津：南开大学，2010.
［70］ 高闯，关鑫. 企业商业模式创新的实现方式与演进机理——一种基于价值链创新的理论解释［J］. 中国工业经济，2007（11）：83-90.
［71］ 龚丽敏，江诗松，魏江. 试论商业模式构念的本质、研究方法及未来研究方向［J］. 外国经济与管理，2011，33（3）：1-8.
［72］ 福柯. 知识考古学［M］. 谢强，马月译. 北京：三联书店，1998：236.
［73］ 郭海，沈睿. 如何将创业机会转化为企业绩效——商业模式创新的中介作用及市场环境的调节作用［J］. 经济理论与经济管理，2014（3）：70-83.
［74］ 黄兴涛.“话语”分析与中国近代思想文化史研究［J］. 历史研究，2007（2）：49-162.
［75］ 江积海. 国外商业模式创新中价值创造研究的文献述评及展望［J］. 经济管理，2014（8）：187-199.
［76］ 李东，罗倩. 创新获利条件，合作控制权与载体商业模式——基于C-P-C逻辑的合作创新控制权分析框架［J］. 中国工业经济，2013（2）：104-116.
［77］ 李楠. 儒家商道与新时代企业家精神的守正归一［J］. 人民论坛，2020（Z2）：162-163.
［78］ 黎红雷. 儒家商道与当代企业儒学的开拓［J］. 齐鲁学刊，2017（6）：12-16.
［79］ 刘雪梅.《中国商道——社会网与中国管理本质》评介［J］. 中国工业经济，2011（7）：160.

[80] 朱宗宙．商道中“势”的认知、“术”的运用和“责”的归宿——读司马迁《史记·货殖列传》[J]．扬州大学学报（人文社会科学版），2008，12(6)：30-34.

[81] 周晓斌．人道，商道，企业发展之道[J]．企业管理，2006(1)：92-93.

[82] 陈峰．“商道”究竟是什么？[J]．中外管理，2003(12)：87-89.

[83] 刘克苏．老子商道[M]．上海：上海古籍出版社，2019.

[84] 谭志浩．论语商道[M]．广州：广东经济出版社，2014.

[85] CCTV走近科学编辑部．商道中国[M]．成都：巴蜀书社，2016.

[86] 张慧玉，眭文娟．语言转向下的组织战略变革话语研究[J]．管理现代化，2016(3)：122-125.

[87] 向荣．浙商的“外迁”与“反哺”——基于从“浙江经济”到“浙江人经济”的实证分析[J]．中国工业经济，2006(10)：59-66.

[88] 张晓玲，赵毅，葛沪飞．商业模式典型特性对企业经营绩效的中介影响——基于企业关键资源视角[J]．技术经济，2015，34(2)：1-12.

[89] 赵军峰．法庭言语行为与言语策略[J]．广东外语外贸大学学报，2007(2)：90-93.

[90] 钟华．“言道的悖论”及其超越——《庄子》话语策略新探[J]．学术月刊，2006(10)：95-101.

[91] 周辉，刘红缨．商业模式本质与构建路径探讨[J]．现代财经：天津财经学院学报，2008，27(11)：79-82.

[92] 周文辉，李婉婉．创业学习视角下服务电商平台O2O商业模式转型研究——以猪八戒网为例[J]．管理现代化，2021，41(2)：49-52.

[93] 朱明洋，林子华．国外商业模式价值逻辑研究述评与展望[J]．科技进步与对策，2015，32(1)：153-160.

[94] 徐赳赳．关于元话语的范围和分类[J]．当代语言学，2006(4)：345-353.

[95] 严锋．现代话语[M]．济南：山东友谊出版社，1997.

[96] 杨栩，廖姗，张平．生态创新、利益相关者关系嵌入性与新创企业合法性关系研究[J]．管理评论，2020，32(9)：107-117.

[97] 廖美珍．问答：法庭话语互动研究[D]．北京：中国社会科学院研究生院博士论文，2002.

[98] 文贵良．何谓话语？[J]．文艺理论研究，2008(1)：51-58.

[99] 缪仁炳．浙商创业特点、文化渊源与超越演进[J]．商业经济与管理，2006(10)：13-16.

[100] 李文博．大数据驱动情景下企业商业模式创新的发生机理——对100个大

数据案例的话语分析［J］. 科技进步与对策，2016（7）：30-35.

［101］吕源，彭长桂. 话语分析：开拓管理研究新视野［J］. 管理世界，2012（10）：157-171.

［102］罗珉，李亮宇. 互联网时代的商业模式创新：价值创造视角［J］. 中国工业经济，2015（1）：95-107.

［103］罗珉. 商业模式的理论框架述评［J］. 当代经济管理，2009，31（11）：1-8.

［104］彭伟，于小进，郑庆龄，等. 资源拼凑、组织合法性与社会创业企业成长——基于扎根理论的多案例研究［J］. 外国经济与管理，2018，40（12）：55-70.

［105］彭长桂，吕源. 组织正当性的话语构建：谷歌和苹果框架策略的案例分析［J］. 管理世界，2014（2）：152-169.

［106］孙永波. 商业模式创新与竞争优势［J］. 管理世界，2011（7）：182-183.

［107］王炳成，范柳，高杰，等. 新商业模式的形成机制研究［J］. 经济问题探索，2014（4）：174-179.

［108］王凤彬，江鸿，王璁. 央企集团管控架构的演进：战略决定，制度引致还是路径依赖？——一项定性比较分析（QCA）尝试［J］. 管理世界，2014（12）：92-114.

［109］魏江，刘洋，应瑛. 商业模式内涵与研究框架建构［J］. 科研管理，2012，33（5）：107-114.

［110］吕福新. 浙商创新的理论与实践——“浙商创新：从模仿到自主”研讨会观点综述［J］. 中国工业经济，2008（2）：149-157.

［111］张仁寿，杨轶清. 浙商：成长背景、群体特征及其未来走向［J］. 商业经济与管理，2006（6）：3-7.

［112］项乐毅. 互联网企业合法性获取机制的多案例研究——利益相关者视角［D］. 杭州：浙江工商大学，2014.